30 PRINCIPIOS DE UN BLACKLION

30 PRINCIPIOS DE UN BLACKLION

DEL AUTOR DE CUATRO *BEST SELLERS*

JÜRGEN KLARIĆ

PAIDÓS EMPRESA

© 2023, Jürgen Klarić

Diseño de interiores: María Elizabeth Estrada Morga
Créditos de portada: José Luis Maldonado López
Adaptación de portada: Tony Guzmán
Fotografía de portada: Cortesía del autor
Fotografía del autor: Cortesía del autor

Derechos reservados

© 2023, Ediciones Culturales Paidós, S.A. de C.V.
Bajo el sello editorial PAIDÓS M.R.
Avenida Presidente Masarik núm. 111,
Piso 2, Polanco V Sección, Miguel Hidalgo
C.P. 11560, Ciudad de México
www.planetadelibros.com.mx
www.paidos.com.mx

Primera edición en formato epub: octubre de 2023
ISBN: 978-607-569-498-6

Primera edición impresa en México: octubre de 2023
ISBN: 978-607-569-413-9

Impreso en los talleres de Litográfica Ingramex, S.A. de C.V.
Centeno núm. 162-1, colonia Granjas Esmeralda, Ciudad de México
Impreso y hecho en México - *Printed and made in Mexico*

Índice

Introducción   **9**
    ¿Qué es un BlackLion?
    ¿Por qué escribí este libro?

▶ **Principio uno.** Los miedos no son tan malos   **15**
    Emprender con valentía: gestiona el miedo y
    úsalo como el arma más poderosa de cambio
    Miedo vs. valentía

▶ **Principio dos.** Tribu fuerte, hombre fuerte   **29**
    El éxito no es un viaje solitario:
    la importancia de construir una tribu
    Solitario vs. tribal

▶ **Principio tres.** Mejorar o morir   **37**
    Reconoce tus debilidades y defectos:
    minimiza el EGO y asume tu responsabilidad
    Procrastinación vs. mejora continua

▶ **Principio cuatro.** Escuchar y comprender   **47**
    El poder de la comunicación asertiva:
    logras más cuando escuchas y analizas correctamente
    Confusión vs. comunicación

▶ **Principio cinco.** Adaptar o morir   **55**
    El mundo cambia cada tres meses:
    si no te adaptas, morirás rápidamente
    Enfoque vs. cambio

▶ **Principio seis.** Conectar con profundidad   **65**
    La empatía no solo te da amigos, sino también
    aliados para toda la vida
    Indiferencia vs. empatía

▶ **Principio siete.** Ser ansiosamente apasionado   **79**
    Cómo prender la flama de la pasión
    Pasión vs. aburrimiento

▶ **Principio ocho.** Determinación absoluta   **89**
    Quien es determinante arriesga más, avanza
    más y logra más
    Volatilidad vs. determinación

▶ **Principio nueve.** El poder de la omnipresencia   **99**
    En un mundo global debes estar en varios
    lugares al mismo tiempo
    Local vs. omnipresente

▶ **Principio diez.** Siempre noble   **109**
    Ser sensible, noble, humano te gratificará
    toda la vida
    Injusticia vs. nobleza

▶ **Principio once.** Siempre congruente   **119**
    Lo que piensas, sientes, dices y haces demuestra
    quién eres: sé congruente
    Ambigüedad vs. congruencia

▶ **Principio doce.** Leal hasta el final   **133**
    La lealtad debe ser en todo y con todos:
    a tus valores, a tu persona, a tus ideales, a tus
    aliados y a tus cercanos
    Traición vs. lealtad

▶ **Principio trece.** Ansiedad competitiva   **147**
    Gente con energía hay mucha, pero ansiosos
    por hacer, lograr y ganar somos pocos
    Pasivo vs. competitivo

▶ **Principio catorce.** Tener un alma nómada   **165**
    La estabilidad es la no cotidianidad:
    cómo incorporar la mentalidad nómada en tu vida
    y la estrategia empresarial
    Sedentario vs. nómada

▶ **Principio quince.** Confiar para avanzar   **185**
    Quien no confíe en su prójimo avanzará seguro,
    pero demasiado lento
    Incredulidad vs. confianza

▌ Principio dieciséis. Enfoque es poder   **195**
En busca de un enfoque desorganizado
Dispersión vs. enfoque

▌ Principio diecisiete. Escuchar más, hablar menos   **205**
Cuan más sabio seas, más escucha tendrás
Sordera vs. escucha

▌ Principio dieciocho. Innovar o morir   **213**
En este mundo avanzado y cambiante,
la innovación es el pilar de la permanencia
Conformidad vs. renovación

▌ Principio diecinueve. Gestiona tu energía vital
para lograr el éxito   **221**
La energía vital es la materia prima del éxito:
no existo si no hay energía vital fuerte
Debilidad vs. vitalidad

▌ Principio veinte. Perdonar para avanzar   **257**
El perdón es un mandamiento en casi todas
las religiones: perdonar es volver a vivir
Resentimiento vs. perdón

▌ Principio veintiuno. Provocando la posibilidad   **265**
La transformación a través de la posibilidad
Pesimismo vs. posibilidad

▌ Principio veintidós. Oler el problema para solucionarlo   **273**
Quien sea bueno para detectar posibles problemas
podrá encontrar la solución
Complicar vs. solucionar

▌ Principio veintitrés. Cuida tu valiosa maquinaria   **285**
Valorar y respetar tu cuerpo te abrirá a posibilidades
más duraderas
Desgastar vs. cuidar

▌ Principio veinticuatro. Respetar el tiempo   **293**
Cuida los minutos que las horas se cuidan solas:
valorar el tiempo es valorar tu vida y tus espacios
privados y familiares
Desgastar vs. aprovechar

▶ **Principio veinticinco.** Crear hábitos poderosos   **307**
    Quien tiene objetivos claros tiene clara la eficiencia
    de un buen hábito
    Rutina negativa vs. hábitos eficaces

▶ **Principio veintiséis.** Convierte tu EGO en algo positivo   **317**
    El ego no siempre es malo, si lo sabes domar,
    será tu fuego para crecer y ser respetado
    Ego negativo vs. ego positivo

▶ **Principio veintisiete.** Para ser fuerte, solo debes levantarte   **327**
    Naces frágil, pero de ti depende ser fuerte
    Fragilidad vs. resiliencia

▶ **Principio veintiocho.** Actitud de ganador   **337**
    No importa cuán inteligente seas mientras tu actitud
    sea ganadora
    Mala vibra vs. gran actitud

▶ **Principio veintinueve.** Suavizar tu mundo material
    con espiritualidad   **349**
    Adhiere espiritualidad a tu vida: el mundo moderno
    nos obliga a ingresar a los cuartos maravillosos
    de la espiritualidad
    Materialismo vs. espiritualidad

▶ **Principio treinta.** Querer al dinero   **359**
    Aprende a amar al dinero desde una perspectiva libre
    y honesta: sin prejuicios y con equilibrio
    Rico triste vs. rico y millonario en todo

Fuentes   **369**

Introducción

¿Qué es un BlackLion?

El rey de la selva urbana: único, auténtico y valioso.

En la sociedad está acuñada la creencia de que el león es el rey de la selva, y se sabe que este animal no es el más agresivo ni el más fuerte ni el más rápido, y no necesariamente es el más hermoso. Pero ¿qué es lo que en realidad lo hace ser el rey, si aparentemente no tiene grandes virtudes?

 su **actitud**,

su **estilo**

y, si fuera negro, su **autenticidad**.

Bienvenido a esta filosofía de vida para convertirte en un Black-Lion. Con ella conseguirás una actitud y autenticidad únicas que te permitirán lograr todo de forma rápida y con menos desgaste.

Este método me sirvió a mí y seguro te servirá a ti, solo recuerda que este no es un libro inspirador, sino una caja de herramientas útiles con principios claros y prácticos que solo funcionarán si los adoptas y ejecutas en tu SER de forma agresiva y rápida. Te garantizo que si sigues estos pasos, te beneficiarás inmediatamente.

Bienvenido a la manada de quienes queremos ser mejores y lograr nuestros sueños sin atropellar, ¡sino trabajando y cazando junto a los mejores!

¿POR QUÉ ESCRIBÍ ESTE LIBRO?

Después de ser durante los últimos diez años un influenciador de emprendedores y empresarios, me veía obligado en esta penúltima etapa de mi carrera a entregar mis secretos. Por eso, te presento este libro con los 30 principios para ser un ganador.

Los comparto sin guardarme nada y lo hago para cumplir mi misión: «Dar sin pedir nada a cambio». Recientemente he sentido que la gente navega sin un norte claro, requiere modelos específicos y prácticos para alinearse a su quehacer diario, el cual no solo debería ser vivir con felicidad y fortuna, sino también poder ser y compartir. Esto es muy importante:

 Nunca olvides que lo

 primero es ser

 y después viene tener.

Solo así lograrás la verdadera riqueza y prosperidad que yo he encontrado.

Pero ¿por qué te presento específicamente 30 principios? Te podría compartir 50 o más sin problema, pero quise tomar cada principio a partir de mis 30 años de experiencia. Tanto en mi vida personal como en mi faceta de empresario he experimentado un gran número de éxitos y fracasos, así que decidí extraer la esencia de mi misión y carrera en lecciones fáciles pero contundentes para que implementes y ejecutes un principio por día durante un mes. Así podrás adueñártelos y dominarlos.

La elección de estos 30 principios se basa también en esta idea:

 **El triunfo**
no se edifica sobre una sola columna,
sino sobre varias que cimienten
con firmeza el futuro.

Estos principios se integrarán en tu software para forjar una mentalidad de éxito que te permita adaptarte a diferentes situaciones y desafíos.

Por esa razón, estos principios fueron seleccionados cuidadosamente para abordar aspectos fundamentales. Cada uno tiene la capacidad de ayudarte a alcanzar el éxito de diferentes maneras. Por ejemplo: el primer principio, «Los miedos no son tan malos», te impulsará a superar tus miedos y sentir confianza al tomar decisiones importantes, mientras que el principio «Escuchar y comprender» te orientará para decidir de manera informada y actuar asertivamente, incluso en situaciones caóticas e inciertas.

Definitivamente, he aprendido a surfear las olas más grandes en sus infinitas formas, algunas traicioneras, otras muy complejas, y descubrí que cuando llegan las más agresivas y desfavorables es cuando este reto se hace aún más divertido y gratificante.

Tengo un objetivo:
que adquieras este conocimiento de forma
ágil, sencilla y práctica.

Al enseñarte lo que he aprendido lograrás rápidamente pisar el peldaño del éxito, la fortuna, la felicidad, el reconocimiento, la libertad y la prosperidad, para que cuando lo apliques en tu propio camino puedas gozarlo siempre.

En estas páginas también encontrarás ejercicios prácticos que te ayudarán en tu día a día, siempre apuntando a mejorar y avanzar hacia donde te propongas. Espero que disfrutes leerlas tanto como yo disfruté escribirlas pero, sobre todo, que te ayuden a lograr el éxito que deseas.

A diferencia de muchos, sí creo en las recetas, en los ingredientes y en la importancia de conocer en qué orden usarlos. Estos principios funcionan así, exactamente igual. Los platillos más deliciosos se crean con buenas recetas que utilizan buenos ingredientes —por eso hay grandes cocineros sin ser chefs— y la experiencia permite después mezclar y usar la creatividad para distinguirse del resto. Con este libro te regalo la parte de la experiencia para que solo te preocupes por aprender las reglas y los principios, para luego romperlos y crear tus propios principios y recetas que seguro serán mejores que las mías.

Los principios tienen una aplicación práctica y son útiles para enfrentar desafíos comunes del mundo empresarial o profesional, aunque también te ayudarán la competencia y el cambio constante.

Como te comenté, a lo largo de mi trayectoria he vivido una gran cantidad de experiencias. Aprendí lo que funciona y lo que no, tanto en la batalla de la calle como en las grandes ligas, y entendí cuáles son los patrones, las herramientas y los fundamentos necesarios para lograr el éxito.

Este libro representa la culminación de tres décadas de experiencia y la suma de mi conocimiento sobre las áreas clave. Espero que sea una guía valiosa que te permita tomar decisiones informadas, superar desafíos y alcanzar tus metas. Estoy seguro de que los 30 principios mejorarán tu capacidad para triunfar en la vida y podrás cazar carnes finas de manera mucho más fácil.

Aquí encontrarás no solo las herramientas, sino también la inspiración necesaria para alcanzar tu propio y merecido éxito.

 Te invito a iniciar el camino que te conducirá a ser

un verdadero ganador feliz.

PRINCIPIO UNO

Los miedos no son tan malos

Emprender con valentía: gestiona el miedo y úsalo como el arma más poderosa de cambio

Miedo vs. valentía

El miedo es una emoción natural que todos experimentamos en algún momento; mucho más cuando nos proponemos materializar una idea e innovar en un campo de alta competitividad. Sin embargo, en ocasiones el miedo es una barrera que puede impedir que te organices y trabajes a favor de tus metas.

La valentía, por otro lado, es el coraje de enfrentar el miedo y superarlo. Es el impulso necesario para dar el primer paso hacia lo desconocido y hacer realidad tus objetivos. Abrazar la valentía te permitirá desarrollar confianza en ti mismo y enfrentar cualquier desafío con determinación y convicción. La valentía no significa no tener miedo, sino actuar a pesar de él. Es dar un paso adelante, incluso cuando el camino es desconocido y la incertidumbre es abrumadora. Implica enfrentar tus miedos y desafíos, y persistir incluso cuando las cosas se ponen difíciles. La valentía es lo que te llevará a tomar riesgos calculados, perseguir tus sueños y vivir una vida feliz. Ella te facilitará hacer lo que antes parecía imposible y te ayudará a crecer y desarrollarte como persona exitosa.

¿De qué manera estás cambiando, emprendiendo e innovando tu forma de ser con valentía y gracias a tus miedos? Yo aprendí a amar mis miedos. Son la mejor prima para frenarme y pensar antes de actuar, para no fallar, crear una mejor estrategia y cazar con menos desgaste.

Aquí te dejo un ejemplo muy antiguo. Después de varias palizas que el gran mamut les dio a los cazadores del pasado, poco a poco desarrollaron un miedo, ya que muchos de ellos perdieron la vida por la necesidad de llevar a casa una presa para comer. ¿Por qué insistían en cazar a un animal tan grande, fuerte y agresivo? Porque también era grasoso y sabroso. Pero este miedo que desarrollaron fue el remedio perfecto, pues los impulsó a unirse; comenzaron a trabajar en equipo y elaboraron lanzas más resistentes y eficaces. Si no hubiese sido por el miedo, todos hubiesen muerto en el intento y nos hubiésemos extinguido. Así de fácil.

El miedo es la mejor arma de supervivencia. Úsalo a tu favor, no en contra de tus sueños. Aquí te muestro algunos ejemplos de la gestión de miedos del SER (personales):

- El **miedo** a tener un hijo por temor a no ser buen padre te ayudará a ser menos egoísta.

- El **miedo** a cambiar a tus amigos de mala influencia para no quedarte solo te hará darte cuenta de que pierdes la oportunidad de conocer personas que te aporten más.

- El **miedo** a poner los cuernos y perder a la mujer de tu vida hará que trabajes para tener una relación más estable con ella.

- El **miedo** a aceptar que eres mala persona te hace trabajar en ser mejor.

- El **miedo** a ser arrestado te hace cumplir leyes severas e incómodas, pero que te permiten vivir libre.

→ «Ten cuidado con quien no tenga **miedo a nada** ni tenga nada que perder».

Jürgen Klarić

Ahora mira estos ejemplos de la gestión de miedos empresariales:

- El **miedo** de salir a vender y recibir rechazos duros te hará esforzarte más y ser más estratégico.

- El **miedo** a lanzar nuevos productos o servicios y perder la inversión te hará quedarte quieto, pero también te obligará a pensar mejor las cosas e innovar.

- El **miedo** a expandirte a nuevos mercados desconocidos o incómodos podría hacer que te quedes quieto, o bien te hará cauteloso para escoger un lugar bueno y clave para crecer.

- El **miedo** a perder la carrera frente a la competencia te hara innovar de forma disruptiva, tomando altos riesgos y mayor desgaste.

- El **miedo** a contratar personal de primera y costoso, para luego no tener cómo pagarles, puede estancarte. Sin embargo, puedes usar a tu favor el miedo a no tener un *dream team* para luchar juntos contra la competencia feroz y ganar.

Tipos de miedos

Miedo paralizador

Existen dos tipos de miedos. El primero es el miedo paralizador, aquel que te inmoviliza y te impide, luchar, cambiar, lograr.

«Tengo miedo
a los socios».

Con este tipo de miedo te niegas a la oportunidad, te estancas en situaciones o les das vueltas y vueltas, y nunca avanzas para solucionar problemas, incrementar tus ganancias o mejorar tu vida. Por esto tu empresa no sale adelante ni tiene el capital necesario.

Miedo motivador

Este es el miedo que te empuja a lograr un cambio, a mejorar y perseguir el éxito y la felicidad. Este tipo de miedo viene impulsado por la valentía.

«Tengo miedo a nunca ser el
líder del mercado».

«Tengo mucho miedo de morir con
problemas económicos».

Este tipo de mieto te hará conseguir los mejores socios, seleccionarlos cuidadosamente, trabajar el doble y tomar altos riesgos, sí, pero también calculados.

DESARROLLO DEL PRINCIPIO

Para entender y apropiarte de esta nueva forma de ver los miedos debes seguir tres pasos:

1. Comprender cómo el miedo te hace mas cauteloso, pero también cómo te detiene y aleja del éxito. Reflexiona sobre lo bueno y lo malo de los miedos.

2. Abrazar la valentía para que los miedos paralizadores no afecten tu desarrollo personal.

3. Vivir una vida valiente y amar tus miedos; acepta que ellos te hacen ser mejor también.

Comprender el miedo

¿Realmente QUÉ ES el miedo?

Es una reacción biológica creada por el cerebro que emite una señal de parálisis o reacción, la cual tiene un solo fin: no morir, ya sea una muerte física o una social. Sin ella, el ser humano ya se hubiese extinguido hace mucho y hubiese sucedido ninguna evolución. Gracias al miedo a morir de hambre en la era del hielo, nuestros antepasados se arriesgaron a caminar por años hasta encontrar calor y tierras fértiles, y te aseguro que sin ese miedo, ese instinto de supervivencia, todos hubiesen muerto congelados.

Cuando tienes miedo, inmediatamente generas respuestas corporales y conductuales. Otro ejemplo: imagina que estás a punto de salir a hablar frente a un auditorio con cientos de personas. El miedo que sientes en ese momento será traducido por tu cuerpo: el ritmo cardiaco se elevará; tus pupilas se dilatarán; tus poros se abrirán y comenzarás a sudar, y no podrás hacer nada al respecto si no estás preparado.

¿Y qué pasa realmente en tu cerebro cuando sientes miedo? Tu cuerpo produce cortisol, que ayuda a liberar azúcar al torrente sanguíneo. También produce adrenalina, que nos pone en un estado de alerta cuando detectamos una situación amenazante.

Benditos miedos; sin ellos no estarías acá leyendo este libro. Simplemente analiza qué te hizo comprarlo o invertir tu tiempo y dinero en él: fue el miedo a no ser feliz y nunca lograr lo que pretendes. Es gracias a ese miedo motivador que estás buscando respuestas y herramientas para sobrevivir. Gracias a ese miedo tienes este libro en tus manos.

Un día, un amiga mía decidió cruzar por debajo de un puente peatonal simplemente por ahorrarse el gasto energético de 40 escalones. No le tuvo miedo al tráfico, pero la atropellaron y pasó casi tres meses en cama sin poder vivir la felicidad ni producir. Sé, además, de un perro callejero que ha sido golpeado un par de veces por hacer lo mismo en el mismo cruce y que no murió; ahora usa el paso a desnivel igual que los humanos que tienen miedo de morir o terminar inválidos.

El miedo es la respuesta emocional a una situación de peligro, a la incertidumbre o a lo desconocido. Representa una poderosa fuerza que puede paralizarte, limitar tu verdadero potencial y detener tu camino hacia el éxito y la felicidad al impedir que tomes decisiones asertivas. Por ello, es importante hablar sobre los diferentes tipos de miedo y sobre cómo se pueden manifestar en tu vida. Al entender de dónde vienen y cuáles son, puedes enfrentarlos y superarlos. Por ejemplo, el miedo a lo desconocido puede manifestarse como ansiedad y preocupación excesiva; el temor a fracasar puede hacer que te sientas inseguro e incapaz de tomar riesgos calculados; el miedo al rechazo puede hacer que evites situaciones sociales o dudes en expresar tus opiniones.

Toma un momento
para reflexionar sobre lo siguiente:

◆ **¿Cuál es tu miedo más grande?**
◆ **¿Qué te impide alcanzar tus metas?**
◆ **¿Qué detiene tu camino hacia el éxito?**

Al contestar estas preguntas, encontrarás las causas profundas del miedo, entenderás su magnitud y te organizarás de forma cotidiana para actuar al respecto.

Te recomendaré un libro que puede ayudar en este proceso. Se trata de *El arte de lo posible*, un valioso texto donde Rosamund Stone Zander y Benjamin Zander ofrecen una perspectiva única sobre cómo comprender el miedo y abrazar la valentía. Ellos señalan que el miedo surge de una percepción negativa de la realidad, de las creencias limitantes sobre nosotros y sobre nuestro contexto. En este sentido, sugieren que al modificar la visión sobre lo que nos rodea podemos superar los miedos. Los autores, además, comparten una serie de prácticas y ejercicios que favorecen una mentalidad de posibilidad y permiten alcanzar metas. Estas prácticas incluyen la visualización, la meditación y la creatividad, entre otras.

Uno de los ejercicios clave del libro es «dar el primer paso». Esto implica emprender una acción audaz y valiente, incluso cuando no se tiene certeza sobre los resultados. Al dar el primer paso comienzas a superar los miedos y se crean nuevas posibilidades que te harán llegar invariablemente al lugar más exitoso de tu vida.

El arte de lo posible expone que es necesario dar un giro a nuestra percepción de la realidad; es decir, en lugar de concentrarnos en lo que falta o lo que podemos perder, debemos fijar la atención en los recursos disponibles y en las oportunidades que tenemos por delante. En resumen, este libro ayuda a comprender el miedo, al advertir que surge de una idea maleable sobre la realidad. Sus prácticas y ejercicios te facilitarán superar temores, desarrollar una mentalidad de posibilidad, cambiar la percepción negativa, abrazar el valor y, finalmente, descubrir tu verdadero potencial.

Un poder llamado miedo

La mayoría de la gente te dirá que solo podrás superarte cuando logres eliminar tus miedos. Yo difiero. El miedo puede paralizarte, es verdad, pero aunque no lo creas también puede motivarte: es un valioso aliado para tu crecimiento personal. La psicología del pasado te ha dicho que una persona miedosa será infeliz y no logrará nada en la vida, pero esto no es verdad.

Nadie debe avergonzarse de su miedo, es simplemente cuestión de entender un nuevo paradigma: todo se trata de cómo interactúas con él, cómo lo abordas, cómo juegas con él y de qué manera dejas que influya en ti. Piensa en grandes personajes de la historia, como Gandhi, Napoleón o Steve Jobs. ¿Crees que nunca tuvieron miedo? Ellos vivieron el miedo muchas veces y por muchas razones, pero lo utilizaron como trampolín para alcanzar metas cada vez más grandes. El miedo fue un aliado importante de su éxito.

El león
transforma el miedo en valentía para cazar a la presa más grande.

Abrazar la valentía

Abrazar la valentía, tanto en tu desarrollo personal como en el mundo del emprendimiento, significa abrazar el éxito, pero también aceptar el riesgo y la incertidumbre propios de iniciar ese reto. Este acto también conlleva tomar medidas audaces para lograr objetivos. A continuación, te presento algunas formas de materializar esta idea.

Aceptar el riesgo. Emprender implica aventurarse a lo desconocido y eso puede ser aterrador. Sin embargo, para acceder a una buena oportunidad es importante salir de la zona de confort, que comúnmente confundimos con felicidad. Aceptar la incertidumbre te permitirá descubrir tu potencial de triunfo y crecimiento, además de encontrar una felicidad auténtica.

Tomar medidas valientes. Los seres humanos que exigen la felicidad y los emprendedores que buscan éxito son quienes no tienen miedo de tomar decisiones osadas para lograr sus objetivos. Por ello, corren riesgos calculados, como invertir en una nueva tecnología o contratar un equipo de expertos. Asimismo, llevan a cabo acciones inexploradas.

Ser persistente. Para ser mejor y emprender con éxito tienes que enfrentarte a muchos obstáculos y fracasos, sin embargo, es necesario perseverar y seguir avanzando a pesar de las dificultades. Las mejores personas y los emprendedores más valiosos son tenaces y están dispuestos a continuar, incluso en situaciones difíciles.

Aprender de los errores. Es importante reconocer los errores propios y aprender de ellos. Equivocarse es parte del camino de la vida y del emprendimiento, pero también puede ser una oportunidad de crecer como persona hasta convertirte en un líder y ser exitoso en todo. Aprender de los errores te ayudará a tomar medidas más estratégicas en el futuro.

En resumen, abrazar la valentía implica estar dispuesto a asumir riesgos, tomar decisiones audaces, ser persistente y aprender de tus errores. Algunas acciones que te ayudarán a hacerlo incluyen meditar, desarrollar hábitos positivos, establecer propósitos realistas y visualizar tus metas. Recuerda que la valentía no implica la ausencia de miedo, sino actuar gracias a él.

Vivir de forma valiente

Ahora es importante decidir cómo aplicarás este principio en tu propia vida. ¿Cómo vivir de forma valiente y cómo aprovechar el miedo para crecer? Intenta practicar cada día lo que has aprendido: toma riesgos calculados, enfrenta tus miedos y desafíos y aprende de tus errores. Rodéate de personas que te apoyen y motiven en tu viaje hacia el éxito. Al vivir de forma valiente, puedes alcanzar tus metas y desarrollarte de manera plena y satisfactoria.

El miedo puede ser una barrera para lograr lo que deseas, pero al abrazar la valentía lograrás superarlo y obtener lo que te propongas. Practica y desarrolla tu valor para tener una vida llena de propósito y significado.

CONCLUSIONES PARA SER UN GANADOR

Al reflexionar sobre este principio, puedes concluir lo siguiente:

1. **No puedes permitir que el miedo te paralice.** Los fracasos son parte del camino al éxito: las personas que triunfan son quienes han asumido riesgos para alcanzar sus objetivos. A menudo, el miedo nos impide tomar decisiones importantes y nos mantiene atrapados en nuestra zona de confort. Para superarlo, es importante identificar sus causas subyacentes y abordarlas. Pregúntate: ¿has pensado qué es lo que te da más miedo de emprender? ¿Es el fracaso, la validación externa o los riesgos económicos?

2. **La valentía no es igual a la imprudencia.** Es una habilidad que se puede desarrollar y que garantiza el camino al éxito. Muchas personas piensan que es innata, pero en realidad puede cultivarse. Si realizas pequeños actos de valor cada día, construirás tu confianza. Ser valiente no significa ser irresponsable o ignorar el peligro, sino evaluar cuidadosamente los riesgos y tomar decisiones de manera informada y estratégica.

EJERCICIOS PRÁCTICOS PARA GESTIONAR MIEDOS

BÁSICO:
sal de la zona de confort
y enfrenta la incomodidad

Identifica los miedos más comunes que tienes como emprendedor y anótalos en un papel. Después, piensa en una acción pequeña pero valiente que puedas hacer para enfrentar cada uno de ellos. Por ejemplo, si tienes miedo de hablar con clientes potenciales, empieza por enviarles un correo electrónico de presentación. Conforme realices estas pequeñas acciones, tu confianza y habilidades de comunicación mejorarán.

INTERMEDIO:
planifica paso por paso

Identifica una meta de negocios que te gustaría alcanzar pero que te genera temor. Divide esa meta en pasos más pequeños y manejables, y establece un plan de acción para lograrlos. Por ejemplo, si tu objetivo es lanzar un nuevo producto, los pasos podrían incluir hacer una investigación de mercado, desarrollar un prototipo e idear una estrategia de marketing. No pierdas de vista el éxito que te espera. A medida que vayas dando cada paso, celebra tu valentía y reconoce los obstáculos que has superado.

AVANZADO:
muéstrate y conecta

Busca una oportunidad de presentar tu negocio a un público amplio; por ejemplo, inscríbete a un concurso de emprendimiento o imparte una conferencia. Además de ser una oportunidad para darte a conocer, en estas actividades aprenderás sobre el ecosistema local y conectarás con él. Mientras preparas tu presentación, identifica tus miedos y trabaja para superarlos. Ensaya tu discurso frente a un grupo de amigos o mentores y escucha sus comentarios. Cuando se acerque el día de la exposición, recuerda los obstáculos que has superado y reconoce tu valentía por enfrentar este desafío.

Ejercicio

¿Cuál crees que fue el miedo que invadió a estos líderes para alcanzar lo que lograron? Escribe en las líneas tus respuestas.

1. El miedo motivador que impulsó a Steve Jobs a salir de la quiebra y hacer de Apple una de las empresas más exitosas del mundo fue _____
_____.

2. El miedo motivador que hizo que Gandhi peleara por la independencia de la India fue _____
_____.

3. El miedo paralizador que hizo que _____ (coloca el nombre de algún conocido tuyo) nunca haya dejado su empleo y hoy tenga poco dinero fue
_____.

Ahora bien, descubramos cuáles son tus miedos. Escribe tres miedos paralizadores que han provocado que no avances ni logres tus objetivos:

1. El miedo a _____
ha hecho que yo no logre _____.

2. El miedo a _____
ha hecho que yo no logre _____.

3. El miedo a _____
ha hecho que yo no logre _____.

Finalmente, escribe tres miedos motivadores que han hecho que tomes acción y logres tus objetivos:

1. El miedo a _____
ha hecho que yo sí logre _____ .

2. El miedo a _____
ha hecho que yo sí logre _____ .

3. El miedo a _____
ha hecho que yo sí logre _____ .

Ahora que eres consciente de cómo funcionan los miedos, los amarás y los convertirás en tus mejores aliados. Recuerda que solo inspirarte no te llevará a ningún lado: sé consciente ¡y trabaja en tus miedos ya!

Tribu fuerte, hombre fuerte

El éxito no es un viaje solitario: la importancia de construir una tribu

Solitario vs. tribal

Cuando pensamos en alguien exitoso o en un gran empresario, a menudo imaginamos a una persona sola, en un garaje o en una pequeña oficina, trabajando incansablemente en su idea de negocio. Sin embargo, la verdad es que, aunque el emprendimiento puede ser una práctica individual, nadie tiene éxito por sí mismo. Todos necesitamos una tribu, un grupo de personas que nos apoyen, desafíen y ayuden a crecer, y este grupo podrá cambiar en cada etapa en la que estés.

El principio «Tribu fuerte, hombre fuerte» te permitirá trabajar en equipo y te conducirá a lugares inimaginados. Al entender la importancia de formar parte de una comunidad, podrás construir relaciones más fuertes y sentirte acompañado en tu camino hacia el triunfo. Si te preguntas por qué la fórmula del emprendedor solitario no funciona en el mundo actual, enseguida te daré algunas razones.

El mundo de los negocios es cada vez más complejo. En la era digital y de la información, el entorno empresarial es cada vez más competitivo y se nutre de la multidisciplina. Para tener éxito, los emprendedores deben poseer una amplia gama de habilidades y es poco probable que una sola persona cuente con todas ellas. Además, conocer diversos puntos de vista enriquece ampliamente nuestra perspectiva.

Los recursos son limitados. Los emprendedores solitarios suelen tener menos recursos, como tiempo, dinero y experiencia. Esto puede limitar el crecimiento de su negocio y su capacidad para enfrentar los desafíos que surjan. Generar recursos con una tribu bien consolidada no solo ayuda a diversificar su origen, sino a sumar herramientas, espacios y personas que representan bienes en sí mismos. Al reconocer diferentes tipos de capitales como el cultural, el intelectual o el social, tus proyectos se ejecutarán de mejor manera.

La importancia de la innovación. En la economía actual, la innovación es clave para el éxito. A los emprendedores solitarios les suele ser más difícil crear ideas novedosas y mantenerse al día sobre los cambios del mercado y la tecnología. Es imposible que una sola persona esté al tanto de todos los proyectos de un ecosistema de innovación. Ser parte de una tribu significa tener más ojos, tiempo, posibilidades e intereses diversos encaminados a un mismo objetivo.

La necesidad de la colaboración y el trabajo en equipo. En el mundo de hoy, triunfar depende cada vez más del trabajo colectivo. Los emprendedores solitarios pueden tener dificultades para construir relaciones y encontrar colaboradores y socios estratégicos. El camino hacia el éxito está determinado por la constancia, la disciplina y las conexiones que se establecen a largo plazo. Una tribu tiene más credibilidad en los espacios colectivos que una sola persona.

En el ámbito personal, un individuo con pareja e hijos tiende a ser más confiable que alguien divorciado y solitario. Esto se da por la creencia de que si está solo será por algo, pero también quien tiene familia y pertenece a una tribu tiene mucho que perder si falla, pus su reputación y credibilidad están comprometidas. Una persona sola no. Esa es la razón por la que los grandes lideres políticos no se divorcian públicamente; para ejemplo tenemos a Hillary y Bill Clinton con todas sus diferencias y situaciones, o a Donald y Melania Trump.

En resumen, la fórmula del emprendedor solitario puede haber funcionado en el pasado, pero en la era actual, de complejidad, competencia, innovación y colaboración, es cada vez más difícil aplicarla. Por ello, ser parte de una tribu es esencial para tener éxito en los negocios.

«No somos machos, pero sí

somos muchos».

Frase popular mexicana

DESARROLLO DEL PRINCIPIO

Teniendo en cuenta los retos de un emprendimiento en solitario, es fundamental entender qué es una tribu y cuál es su importancia para el desarrollo de planes y proyectos, así como aprender a formar parte de una. Enseguida te presento algunas razones para construir una tribu, tu propia manada, y fortalecer el pensamiento colectivo.

La tribu te brinda una perspectiva valiosa. ¡Se trata de trabajar en equipo! Se ha probado que vivir en familia es más fácil y placentero y que la gente que tiene pareja es más estable. La compañía te permite contar con distintas perspectivas y habilidades útiles para solucionar problemas con creatividad y eficacia. Al formar parte de un equipo de personas con virtudes y experiencias diversas, tendrás una visión amplia y enriquecedora. Un mismo problema tiene varios caminos para su solución, por lo que, al unir esfuerzos, herramientas y destrezas, podrás entender el panorama y encontrarás la mejor ruta hacia el triunfo.

La tribu o familia te brinda apoyo emocional. Emprender puede ser solitario y estresante. Una tribu adecuada será tu respaldo moral y te ayudará a permanecer motivado y con energía para avanzar. Además, puedes celebrar logros y superar fracasos en compañía, y esto no es un detalle menor. La contención emocional y el reconocernos como seres interdependientes nos permite dispersar los miedos y abrazar la disciplina y valentía necesarias en el mundo de los negocios.

Un verdadero BlackLion
sabe que
es más poderoso
cuando caza
en manada.

La tribu te brinda redes y conexiones. Cuando tienes un equipo obtienes acceso a una amplia red de contactos, lo cual es muy valioso para crear alianzas. Además, puedes beneficiarte de sus recomendaciones y referencias para atraer nuevos clientes y socios estratégicos.

Para aplicar este principio en tu empresa, forma una tribu adecuada para tu proyecto o para la vida. Esto puede implicar la búsqueda de aliados, mentores, asesores, empleados y colaboradores que complementen tus habilidades y perspectivas. Arriésgate a consolidar un equipo que te desafíe constantemente y en el que no todos estén siempre de acuerdo. También procura cultivar relaciones sólidas y auténticas dentro de la tribu, basadas en la confianza, la transparencia y el compromiso mutuo.

CONCLUSIONES PARA CONSTRUIR UNA TRIBU O FAMILIA GANADORA

1. **Construye una tribu adecuada, con relaciones sólidas y auténticas.** La tribu ideal no se encuentra en cualquier esquina. Busca personas con intereses y habilidades complementarias y distintas que enriquezcan tu perspectiva sin chocar ni debatir demasiado, que piensen en metas y horizontes compartidos. Construye con ellas tu proyecto, paso a paso; recuerda: los integrantes de tu equipo no necesariamente deben ser personas con quienes trabajas. Cultiva estas relaciones y colabora con otros para alcanzar tus objetivos empresariales.

2. **Trabaja en equipo, supera los fracasos y celebra cada logro en colectivo.** Aprende a colaborar, delegar y confiar en los demás. Al trabajar en equipo podrás beneficiarte de diferentes perspectivas y habilidades, lo que te ayudará a encontrar soluciones creativas y efectivas para los desafíos. Eso también aplica para superar las dificultades y celebrar los logros. El pensamiento tribal te facilitará avanzar cada paso en el camino hacia lo que tú mismo determines como éxito.

EJERCICIOS PRÁCTICOS PARA CONSTRUIR TU PROPIA TRIBU

BÁSICO:
¡atrévete a salir!

Encuentra un grupo de emprendedores locales y asiste a una reunión. Una primera acción sencilla que te ayudará a largo plazo es encontrar un grupo de emprendedores en tu área. Esto te permitirá conocer gente con intereses comunes, compartir tus desafíos empresariales y encontrar apoyo y aliento en momentos difíciles.

INTERMEDIO:
forma un grupo de *mastermind*

Un grupo de *mastermind* es un colectivo que se reúne regularmente para discutir sus desafíos y ayudarse a encontrar soluciones. Forma uno con otros emprendedores. Conversen con frecuencia sobre sus retos de negocios y propongan estrategias creativas y eficientes.

AVANZADO:
crea tu tribu, tu manada

Una asociación empresarial es un grupo de empresas y empresarios que se unen para trabajar en proyectos y objetivos comunes. Forma una con negocios de tu área o industria y apóyense para lograr objetivos estratégicos. Pensar en otros emprendimientos de tu mismo sector como parte de tu tribu y no como competencia puede fortalecer el pensamiento de que eres parte de un ecosistema y ayudarte a consolidar relaciones sólidas. Adquiere otra empresa y absorbe al equipo, contrata a gente mejor que tú.

Ejercicio

Es momento de que reconozcas lo valioso que es construir una tribu que te ayude a superar tus debilidades. Completa los espacios en blanco en las oraciones.

1. Mi debilidad más grande en la vida es _____
   _____ . Buscaré una persona que me aporte esto rápidamente.

2. La persona que mejor me puede ayudar para fortificarme en este tema se llama _____ .

3. Mi meta empresarial más importante en este momento es _____ ,
   y la persona que más me puede ayudar con este reto es
   _____ .

4. Estos son los tres valores que requiero para edificar mi familia:

   a) _____ ,

   b) _____ ,

   c) _____ ,
   y para lograr esto debo procurar enamorar y convencer a
   _____ para que lo hagamos juntos.

Como ves, entre más debilidades tengas y más grandes sean tus retos, requerirás una mejor y más numerosa tribu. Una buena tribu te ayudará a alcanzar tus metas, a desarrollarte y a cazar más presas con menos desgaste. Si lo haces bien, con el paso del tiempo ya no serás tú quien cace y tendrás leonas que lo hagan por ti.

El león nunca podría ser el rey de la selva si fuera solitario; todo lo contrario: es el rey porque siempre tiene compañeros y leonas junto a él, cazando por él. Acá todos los miembros de la manada aportan algo; todos son felices y beneficiados. Los BlackLions, con el tiempo y el respeto que van ganando, son quienes menos cazan, pero mejor comen.

Mejorar o morir

Reconoce tus debilidades y defectos: minimiza el EGO y asume tu responsabilidad

Procrastinación vs. mejora continua

En un mundo cada vez más competitivo, la eficiencia y la productividad son cruciales para tener éxito en cualquier medio. Sin embargo, a veces nos enfrentamos a uno de los mayores obstáculos para lograr nuestras metas: la negación a nuestras incompetencias y la justificación de la procrastinación.

La procrastinación es la tendencia a posponer tareas necesarias y prioritarias en favor de actividades más placenteras o menos exigentes. No siempre significa reemplazar una reunión de trabajo por salir a comer o escuchar música; a veces puede ser que, en lugar de enviar un correo, eliges rediseñar una y otra vez una presentación, centrándote en los más mínimos detalles. En contextos altamente competitivos, esta actitud puede ser muy perjudicial, pues a menudo hay plazos ajustados y grandes exigencias de calidad.

Si te dejas llevar por la procrastinación, puedes dejar pasar oportunidades, perder el ritmo de trabajo y poner en riesgo tus objetivos. Regularmente uno procrastina por miedo al esfuerzo requerido, debido a la pérdida de energía vital y por el riesgo que trae consigo ejecutar. También el EGO negativo justifica tus errores o falta de capacidades en factores o personas externas, evadiendo la responsabilidad de cambio.

Pero ¿cómo puedes superar al ego negativo y la procrastinación para alcanzar tus metas en un contexto competitivo?

La respuesta está en el

principio de mejora continua.

La mejora continua es el proceso constante de evaluación, aceptación de incompetencias, aprendizaje y ajuste de hábitos y estrategias para lograr cada vez mejores resultados. Al implementarla, te enfocarás en analizar tus fortalezas y debilidades, y trabajarás con base en objetivos específicos y medibles para evolucionar gradualmente.

Enseguida te mostraré cómo aplicar la mejora continua en tu vida y en tu negocio. Esto te permitirá avanzar más rápido y con menos esfuerzo. Si quieres triunfar en un ambiente de éxito y de alta competitividad, es momento de asumir toda la responsabilidad y tomar cartas en el asunto. Aunque te desgastes, es hora de decirle adiós a la procrastinación. ¡Comencemos ya!

DESARROLLO DEL PRINCIPIO

La actitud de mejora continua se basa en la idea de que siempre hay oportunidad de crecer y que puedes conseguir tus objetivos a través de un proceso constante de evaluación, aprendizaje y ajuste de hábitos y estrategias. La clave para aplicar esta actitud es estar dispuesto a reconocer tus fortalezas y debilidades, estar abierto a aprender y adaptarte a los cambios.

Así como el león sabe que hay animales mejores que él en ámbitos específicos, también acepta sus deficiencias y se esfuerza por unir a la manada para complementarse. Cuando cazan, él no se esfuerza necesariamente para volverse el cazador del día a día, pero sí hace lo posible para juntar y motivar a las leonas no solo para que lo hagan por él, sino también mejor que él. Allí es donde su papel de líder y protector es remunerado.

Un BlackLion
conoce
sus debilidades
y las convierte
en fortalezas.

Debes aplicar este principio en tus hábitos cotidianos y hacerlo parte de tu rutina de trabajo y tu planeación. A continuación, te presento algunos hábitos que puedes incorporar en tu día a día:

Establecer objetivos claros y medibles. Es importante saber hacia dónde te diriges y tener metas específicas y mensurables que te permitan evaluar tu progreso. En este sentido, puede ser muy útil dividir tus propósitos en el corto, mediano y largo plazo. Si piensas construir un modelo de negocio sostenible, esto puede parecer una tarea inabarcable; sin embargo, si empiezas por diseñar una metodología, formar un equipo y presentar tus ideas clave, las metas se verán más próximas.

Escuchar a los clientes, a tu equipo o a tu familia. Todos ellos son una fuente valiosa de retroalimentación sobre tu actuar, por lo que es importante oír atentamente sus comentarios y sugerencias y usar esa información para mejorar. Incorpora metodologías de *design thinking*; es decir, estrategias para desarrollar la innovación centradas en las personas, que ofrecen un lente a través del cual se pueden observar los retos de mejora continua, detectar necesidades y, finalmente, solucionarlas. Además, crea prototipos, pregunta por las motivaciones para adquirir o no un servicio y date la oportunidad de cambiar tus ideas las veces que sean necesarias.

Mantenerse actualizado. En un mundo en constante cambio, debes estar al día en tu campo de emprendimiento: asiste a eventos, lee artículos y establece contacto con otros emprendedores. En síntesis, ¡forma parte activa de tu ecosistema!

 Empieza el día
haciendo labores
que **debes** hacer, pero no
te gustan; tu cuerpo tendrá
más energía para ejecutarlas.

Analizar y aprender de los errores. Equivocarse es inevitable en cualquier proceso de emprendimiento o convivencia familiar. Lo importante es aprender del error y ajustar tu enfoque para no fallar de nuevo. Lleva la trazabilidad de tus procesos para entender en qué partes del camino te equivocas con frecuencia y qué estrategias puedes cambiar. Comparte con tu equipo los errores, no para encontrar culpables, sino para entender cómo pueden mejorar en conjunto. Recuerda que acá el único responsable de tu éxito y felicidad eres tú, eso significa que nadie es culpable o responsable de que lleguen a ti. Tú debes regalártelo o responsabilizarte si fracasas.

Buscar la retroalimentación y el apoyo de otros. Contar con un equipo de mentores, amigos y familiares que te brinden comentarios honestos y te apoyen en tu proceso de mejora puede ser muy valioso. Es duro que te critiquen y te juzguen, pero es peor no lograr metas. ¡Escucha a tu tribu!

Mantener una mentalidad de crecimiento. Para mejorar continuamente, es esencial que te enfoques en tu desarrollo. Concéntrate en tus fortalezas y oportunidades de crecimiento en lugar de hacerlo en tus debilidades o fracasos.

Recuerda que cambiar y salir del confort es lo que más energía vital consume, por eso existe la tendencia a posponer y procrastinar el cambio. Llénate de energía gracias a la motivación y úsala para cortar de raíz el problema ya.

Al implementar estos hábitos de mejora continua, estarás mejor preparado para enfrentar los desafíos del emprendimiento y avanzar hacia el éxito sostenible.

TIPOS DE PROCRASTINACIÓN

Procrastinas por falta de motivación
No encuentras una justificación válida por la cual esforzarte. ¡Busca la motivación y los argumentos que te motiven a hacerlo ya!

Procrastinas por EGO
El EGO te hace justificar que no debes cambiar, ya que aceptar que eres malo para algo duele y cuesta. Procura ser más humilde y acepta que no eres perfecto y que debes mejorar.

Procrastinas por falta de energía

Aceptas que debes cambiar, pero no tienes la energía vital para cumplir ese proceso. Busca mi curso de diez cosas que aumentarán tu energía vital para que puedas actuar. Recuerda que cambiar y ejecutar gasta demasiada energía, por eso la mente encuentra justificaciones cómodas para no hacerlo. *Cambiar* requiere el triple de energía que *hacer*.

Procrastinas por tus miedos paralizadores

El miedo a fracasar, a no poder o a desgastarte hace que no logres la mejora continua. No dejes que te controle el miedo a ser una mala persona, a que te dejen o a que tu empresa fracase. Recuerda lo que viste en el primer principio y usa el miedo para cambiar y mejorar ya.

CONCLUSIONES PARA SER UN GANADOR

Para alcanzar el éxito en un campo de alta competitividad es fundamental adoptar una actitud que te permita superar los obstáculos y lograr tus metas.

LA ACTITUD A LA MEJORA CONTINUA.

La buena actitud a las críticas.

LA ACTITUD DE GANADOR ES

creer y sentir que todos los días podemos ser mejores.

Has explorado el principio «Mejorar o morir», ahora sabes que al aplicarlo evitarás postergar tus tareas y avanzarás hacia el éxito. Asimismo, entiendes la importancia de establecer objetivos claros y medibles, de analizar tus resultados y aprendizajes y de mantener una mentalidad de crecimiento para lograr lo que deseas. Enseguida sintetizo para ti los pasos que debes incorporar para establecer la mejora continua como hábito y mejorar la actitud en tus proyectos:

1. **Evita la procrastinación.** Posponer puede ser un gran obstáculo para alcanzar tus objetivos. En lugar de retrasar las tareas importantes, abórdalas de inmediato y mantén el impulso.

2. **Adopta la actitud de mejora continua.** En vez de permanecer en tu zona de confort, busca constantemente formas de evolucionar y crecer en tu campo de trabajo.

3. **Establece objetivos claros y medibles.** Determinar tus metas y medirlas te ayudará a mantener el enfoque y evaluar tu progreso en el camino hacia el éxito.

4. **Analiza tus resultados y aprendizajes.** En lugar de culpar a los demás o a las circunstancias por los fracasos, haz una autoevaluación e identifica qué puedes mejorar y cómo ajustar tu enfoque.

5. **Mantén una mentalidad de crecimiento.** Para ser un ganador es importante que te centres en tu propio desarrollo. Enfócate en tus fortalezas y oportunidades de mejora en lugar de tus debilidades o fracasos.

6. **No tengas retos o metas gigantes.** Es mejor que te enfoques en objetivos pequeños que vayan sumando, así irás paso a pasito hacia el cambio y la obtención de logros.

Ejercicios prácticos para incorporar la mejora continua

BÁSICO:
establece objetivos SMART

Plantea metas específicas, medibles, alcanzables, relevantes y de tiempo limitado (SMART, por sus siglas en inglés) para enfocar tu trabajo y mantener la motivación. Fija propósitos claros, definidos y orientados a aquello que deseas alcanzar. Por ejemplo, en lugar de decir: «Quiero aumentar las ventas», establece como objetivo: «Quiero aumentar las ventas en un 15% en los próximos tres meses».

INTERMEDIO:
evalúa tus hábitos de trabajo

Analiza tus rutinas y modifícalas para aumentar su eficacia. Evalúa tus actividades cotidianas y pregúntate si estás aprovechando al máximo tu día; identifica las que te toman más tiempo y trata de encontrar formas más rápidas de hacerlas o delégalas a otra persona. También puedes establecer horarios más estructurados y fechas límite para realizar las tareas.

AVANZADO:
aprende habilidades nuevas

Para mejorar tu trabajo y avanzar en tu carrera, investiga sobre las últimas tendencias y tecnologías de tu ámbito; busca cursos, talleres o eventos en los que puedas adquirir nuevas destrezas. Esto te permitirá estar actualizado y mejorar continuamente tu desempeño. También considera buscar mentores o *coaches* que te ayuden a identificar áreas de mejora y te brinden retroalimentación honesta.

Ejercicio

Anota las tres cosas que debes hacer con más urgencia pero que procrastinas; después escribe el riesgo o las afectaciones por no hacerlas.

1. ¿Qué tengo que hacer y no he hecho?

_____ .

¿A qué me arriesgo si no lo hago pronto?

_____ .

2. ¿Qué tengo que hacer y no he hecho?

_____ .

¿A qué me arriesgo si no lo hago pronto?

_____ .

3. ¿Qué tengo que hacer y no he hecho?

_____ .

¿A qué me arriesgo si no lo hago pronto?

_____ .

PRINCIPIO CUATRO

Escuchar y comprender

El poder de la comunicación asertiva: logras más cuando escuchas y analizas correctamente

Confusión vs. comunicación

Aunque en los negocios la comunicación asertiva es importante para alcanzar el éxito, a menudo las personas se expresan con poca claridad y de manera confusa. La confusión genera malentendidos, errores y problemas, pero además puede acarrear graves consecuencias en el entorno empresarial.

Una persona confusa no tiene un mensaje definido, se contradice, es incapaz de presentar sus ideas de forma adecuada y usa términos complicados o incomprensibles. En resumen, es alguien que no se expresa con efectividad.

Habrás escuchado por ahí la palabra *cantinflear*, algo muy común en la gente insegura o en quienes están más preocupados por responder y hablar que por entender y ejecutar. Probablemente este es el defecto más importante de la cultura hispana, ya que los estadounidenses, con su práctico inglés, no sufren tanto con este tema.

Por otro lado, una persona asertiva se comunica de manera clara, concisa y eficaz, utiliza un lenguaje sencillo y entendible, explica sus propuestas a detalle y es coherente. Cuando hables con alguien, siempre pregunta al final: ¿Qué fue lo que entendiste? ¿Tienes alguna duda o sugerencia? Ambas preguntas son fundamentales para comprobar si la misión quedó clara.

Un BlackLion siempre sabe cómo transmitir la información a su manada. Cuando cazan en la sabana, nunca verás que unos leones van para un lado mientas otro grupo se queda acostado y otro más se va a pasear. Todos se enfocan en el objetivo del líder, que utiliza la comunicación para guiar.

El león
ruge fuerte y claro para **guiar y mantener unida** a la manada.

DESARROLLO DEL PRINCIPIO

Imagina que estás en una reunión de negocios y alguien presenta una idea confusa que deja a los asistentes perplejos y sin haber descifrado el mensaje. Esto puede generar frustración e impedir que la meta del encuentro se logre.

En contraste, la comunicación asertiva fomenta el entendimiento y la confianza entre clientes, colaboradores y proveedores. Asimismo, incluye beneficios como los que te presentaré enseguida:

Facilita la comprensión de tus ideas. Al ser claro y conciso, aseguras que tu mensaje llegue al interlocutor de manera eficaz y evitas conflictos y errores. La comunicación asertiva permite que te expreses de forma congruente y organizada, lo cual facilita que los demás te entiendan. De esta forma, previenes las malinterpretaciones cuando das a conocer tus propuestas de negocio o plan de vida para tu familia.

Ser un comunicador asertivo te exige la habilidad de escuchar mejor a los demás. Al oír con atención y respeto a quienes te rodean, obtienes una perspectiva amplia y completa, lo cual genera un impacto positivo en tus resultados.

Fortalece tus relaciones comerciales. Cuando te expresas con eficacia, creas vínculos de trabajo más sólidos. Esto puede mejorar tu reputación en el mercado, pues la asertividad inspira credibilidad y respeto.

Aumenta la productividad. Transmitir claramente tus ideas aumenta el rendimiento de tu empresa y el buen ambiente familiar, pues evita conflictos con tus allegados y favorece la comprensión mutua. En este sentido, puedes ahorrar tiempo y recursos al momento de tomar decisiones e implementar mejoras.

De acuerdo con un estudio realizado por la empresa de consultoría McKinsey & Company, la comunicación efectiva es un factor clave que contribuye a la productividad y el éxito en los negocios. El estudio reveló que las empresas que se comunican con asertividad son más propensas a desarrollar una cultura laboral saludable, fomentar el trabajo colaborativo y lograr una mayor satisfacción en sus compradores.

Genera confianza. Al comunicarte de manera asertiva, proyectas una imagen honesta que te permite ganar la admiración de tus clientes y asociados. Cuando te expresas de forma directa sin faltar al respeto ni dejar que te lo falten, demuestras que eres capaz de transmitir tus ideas de manera efectiva y que sabes conducirte con profesionalismo. Esta habilidad es especialmente útil en el sector del emprendimiento tecnológico, donde inversores y clientes buscan proyectos y empresas que transmitan confianza.

La comunicación asertiva manifiesta el liderazgo y la visión de futuro de un empresario. Además, demuestra su habilidad tanto para identificar y resolver problemas complejos como para crear un plan delimitado y consistente a largo plazo.

CONCLUSIONES PARA SER UN GRAN COMUNICADOR

1. **Ser un comunicador asertivo es esencial para lograr el éxito en tus ideas de negocio.** Al transmitir tus propuestas de manera clara y efectiva, evitas malentendidos y conflictos que pueden afectar tus relaciones comerciales. Además, mejoras la eficacia y la productividad al facilitar el proceso de comprensión y el análisis por parte de tus colaboradores, lo que ahorra tiempo y recursos en la toma de decisiones y la implementación de nuevas propuestas.

2. **La comunicación asertiva puede aprenderse y desarrollarse mediante la práctica**. Implementar un programa en el que tanto tú como tus colaboradores entrenen esta habilidad puede mejorar la eficacia y productividad de tu empresa o proyecto.

3. **La asertividad es esencial para ser un líder empresarial o familiar efectivo.** Al transmitir una visión bien definida y coherente del futuro de tu empresa o proyecto y al manejar los conflictos de manera profesional, demuestras habilidades de liderazgo.

En el caso del león, ese gran rugido que se escucha a kilómetros dictamina cuál es su espacio y cuál es la frontera. Su trabajo es comunicar constantemente este mensaje para que no entren otros animales o personas. Ese es el sonido que lo caracteriza porque es el único animal en la selva que tiene el poder de comunicarse de esa forma… y vaya que le funciona.

En resumen, comunicar tus ideas de forma asertiva es esencial para alcanzar el éxito en el mundo de los negocios. Exprésate de manera clara y efectiva para mejorar tus relaciones comerciales, aumentar la productividad de tu empresa e inspirar y motivarte tanto a ti mismo como a tus colaboradores.

EJERCICIOS PRÁCTICOS PARA APRENDER A ESCUCHAR Y LLEVAR LA CONVERSACIÓN

BÁSICO:
elige las palabras adecuadas

Haz una lista de las palabras, frases o términos que utilizas con frecuencia durante tu comunicación empresarial. Identifica cuáles de ellas son ambiguas y trata de reemplazarlas por otras más precisas y claras. Apóyate enlistando los términos nuevos y usa este registro cuando elabores tus presentaciones o escribas convocatorias o correos a clientes potenciales.

INTERMEDIO:
escucha antes de hablar

Escucha activamente a los demás en tus reuniones o conversaciones empresariales. Asegúrate de prestar atención a lo que dicen y de hacer preguntas claras y concisas para entender mejor sus puntos de vista. Toma en cuenta esa información cuando comuniques tus opiniones. Recuerda que no es más asertiva la persona que más habla, sino la que sabe organizar mejor la información, entender las necesidades de todas las partes y proponer horizontes con perspectivas más claras para el trabajo.

AVANZADO:
entrena tu comunicación

Participa en un taller o curso de comunicación asertiva y aprende técnicas y estrategias para comunicar mejor tus ideas. Aplica tus conocimientos en tu empresa y evalúa su efectividad en la construcción de relaciones de confianza y en la productividad. Con tu equipo de trabajo, establece el reto de preparar una presentación para una audiencia que no suelas tener en tus planes de mercadeo. Incorpora los aprendizajes de los principios que has visto hasta ahora.

Ejercicio

¿Puedes reconocer los momentos y las personas con las que tu comunicación no ha sido clara? Completa los espacios en blanco.

Este es el nombre de la persona con la que he tenido malentendidos y debo mejorar mi comunicación: _____ _____ . Debido a mi mala comunicación, he provocado estos dos problemas:

1. _____ .

2. _____ .

Para mejorar la comunicación propongo estas dos acciones con base en lo que aprendí en este capítulo:

1. _____

   _____ .

2. _____

   _____ .

Adaptar o morir

El mundo cambia cada tres meses: si no te adaptas, morirás rápidamente

Enfoque vs. cambio

En el mundo de los negocios, la adaptación y el cambio son clave para sobrevivir y prosperar, pero ¿cuándo es necesario cambiar? ¿Cuál es el equilibrio entre ser un agente de transformación y ser constante al ejecutar una estrategia a largo plazo? Este es el dilema detrás del principio «Adaptar o morir».

La tentación de cambiar frecuentemente para mantenerse al día con las últimas tendencias puede ser seductora, pero el enfoque es una fuerza poderosa en el mundo empresarial. El enfoque disciplinado y constante genera resultados sólidos y duraderos. Comprender a profundidad las implicaciones de este principio te permitirá evaluar cuándo la constancia es la clave del éxito y cómo balancearla con la idea de cambio para construir una empresa o un proyecto exitoso a largo plazo.

Es por esto que te ofrezco esta alternativa: ten un enfoque claro a largo plazo, una meta clara. Así, después y en medio del proceso de ejecución podrás cambiar y adaptarte cómodamente para corregir y ganar. No cambiarás la meta, solo el plan, y lo harás las veces que sea necesario. Solo cambiarás la meta cuando tengas pruebas de que no te conviene.

El mundo fue diferente antes y después de la pandemia, antes y después de la guerra, antes y después de la caída del dólar. Nada es estático, todo es cambiante. Tú debes ser como un león ante el cambio: los leones sobreviven a las malas temporadas, esperan pacientes a su presa y saben cuándo descansar para recuperar energías y continuar. Claro que pueden salir heridos, pero no se caen; se despeinan, pero no se mueren; cambian pero no se rinden tan fácil.

Un BlackLion
equilibra
la constancia y el cambio para adaptarse y asegurar su supervivencia.

DESARROLLO DEL PRINCIPIO

Para aplicar este principio en la ejecución de planes y estrategias es importante comprender las nociones básicas de cambio, adaptación y constancia. Por un lado, la capacidad de adaptarse a las transformaciones del mercado y a las nuevas oportunidades es esencial para sobrevivir y prosperar en un entorno competitivo. Por el otro, mantener la constancia durante la ejecución de planes y estrategias puede ser clave para alcanzar el éxito a largo plazo y consolidar una posición de liderazgo.

El término *cambiante* se refiere a la postura empresarial que privilegia la adaptación y la capacidad de respuesta frente a las circunstancias variables del mercado. Los empresarios que adoptan un enfoque cambiante tienden a ser innovadores, ágiles y flexibles, y a menudo buscan oportunidades fuera de su ámbito de competencia o zona de confort. Si bien esta actitud puede ser útil en algunos casos, también puede conducir a la falta de enfoque y de disciplina en la ejecución de proyectos establecidos.

Por otra parte, el término *constante* se refiere al enfoque empresarial que privilegia la perseverancia y la disciplina en la ejecución de acciones. Los empresarios que adoptan este enfoque tienden a ser disciplinados, se orientan a objetivos y realizan de forma eficaz sus planes y estrategias a largo plazo. Si bien esta actitud puede ser menos emocionante comparada con el enfoque de cambio, también puede ser la clave para alcanzar el éxito a largo plazo y consolidar una posición privilegiada en el mercado.

En resumen, este principio se enfoca en la necesidad de mantener un equilibrio entre la capacidad de adaptación, la perseverancia y la disciplina para la ejecución de planes y estrategias. A continuación, te mostraré cómo alcanzar el éxito en tu empresa o proyecto si usas esta herramienta.

Beneficios de ser constante

Construcción de una marca sólida. Si mantienes este enfoque, tus clientes y consumidores pueden aprender a confiar en tu firma y asociarla con un nivel consistente de calidad. Piensa en grandes marcas como Coca-Cola, Adidas o Nestlé. Son fáciles de recordar, en parte, por la constancia de sus estrategias, por entender qué es lo que les funciona y cómo aplicarlo en planes futuros.

Mejora de la eficiencia. Al establecer objetivos definidos y estrategias, reduces el margen de error y aumentas la productividad de tu negocio. Trazar modelos claros y sencillos de repetir ayudará a optimizar las diversas etapas de tus proyectos.

Ahorro de recursos. La constancia te permite ahorrar recursos valiosos, como tiempo y dinero. Al mantener este enfoque en los objetivos y la estrategia de tu empresa, puedes evitar los costos adicionales y las desviaciones innecesarias.

Riesgos de ser demasiado constante

Falta de adaptabilidad. Si tu empresa se apega tanto a sus planes y estrategias que pierde la capacidad de adaptarse a los cambios del mercado, corre el riesgo de volverse obsoleta o de perder oportunidades valiosas. La falta de adaptabilidad limita las posibilidades de tu negocio para responder a las demandas cambiantes de los clientes y a las tendencias del mercado, lo que puede disminuir su competitividad y resultar en una pérdida de participación en el mercado.

Estancamiento y falta de innovación. La constancia extrema te puede llevar a la complacencia y a la dificultad para crear nuevas propuestas. Si tu empresa se aferra a sus estrategias y prácticas antiguas sin buscar formas de mejorar o explorar nuevas ideas, puede quedarse rezagada frente a la competencia y perder oportunidades de crecimiento y evolución.

Beneficios de ser cambiante

Innovación y competitividad. La capacidad de adaptación permite que tu empresa se mantenga al tanto de las últimas tendencias y tecnologías, lo que favorece que sea innovadora y tenga ventaja competitiva. Ajustar rápidamente las estrategias empresariales de acuerdo con los cambios del mercado te puede ayudar a mantener la relevancia y a ganar una posición sólida en la industria.

Identificación de nuevas oportunidades. Al ser cambiante y estar abierto a nuevas ideas, puedes identificar ventajas emergentes y aprovecharlas para beneficio de tu empresa. Esto podría significar la expansión a nuevos mercados, la creación de productos o servicios innovadores o el establecimiento de alianzas estratégicas. La adaptabilidad al cambio te puede ayudar a descubrir y capitalizar oportunidades que podrían haberse perdido al mantener una mentalidad rígida y poco flexible.

Riesgos de ser demasiado cambiante

Falta de enfoque y consistencia. Si tu empresa cambia constantemente sus planes y estrategias sin una base sólida o una dirección clara, corre el riesgo de perder su enfoque y consistencia. Esto puede llevar a la confusión interna, la falta de sincronía entre los equipos y la pérdida de confianza de los clientes y socios comerciales. Un exceso de cambio sin una visión estratégica coherente dificulta que establezcas una identidad sólida de marca y que construyas relaciones duraderas.

Inestabilidad financiera. Los cambios pueden requerir inversiones significativas y generar costos adicionales en términos de adaptación de operaciones, capacitación de personal y cambios en la cadena de suministro. Si estas acciones no se gestionan adecuadamente o no se traducen en resultados positivos, es probable que tu empresa experimente inestabilidad financiera y dificultades para mantenerse rentable.

Para aplicar este principio en tu empresa o proyecto, aprovechando al máximo los beneficios y evitando los riesgos, toma en cuenta los siguientes puntos:

- **Establece objetivos claros y alcanzables.** Antes de ejecutar cualquier plan o estrategia, define metas viables de llevarse a cabo. Establece objetivos específicos y medibles para tu empresa y asegúrate de que sean realistas y aplicables. Por ejemplo, en lugar de proyectar un aumento masivo de tus ventas de la noche a la mañana, propón un crecimiento gradual que puedas mantener de forma indefinida.

- **Crea un plan de acción detallado.** Una vez que tengas claros tus objetivos, idea un plan minucioso que te permita alcanzarlos. Asegúrate de incluir los pasos específicos, plazos y recursos necesarios para su ejecución, como el análisis del escenario actual, el desarrollo de un cronograma, el diseño de una estrategia de marketing y la definición de un plan de contingencia.

- **Mantén el enfoque y la disciplina.** Una vez que hayas establecido objetivos y una estrategia para llevarlos a cabo, evita la tentación de desviarte del plan sin una buena razón. Asegúrate de mantener una comunicación clara y efectiva con tu equipo y tus colaboradores.

CONCLUSIONES PARA SER UN GANADOR QUE SABE ADAPTARSE

1. **Establece objetivos realistas y concretos.** La clave para aplicar el principio «Adaptar o morir» es establecer propósitos viables que puedas aterrizar. Para hacerlo, mantén un enfoque constante y disciplinado al ejecutar tus planes y estrategias. Esto puede aumentar tu eficiencia y productividad.

2. **Crea un plan de acción detallado.** Para alcanzar tus objetivos, es indispensable que cuentes con un plan que

comprenda todos los pasos para su ejecución. Debes incluir los tiempos y recursos necesarios para realizar cada una de las acciones.

3. **Mantén el enfoque y la disciplina.** Para mantener el rumbo es necesario perseverar y ser firme durante la realización de planes y estrategias. La disciplina y el enfoque son claves para superar las dificultades y lograr el éxito.

4. **Cultiva la capacidad de adaptación.** Aunque la constancia es necesaria, también es fundamental que puedas adaptarte a las circunstancias variables del mercado. Encuentra un equilibrio entre la constancia y la capacidad de adaptación para lograr el éxito a largo plazo.

5. **No te desanimes ante los fracasos.** A veces los mejores resultados no se obtienen de inmediato, pero no permitas que ello te desmotive. Aprende de tus errores y sigue adelante con una actitud positiva y perseverante.

En conclusión, aplicar este principio puede ser clave para el éxito de tu emprendimiento. La constancia y la disciplina en la ejecución de planes y estrategias pueden aumentar tu eficiencia y productividad, ayudarte a construir una marca sólida y ahorrar recursos. Para aplicar este principio, es necesario que establezcas objetivos realistas, crees un plan de acción detallado, mantengas el enfoque y la disciplina, cultives la capacidad de adaptación y perseveres ante los fracasos.

Ejercicios prácticos para cambiar con determinación

BÁSICO:
el ingrediente básico de la constancia es la planeación

Crea un plan de negocio a corto plazo (por ejemplo, de tres meses). Establece objetivos realistas y concretos para tu empresa o proyecto y diseña un plan de acción detallado que incluya pasos específicos, tiempos y recursos necesarios. Una vez que lo tengas, enfócate en ejecutarlo con constancia y disciplina, midiendo tus avances y haciendo los ajustes que se requieran.

INTERMEDIO:
crea un sistema de retroalimentación

Identifica los procesos clave de tu empresa o proyecto y establece un sistema de mejora continua para cada uno de ellos. Una forma de hacerlo es utilizar herramientas como el análisis de procesos y la retroalimentación de tus clientes o usuarios para detectar áreas de oportunidad. A continuación, pon en marcha métodos para optimizar cada proceso y asegúrate de medir el progreso con regularidad. Por ejemplo: si tu empresa es de servicios, identifica el servicio de atención al cliente como un área clave para el éxito del negocio. Para mejorar este proceso, podrías establecer un sistema que te permita recibir la retroalimentación de tus clientes y utilizar esa información para entender cómo brindar un mejor servicio. A partir de ahí, establece pasos concretos para mejorar y asegúrate de medir el progreso cada cierto tiempo para garantizar que estás logrando los resultados deseados.

Al establecer un sistema de mejora continua para cada uno de los procesos clave de tu empresa o proyecto, puedes mantener un enfoque constante en la calidad y la eficiencia de tu trabajo, lo que te ayudará a consolidarte como un líder exitoso en el mundo empresarial.

AVANZADO:
consigue un equipo constante

Forma un equipo de trabajo enfocado en la mejora de los procesos que se llevan a cabo en tu empresa o proyecto, compuesto por personas con habilidades y experiencias complementarias. Programa juntas regulares para revisar el progreso del equipo y definir tareas concretas. Organiza una lluvia de ideas para identificar áreas de mejora en la empresa. Pide a cada integrante que proponga al menos una idea de mejora y asegúrate de que todas las ideas sean consideradas y discutidas en grupo. Una vez que hayan identificado las propuestas más viables, establezcan planes de acción concretos para implementarlas y asegúrate de registrar el progreso regularmente. Por ejemplo: si alguien expresa una idea para aumentar la eficiencia del proceso de producción, el equipo podría discutirla a detalle, identificar los obstáculos potenciales y establecer un plan de acción para implementar la mejora. Este plan podría incluir la asignación de responsabilidades específicas, la definición de plazos y medir los avances a lo largo del tiempo.

Ejercicio

Ahora ten clara la meta de tu negocio y enfócate en ella. Completa los espacios en blanco.

La meta de mi negocio es esta y me queda claro que no debo cambiarla hasta que no haya una buena ejecución de cambio o pruebas de que no va a funcionar:

_____

_____

_____ .

Gracias a mi análisis de la situación del mercado, la empresa ha cambiado en esto: _____
_____ , y yo debo hacer estos tres cambios de inmediato para adaptarme:

1. _____ .

2. _____ .

3. _____ .

Recuerda que el cambio en una estrategia debe estar justificado por los resultados, no es conveniente cambiar todo el tiempo porque entonces pierdes el enfoque.

PRINCIPIO SEIS

Conectar con profundidad

La empatía no solo te da amigos, sino también aliados para toda la vida

Indiferencia vs. empatía

El principio de conectar con el corazón y el reptil no solo es importante en un ámbito de negocios, sino también en la vida cotidiana. Puedes aplicarlo en las dimensiones familiares, organizacionales e incluso cuando trabajes a nivel regional e internacional. En este capítulo te enseñaré la importancia de conectar a tres niveles y ser empático, y cómo esto puede ayudarte a alcanzar el éxito.

La indiferencia es una actitud que muchas personas adoptan, especialmente en el mundo empresarial o en el día a día con gente que se les cruza en la vida. Es fácil caer en la trampa de centrarse solo en los propios intereses y metas, sin atender las necesidades y sentimientos de los demás; no obstante, la indiferencia puede tener graves consecuencias, tanto para ti como para quienes te rodean.

La actitud indiferente es muy común, por esto mismo la empatía tiene tanto poder. En un emprendimiento, la indiferencia se refiere a la falta de consideración o atención hacia las necesidades de tus colaboradores y clientes; sin embargo, en este principio nos enfocaremos en los usuarios. Ser un emprendedor indiferente significa que no te importa si tus productos o servicios satisfacen a quienes invierten en ellos. Es posible que no te tomes el tiempo para comprender sus deseos ni te preocupes por recibir retroalimentación de su parte. En lugar de eso, quizá te centres en tus propios objetivos y en lo que crees que es mejor para tu negocio y no en lo que los usuarios realmente necesitan.

La indiferencia puede llevar a una desconexión entre tu emprendimiento y los consumidores, lo que podría expresarse en disminución de las ventas, mala reputación y falta de fidelidad. En el mundo empresarial de hoy en día, donde la competencia es cada vez mayor, es importante mostrar con todos —incluso con tu competencia— una actitud empática para tener éxito. Pero ojo: este no es un tema donde puedas actuar de manera forzada; debes ser real y constante.

«Para que la gente te quiera, **conecta con el corazón,** pero cuando logres conectar con el reptil, **ellos te protejerán».**

Jürgen Klarić

La empatía es una habilidad que te permite entender y compartir los sentimientos de los demás. Ser empático no solo mejora tus relaciones interpersonales, sino también te ayuda a comprender mejor las expectativas de otras personas. En el mundo empresarial, la empatía puede marcar la diferencia entre tener éxito o fracasar.

Asegúrate de estar siempre en contacto con tus compradores: atiende sus necesidades y deseos para adaptarte a ellos;

escucha sus opiniones y utilízalas para mejorar tu producto o servicio, y busca formas de mejorar la experiencia. Esto puede ayudarte a construir relaciones más sólidas y duraderas con ellos y diferenciarte de la competencia.

Pero sonreír y saludar no sirve de mucho. Por eso te enseñaré a fidelizar y enamorar a la gente bajo el principio de los tres cerebros, un principio viejo e invalidado científicamente que, sin embargo, es práctico y funciona demasiado bien para temas de fidelización y empatía. Paul D. MacLean dice que el cerebro tiene en realidad tres.

El neocórtex

Es el cerebro analítico, racional, que sirve para justificar todo y cuantificar. Este cerebro es el que le sobra a los alemanes, con el cual todo es correcto, mecánico y disciplinado, por ello son tan poco empáticos y sociables. No me lo tomen a mal, son grandes personas, pero nunca te sacarán una carcajada ni te invitarán a bailar salsa el fin de semana. Con este cerebro es difícil lograr empatía, pero es clave para generar relaciones comerciales de largo plazo, siempre y cuando no compitas contra la sonrisa mágica y el sabor de un latino.

El cerebro límbico

Este es un cerebro emocional, que se ve influido por los olores, la música, etc. Este cerebro es mucho más viejo que el mecánico y, en el juego de conectar, hace maravillas. El cerebro límbico puede enamorar en 15 minutos con una buena charla, un buen perfume y cinco buenos chistes. Cuando sabes cómo funciona el cerebro límbico, puedes enamorar a diferentes niveles a toda persona que se te cruce, pues es el cerebro de la empatía, el que escucha, ayuda y sonríe. Una cultura que es genial usando este cerebro es la dominicana: su sonrisa y sabor son únicos y encantadores, y ha logrado tanta empatía que gracias a ella se ha colocado como la séptima potencia económica del mundo y el mayor referente del caribe. Estas son algunas de las acciones para tocar botones del cerebro límbico:

- Escuchar más que hablar

- Perdonar

- Dedicar tu tiempo sin exigir nada

- Invitar a comer

- Ceder más que exigir

- Sonreír y agradar

Parece magia, sin embargo, esta táctica emocional tiende a ser superficial, pues cuando conoces a alguien así todo va perfecto hasta que llega el momento de la verdad: cuando el problema no se soluciona con una sonrisa, sino con una acción profunda. Es allí donde entra el último cerebro.

El cerebro reptil

Este es el cerebro más antiguo de todos, el más agresivo y un asesino por naturaleza, pero también el más heroico y protector, un guerrero del bien con la habilidad de mover a la persona para que pase de quererte a amarte.

El cerebro reptil atiende el momento de verdad. Compras una casa y, una semana después, te das cuenta de que el techo está lleno de goteras; se lo comentas al que te la vendió. Tú sabes que él tratará de hacerse tonto y no repararlo por el alto costo, pero gracias a este cerebro no solo te lo repara, sino que además te pide una disculpa y te paga una semana de hospedaje en el hotel que quieras mientras lo reparan. Un acto como este fideliza a un cliente para toda la vida. Es por esto que en

Neuroventas enseño que un error serio en el mundo de los negocios es ignorar a un cliente que probablemente piense que no darás la cara. Él fidelizará tres veces más. Curioso, ¿no? Pero está probado.

En las relaciones humanas cualquiera puede enamorar con el cerebro límbico, pero si quieres que él o ella desee compartir toda su vida contigo, solo tendrás éxito cuando presiones los botones del cerebro reptil. Pero ¿cuáles son? ¿Acaso sirven para el día a día? La respuesta es «sí». Estas son algunas de las acciones para tocar botones del cerebro reptil:

- Dar sin pedir nada a cambio

- Prestar dinero en un momento difícil

- Defenderte para que no te golpeen

- Darte alimento, cobija y apoyo emocional cuando estés desamparado

- Responder a crisis profundas de la forma correcta

- Proveer más que pedir

En la selva,
el león
empatiza
con otros
para
ganar aliados.

Desarrollo del principio

Cuando se trata de dirigir una marca exitosa o agrandar tu marca personal, es importante analizar la actitud que tu empresa tiene hacia sus clientes. Dado que la empatía es clave para construir relaciones sólidas y duraderas con los demás, ser indiferente hacia las necesidades de tus usuarios no es una opción viable si buscas que tu negocio triunfe.

Es recomendable escuchar de forma activa a tus compradores y procurar el cumplimiento de sus deseos. Familiarízate con ellos, dedica tiempo a comprender lo que esperan de tu producto o servicio y toma en cuenta su opinión para implementar mejoras. Esto te permitirá construir una relación comercial duradera con tus usuarios. Ten en cuenta que, a menudo, los clientes corresponden un trato empático con su fidelidad y valiosas recomendaciones. Recuerda, además, que ellos son la razón por la que tu emprendimiento inició y posiblemente ha prosperado, son quienes mantienen tu negocio en funcionamiento. Por ello, es esencial mostrarles respeto y empatía, y hacer todo lo posible para brindarles la mejor atención.

En resumen, es importante demostrar empatía hacia las personas que invierten en tu negocio para lograr que tu empresa prospere. Escucha sus recomendaciones e implementa estrategias basadas en su retroalimentación. Esto te permitirá establecer relaciones sólidas y duraderas con tus consumidores.

Te propongo una metodología para llevarlo a cabo. Se trata del *design thinking*, un proceso interactivo que te ayudará a identificar problemas, generar ideas, crear prototipos y probar y mejorar continuamente. Su objetivo es centrarse en las necesidades profundas reptiles y deseos límbicos del usuario final; te comparto este concepto muy útil para conectar mejor.

El Círculo de oro

El Círculo de oro es un concepto desarrollado por Simon Sinek, un autor y conferencista motivacional, en su famosa charla TED titulada «Cómo los grandes líderes inspiran la acción». Esta idea se basa en la creencia de que los líderes y las organizaciones más exitosos e inspiradores comienzan por abordar el «por qué» antes de centrarse en el «cómo» y el «qué». El Círculo de oro consta de tres niveles concéntricos que representan estas tres preguntas fundamentales.

Por qué (Why)

Cuando se trata de activar el reptil, el nivel más interno del Círculo de oro representa el «por qué» de una organización. Es la razón de ser, el propósito, la causa o las creencias que motivan y guían sus acciones. El «por qué» va más allá de simplemente obtener beneficios o ganancias; es la esencia y la razón emocional por la cual la organización existe. Sinek sostiene que comprender y comunicar claramente el «por qué» es lo que realmente conecta con la gente y genera lealtad y compromiso.

Cómo (How)

El siguiente nivel del círculo activa el cerebro límbico y representa el «cómo». Aquí es donde las organizaciones explican la manera en que llevan a cabo su propósito o visión. Describen los principios y enfoques únicos que utilizan para alcanzar sus objetivos y realizar su «por qué».

Qué (What)

El nivel más externo del Círculo de oro se trata del «qué». Esto incluye los productos, servicios o acciones específicas que la organización ofrece o realiza para cumplir su propósito y seguir su enfoque. Es lo que la mayoría de las empresas comunican en su marketing, sin embargo, Sinek argumenta que esto no es lo que realmente inspira a las personas. Yo en lo personal creo que no llega al reptil.

El Círculo de oro sigue un patrón inverso al que normalmente se sigue en la comunicación. Muchas organizaciones comienzan explicando «qué» hacen, luego pasan a «cómo» lo hacen y solo algunas llegan a mencionar su «por qué». Sin embargo, Sinek sostiene que los líderes inspiradores y exitosos comienzan con el «por qué», pues es lo que resuena con las emociones y los valores de las personas. Esto crea una conexión más profunda y duradera con los clientes y seguidores, lo que puede conducir al éxito sostenido de la organización.

En resumen, el Círculo de oro de Simon Sinek es una herramienta poderosa para inspirar a otros, ya sea como líder, emprendedor o cualquier persona que desee comunicar y lograr el éxito en sus esfuerzos.

«No existe un mejor puente para cruzar el torrente del río
y no caer entre las piedras de la vida que tener a la mano gente que te quiera».

Jürgen Klarić

En *design thinking*, los equipos de diseño se centran en comprender profundamente a los prospectos y sus necesidades, motivaciones y frustraciones. Para lograrlo, se investiga con base en la observación directa, la conversación y la creación de prototipos para entender cómo experimentan los clientes el producto o servicio. Esto permite a las empresas comprender mejor a los consumidores para crear productos y servicios verdaderamente útiles y valiosos que satisfagan sus deseos. Lo anterior no solo ayuda a construir relaciones sólidas y duraderas con los usuarios, sino que también puede conducir a un mayor éxito en el mercado. Por ello, si quieres destacar en el mundo empresarial de hoy, asegúrate de que la empatía esté en el centro de tus operaciones y considera el *design thinking* para lograr empatía profunda.

CONCLUSIONES PARA SER UN GANADOR EMPÁTICO

En el mercado de hoy, donde la competencia es feroz y las empresas necesitan encontrar formas de destacarse, la empatía representa una manera efectiva de sobresalir. Al enfocarte en ella te diferencias de la competencia y logras la fidelidad de tus usuarios. A continuación, te presento cuatro propuestas concretas que te pueden ayudar a demostrar una actitud empática:

1. **Escucha a tus clientes.** Presta atención a las necesidades y deseos de tus compradores. Al hacerlo, puedes idear productos y servicios que satisfagan sus demandas y que, al mismo tiempo, aumenten tus ventas. Implementa estrategias para recibir sus comentarios a través de canales tradicionales (como la encuesta de satisfacción) y atrévete a combinar métodos de ciencias sociales (como la etnografía o la observación participante) para entender a tu audiencia.

2. **Recibe retroalimentación.** Estar abierto a recibir las opiniones y sugerencias de tus usuarios es fundamental para mejorar tu producto o servicio y mantenerlos satisfechos. La retroalimentación puede ayudarte a identificar áreas de mejora y adaptar tu negocio para brindarles la mejor experiencia. A veces, ellos tienen nociones muy claras de cómo perfeccionar un producto o servicio, pues llevan años buscando una mejoría y conociendo las características ideales de aquello en lo que tú comienzas a incursionar.

3. **Adapta tu enfoque.** El enfoque de una empresa debe ser moldeable y estar centrado en el consumidor. Si te apegas a una estrategia que no funciona o que no satisface sus necesidades, es posible que no logres el éxito. Sé flexible y mantente dispuesto al cambio que te permita cumplir los deseos de tus compradores. Esto no significa modificar todo tu plan de trabajo cada vez que un cliente manifiesta su inconformidad, pero sí es fundamental ser adaptable y pensar en tus métodos y procesos más como hipótesis que como verdades absolutas.

4. **Enfócate en la empatía.** En lugar de centrarte en tus propios objetivos, enfócate en lo que tus usuarios requieren. La empatía hacia ellos implica comprender sus deseos, recibir retroalimentación y adaptarse a sus demandas. Al hacerlo, te diferencias de la competencia y construyes relaciones sólidas y duraderas con quienes consumen tus productos o servicios.

Todo esto funciona exactamente igual en la familia y con tus amigos; no dejes de implementarlo en tu día a día.

EJERCICIOS PRÁCTICOS PARA QUE LA EMPATÍA SEA UNA VENTAJA COMPETITIVA

BÁSICO:
¡escucha activamente!

Una forma sencilla de aplicar el principio de empatía en un emprendimiento es practicar la escucha activa. Esto implica prestar atención a lo que tus clientes dicen, hacer preguntas abiertas y estar dispuesto a adaptar tu enfoque para satisfacer sus necesidades. Puedes programar reuniones con ellos, hacer encuestas, crear grupos de discusión o realizar entrevistas a profundidad.

INTERMEDIO:
piensa en prototipos

Crea prototipos de productos o servicios y pruébalos con tus consumidores para obtener su retroalimentación y adaptar tu enfoque. Si lo deseas, utiliza herramientas como el *design thinking* para llevar esto a cabo, así obtendrás retroalimentación temprana y podrás ajustar tus productos o servicios antes de lanzarlos al mercado. Piensa en el largo plazo: en el caso del neocórtex, «recibes lo que dije y ya», ni un centavo más; en cambio, el límbico sorprende más allá de las letras chiquitas. Cuántas veces hemos dicho: «Esta es la política y no hay devoluciones», te lavas las manos analíticamente y prendes las emociones negativas, e incluso hay veces en que el reptil te agrede e insulta.

AVANZADO:
conoce el viaje del consumidor

El *customer journey mapping* es una herramienta que permite visualizar y entender el recorrido que realiza el cliente desde que conoce la marca y realiza la compra hasta la experiencia posventa. Esto puede ser muy útil para comprender y satisfacer las necesidades de los usuarios en cada etapa del proceso. Para implementar esta estrategia en tu emprendimiento, sigue estos pasos:

- Identifica los puntos de contacto entre el cliente y la marca a lo largo de todo el proceso.

- Analiza las necesidades y deseos de los consumidores en cada punto de contacto.

- Identifica las oportunidades para mejorar la experiencia del comprador en cada etapa.

- Crea soluciones para mejorar la experiencia del usuario durante todo el proceso.

- Implementa las soluciones y evalúa su efectividad a lo largo del tiempo.

Entrega cosas que nunca se ofrecieron. Como ejemplo, te cuento el caso del Hotel Fiesta Inn en México, al cual asesoramos cuando estaba en Mindcode:

Nos dimos cuenta de que el sistema de reservas podía fallar esporádicamente y no siempre había cuartos libres. Si eso pasa, estás frito: tu huésped se queda en la calle. Decidimos sacar del sistema de reservas un cuarto para tenerlo de emergencia, pero ¿qué pasaría si la reserva tiene dos cuartos allí? El cerebro reptil del cliente se pondría muy bravo, así que se cambiaron las políticas, y los responsables de la recepción estuvieron entonados y obligados a enviar al huésped (con transporte pagado) a un hotel de mejor calidad. Para el dueño de la cadena no era gran cosa, puesto que también son dueños del Fiesta Americana, pero esto cambió el nivel de conexión reptil y empatizó con sus huéspedes, fidelizándolos por años.

En el caso de los leones, se ha visto en repetidas ocasiones que cuando un elefante está herido y las hienas se lo quieren comer, el león se queda por mucho tiempo junto a él, espantando a las hienas y defendiéndolo para garantizar la vida y seguridad del elefante. El león es un ser muy empático con los animales nobles.

Ejercicio

Recuerda que la empatía es un valor que te ayuda a mantener relaciones sanas y duraderas. ¿En qué ocasiones has dejado que brote este valor? Escribe en los espacios en blanco.

Identifica dos maneras en las que podrías aplicar la empatía:

1. _____ .

2. _____ .

Ahora identifica dos ocasiones en las que hayas sido empático con algún colega o compañero de trabajo:

1. _____ .

2. _____ .

Me habría gustado que _____
hubiera sido más empático(a) conmigo de esta manera:

_____

_____

_____ .

Ser ansiosamente apasionado

Cómo prender la flama de la pasión
Pasión vs. aburrimiento

¿Alguna vez has creído que tu trabajo es aburrido y monótono? ¿Has sentido falta de motivación y pasión por lo que haces? En el mundo empresarial, la pasión y el entusiasmo pueden ser las claves del éxito.

¡Jamás he conocido a un multimillonario que no sea intenso, apasionado y ansioso! Cuando estás apasionado, eres más creativo y eficiente, además, te sientes más dispuesto a enfrentar desafíos. En contraste, cuando estás aburrido y desmotivado, te es más difícil proponer soluciones innovadoras y superar retos.

Existen muchos niveles de pasión; la mayoría de las personas piensa que son apasionadas hasta que conocen a un apasionado de verdad.

¿Qué es ser
intenso y
ansiosamente
apasionado?

Un IAA (intenso ansioso apasionado) es un ser con mucha energía vital desde que nació, se entrenó en ello o es una combinación de ambas cosas. Estas son algunas características de los IAA:

- **Hablan** mucho.

- Son **incansables**.

- Tienen un EGO **muy elevado** (en algunos casos, un EGO terrible).

- Manejan **tres negocios a la vez**; si no, se aburren.

- **No tienen miedos típicos**, incluso disfrutan quebrarse, siempre y cuando tengan negocios que crecen simultáneamente. El mejor ejemplo de este tipo de IAA es Richard Branson.

- No tienen tiempo para estudiar y disponen de poco para leer, por eso **contratan** a gente más inteligente que ellos.

- Siempre están en última **tendencia** y se adelantan a muchos.

- Son **impacientes** y escuchan poco. Solo escuchan a los que les han probado ser exitosos.

- No es el dinero lo que los mueve, sino el poder de lograr **éxito y crear**.

- Tienen muchas **relaciones** y la gente muere por trabajar con ellos.

- Contagian **entusiasmo** y energía vital, lo que hace que el equipo los admire.

- **No tienen horarios** y siempre son los últimos en irse de la oficina.

- Su círculo cercano es igual de **intenso**, pero reducen su intensidad cuando están cerca del IAA.

Algunos IAA célebres son

 Elon Musk, **Steve Jobs**,

Mark Zuckerberg, **Richard Branson**

y **Nayib Bukele.**

El principio «Ser ansiosamente apasionado» se relaciona con la importancia de encontrar el propósito y la motivación en las tareas de tu negocio. Cuando te apasionas, no solo disfrutas tus labores, sino que sientes mayor compromiso hacia tu empresa y aumentas tu capacidad de enfrentar los problemas que se presenten. A continuación, te daré algunas ideas y ejercicios para encontrar tu pasión y mantenerla viva en tu emprendimiento. Empezaré con tres consejos esenciales:

1. **Encuentra el propósito.** Recuerda por qué iniciaste tu negocio y qué es lo que te gusta del proyecto. ¡No hay respuestas incorrectas! Enfócate en tu motivo inicial y utiliza ese pensamiento para impulsarte en tu trabajo diario.

2. **Busca la innovación y la creatividad.** Investiga nuevas formas de realizar tus operaciones y siempre mantén la mente abierta a propuestas distintas. Esto no solo te

ayudará a gozar lo que hagas, sino que también te permitirá diferenciarte de la competencia.

3. **Mantén un equilibrio entre el trabajo y la vida personal.** Cuando te sientes abrumado o agotado, es difícil encontrar la motivación y la pasión en tu trabajo. Asegúrate de descansar, disfrutar de tus pasatiempos y realizar actividades con tus seres queridos para mantener un equilibrio saludable.

Estos consejos pueden ayudarte a encontrar y mantener tu pasión en tu emprendimiento. Recuerda que apasionarte es esencial para mantener la motivación, la creatividad y el compromiso con tu empresa y que esa sensación puede ser diferente para cada persona, grupo y emprendimiento. Lo que haya funcionado para algunos puede ser un referente, pero encontrarás tu verdadera pasión al examinar de forma honesta tus motivaciones y al practicar la disciplina para mantenerlas a flote.

El BlackLion
utiliza su **pasión**
para llegar a la cima,
y con la misma
pasión mantiene
su **reinado.**

DESARROLLO DEL PRINCIPIO

La pasión es un elemento clave en el mundo empresarial. Para mantenerla viva en tu negocio, es necesario que tengas presente tu objetivo. Recordar por qué iniciaste tu emprendimiento y lo que te gusta de él te dará un norte para continuar tu camino y te impulsará a salir de tu zona de confort.

Para encontrar tu propósito, reflexiona sobre tus intereses y pasatiempos:

 ¿Qué te gusta **hacer?**

¿Qué te **mueve?**

¿Qué **valoras** en la vida?

Las respuestas a estas preguntas te ayudarán a descubrir lo que te apasiona. Una vez que hayas encontrado tu propósito, tenlo en mente en todo momento. Hazlo una parte integral de tu negocio y asegúrate de comunicarlo con claridad a tus empleados y clientes.

Otro consejo para mantener la pasión, tanto en tu emprendimiento como en tu vida, es estar abierto a las nuevas propuestas y desarrollar la creatividad, cualidades que te permitirán diferenciarte de la competencia. Para ello, organiza una lluvia de ideas con tu familia, equipo y con tus clientes. Tus empleados y tus usuarios pueden tener ideas frescas que te ayuden a innovar y a crecer. No tengas miedo de probar cosas nuevas y de cometer errores en el proceso.

Por último, mantén un equilibrio entre el trabajo y tu vida personal. Cuando te sientes abrumado, tu energía vital se drena y así es más difícil despertar la pasión, la motivación y volver a disfrutar tu trabajo. Asegúrate de descansar lo suficiente, disfrutar de tus pasatiempos y recrearte en compañía de tus seres queridos. Tener tiempo libre es importante para renovar la energía y para enfrentar los desafíos de manera más eficaz.

Si tienes en cuenta estos consejos puedes marcar la diferencia en tu emprendimiento y destacarte en un mercado saturado de ideas, pero en el cual pocas están ejecutadas con la pasión necesaria para brillar.

CONCLUSIONES PARA SER UN GANADOR APASIONADO

La pasión y el entusiasmo son claves para proponer ideas fuera de lo común y superar obstáculos; por ello, son importantes para el triunfo. Al igual que yo, encuentra el propósito en tu trabajo y mantente motivado y enfocado en tus objetivos a través de estas recomendaciones:

1. **Busca nuevas formas de hacer las cosas.** Y conserva la mente abierta a nuevas propuestas que te separen de la competencia. En este proceso, recuerda que es fundamental mantener un equilibrio entre el trabajo y la vida personal para evitar el agotamiento y la desmotivación.

2. **Trabaja en equipo.** Hazlo con personas que compartan tu visión y pasión. Esto te motivará y ayudará a alcanzar tus objetivos de manera más eficaz.

3. **Ten en cuenta que la pasión y el propósito no son algo que se encuentra de la noche a la mañana.** Esto puede llevar tiempo y requiere una constante autoevaluación y reflexión. Una vez que hayas encontrado tu propósito, tenlo presente en todo momento y enfócate en él para alcanzar tus metas y ser un ganador en el mundo empresarial.

En resumen, para ser un ganador en todos los ámbitos, debes encontrar tu propósito de vida y el de tu trabajo, buscar la innovación y la creatividad, mantener un equilibrio saludable con tu vida personal, trabajar en equipo, estar dispuesto a dedicar tiempo y esfuerzo para mantener la pasión en tu emprendimiento y elegir como pareja a una persona que comparta el mismo estilo de vida.

Ejercicios prácticos para que la empatía sea una ventaja competitiva

BÁSICO:
de pasatiempos a motivaciones para emprender

Haz una lista de las actividades que más disfrutas y reflexiona sobre cómo podrías incorporarlas en tu emprendimiento. Por ejemplo, si te gusta la fotografía, podrías ofrecer servicios de fotografía para tus clientes; si te gusta la cocina, podrías crear un negocio de *catering*. Al hacerlo, podrás añadir pasión a lo que haces y mantener un nivel de entusiasmo y motivación más alto.

INTERMEDIO:
apasionándose en equipo

Forma un equipo de trabajo para desarrollar un proyecto innovador. Busca personas que compartan tus intereses y pasión por tu emprendimiento. Organiza una lluvia de ideas en la que cada quien comparta sus ideas y sugerencias para mejorar y hacer crecer el negocio. Al trabajar en equipo y escuchar a los demás, podrás descubrir formas de innovar y de mantener la motivación en tu emprendimiento.

AVANZADO:
pasión y acción

Enfócate en el propósito y la misión de tu negocio. Reflexiona sobre cuál es el impacto que quieres tener en el mundo y cómo puedes lograrlo a través de tu emprendimiento. Crea un plan de acción detallado que incluya objetivos específicos y plazos puntuales para llevarlo a cabo. Luego, comparte este plan con tu equipo y trabajen juntos para alcanzar su propósito. Al hacer esto, podrás mantener un alto nivel de pasión y motivación en tu emprendimiento.

Ejercicio

Entonces, ¿eres un intenso ansioso apasionado? Llena los espacios en blanco.

Enuncia tres cosas que amas hacer y te da mucha energía vital.

1. _____ .

2. _____ .

3. _____ .

Enuncia tres actividades que debes atender y mejorar para aumentar tu pasión.

1. _____ .

2. _____ .

3. _____ .

Escribe qué debes hacer o lograr hoy para hacer volar tu pasión.

_____

_____

_____

Determinación absoluta

Quien es determinante arriesga más, avanza más y logra más

Volatilidad vs. determinación

En un mundo donde las nuevas ideas son muy apreciadas, la volatilidad y la determinación son dos conceptos que marcan la diferencia entre el éxito y el fracaso. La volatilidad se refiere a la naturaleza cambiante y compleja del entorno empresarial, mientras que la determinación es la capacidad de mantener el enfoque y la persistencia en el logro de metas a pesar de los obstáculos y desafíos.

La volatilidad es la rapidez con la que cambian las tendencias, tecnologías y necesidades del mercado como resultado de factores externos, como los cambios económicos, políticos y sociales, o de factores internos, como las transformaciones en la estructura organizativa o en las estrategias de negocio. En cualquier caso, puede crear incertidumbre y desafíos para las empresas y los emprendedores.

La determinación, en contraparte, es la capacidad de permanecer firme y enfocado en los objetivos a pesar de las dificultades que se presenten a causa de la volatilidad. Tiene que ver con una actitud resiliente; por tanto, permite alcanzar el éxito de un negocio y sobreponerse a cualquier circunstancia adversa.

Desarrollo del principio

Volatilidad

La volatilidad en el entorno empresarial genera movimientos inesperados ante los cuales conviene adaptarse. Según los factores que la provocan, se divide en externa e interna.

Volatilidad externa

Depende de factores que no puedes controlar. Solo puedes intentar adaptarte y comprender los cambios que se presentan en tu entorno. Estos son algunos de esos factores:

Cambios económicos. Los cambios en la economía global, como las recesiones o las fluctuaciones en las tasas de cambio, pueden tener un impacto significativo en las empresas. Por ejemplo, una disminución en la demanda de productos o servicios debido a una recesión económica puede requerir que las empresas ajusten sus estrategias de marketing y reduzcan costos para mantenerse competitivas. En este caso, los emprendedores deben estar atentos a las señales económicas, buscar oportunidades en nuevos mercados o segmentos y ser ágiles para adaptar sus operaciones.

Cambios políticos y regulatorios. Los cambios en las políticas gubernamentales y las regulaciones pueden afectar de manera directa a las empresas, sobre todo a industrias altamente reguladas, como la farmacéutica o la energética. Por ejemplo, la implementación de nuevas leyes o restricciones comerciales quizá requiera que las empresas ajusten su cadena de suministro, modifiquen sus estrategias de exportación o se adapten a nuevas políticas fiscales. Los emprendedores deben mantenerse informados sobre los cambios políticos y regulatorios relevantes en sus industrias y tomar decisiones ágiles para cumplir con los requisitos y aprovechar las oportunidades emergentes.

Cambios tecnológicos. La rápida evolución tecnológica puede generar volatilidad en el entorno empresarial. Nuevas tecnologías disruptivas pueden cambiar las reglas del juego y afectar la demanda de productos o servicios existentes. Por ejemplo, la adopción masiva de la tecnología *blockchain* ha impactado en industrias como la banca y las transacciones financieras. Los emprendedores deben estar atentos a las tendencias tecnológicas y evaluar cómo pueden adaptar sus operaciones, productos o servicios para aprovechar las nuevas tecnologías y mantenerse competitivos.

Volatilidad interna

Este término se refiere a los propios hábitos de trabajo. Es la dimensión del emprendedor volátil y uno de sus riesgos más grandes es la falta de enfoque y dirección en un negocio. Si un emprendedor no es capaz de mantenerse enfocado en sus propósitos a largo plazo, puede terminar cambiando de objetivos constantemente y perder de vista lo importante. Esto lo arriesga a perder la confianza de sus inversores, clientes y empleados.

Otro riesgo de la volatilidad interna es la falta de planificación y preparación para los cambios en el mercado. Si un emprendedor es incapaz de adaptarse a su medio puede desaprovechar oportunidades y perder su ventaja competitiva. Además, la incertidumbre y los desafíos de la volatilidad pueden generar que disminuyan la motivación y el compromiso de los empleados.

La volatilidad en el entorno empresarial es un gran desafío para los emprendedores. Para evitar los riesgos que acarrea, es importante que mantengas un enfoque claro en tus objetivos a largo plazo y que estés preparado para los posibles cambios en el mercado. La determinación y la persistencia son fundamentales para superar los retos y aprovechar las oportunidades que se presentan en un entorno volátil.

En el día a día, a todos aquellos que no definen su postura, cambian de plan y son miedosos, yo les llamo *gaseosos,* ya que es difícil definir la forma que tienen y descifrar su plan, además, es complicado leerlos y entenderlos, pues ni ellos mismos se entienden.

Determinación

La determinación es una estrategia para enfrentar la volatilidad, pues te ayuda a mantener el enfoque en tus propósitos a largo plazo y a perseverar a pesar de los obstáculos y fracasos temporales. En un entorno variable, los desafíos imprevistos, como los cambios en el mercado o en la economía, podrían hacer que pierdas el rumbo de tu negocio. En esos momentos, la determinación te ayudará a mantener la perspectiva y recordar por qué fundaste tu empresa en primer lugar.

La determinación facilita que

te adaptes
y aproveches

las oportunidades que se presentan
ante el cambio.

Si eres capaz de mantenerte enfocado y persistir a pesar de los obstáculos, puedes desarrollar nuevas estrategias y soluciones innovadoras para enfrentar cualquier inconveniente y seguir avanzando hacia el éxito.

Un BlackLion

tiene **determinación** para superar obstáculos y manterse **enfocado** en su meta.

CONCLUSIONES PARA SER UN GANADOR DETERMINANTE

En el entorno empresarial y de la innovación, la volatilidad es un factor constante. Los mercados pueden cambiar con rapidez, la tecnología evoluciona a un ritmo acelerado y los competidores están siempre listos para tomar ventaja. La volatilidad puede ser abrumadora para los emprendedores, pero quienes tienen determinación pueden superar los obstáculos y perseverar hacia el éxito. A continuación, te compartiré algunas nociones que te ayudarán a enfrentar la volatilidad:

La determinación es fundamental. Cuando te mantienes enfocado en los objetivos a largo plazo o en generar cambios inmediatos para así perseverar a pesar de los obstáculos y fracasos temporales, puedes lograr el éxito incluso en los mercados más cambiantes.

Quien es determinante tiene la valentía para cambiar y adaptarse. Esto lo hace sólido y confiable.

Evita caer en la trampa de buscar soluciones rápidas a los problemas inmediatos. Si te concentras en tus objetivos a largo plazo, puedes desarrollar estrategias innovadoras que te permitan enfrentar los desafíos que implica la transformación. En este sentido, es posible modificar acciones de corto plazo siempre que se prioricen las metas principales. Por ejemplo: si tu deseo a largo plazo es expandir tus ventas a nivel global, pero te enfrentas a una crisis de transporte que provoca retardos en la entrega de tus productos, en lugar de centrar tu objetivo a corto plazo en mejorar la logística, enfócalo en brindar mejor servicio al cliente para mantener a tu comprador informado sobre los posibles retrasos.

Sé consciente de los riesgos de ser demasiado volátil y poco determinante. Si cambias constantemente de dirección y no tienes una visión clara para tu negocio, corres el riesgo de perder el rumbo y nunca alcanzar tu verdadero potencial.

La volatilidad y la determinación son dos lados de la misma moneda en el mundo empresarial. Saber manejarlas de forma estratégica aumentará tus probabilidades de lograr el éxito. Para ello, debes mantenerte enfocado en tus metas a largo plazo y adaptarte a los cambios del mercado. La determinación es la clave para superar los desafíos de la volatilidad y perseverar hacia el triunfo en un entorno empresarial dinámico.

EJEMPLOS DE ACCIONES DE LÍDERES DETERMINANTES

- La adquisición de Twitter por Elon Musk

- La decisión de Bukele de perseguir hasta el final a los maras en El Salvador

- La cancelación de la computadora LISA por Steve Jobs

- La aceptación inesperada de Messi para jugar en el Inter de Miami a pesar de las críticas

- La venta del Cirque du Soleil al gobierno de Ontario por su fundador, Guy Laliberte

- El cambio de género musical de Maluma cuando se movió del reguetón al pop

- La decisión de Lady Di de divorciarse del príncipe Carlos

El león siempre es muy observador, cauteloso y nunca es volátil en sus decisiones. En su madurez, no gasta mucha energía constantemente, pero si es necesario, la usa toda para confirmar su reinado.

EJERCICIOS PRÁCTICOS PARA DESARROLLAR LA RESILIENCIA CON DETERMINACIÓN

BÁSICO:
el diagnóstico que no puede faltar

Realiza un análisis FODA (fortalezas, oportunidades, debilidades, amenazas) de tu emprendimiento y establece objetivos a largo plazo. Crea un plan claro y conciso para alcanzar tus propósitos, pues al diseñarlo te aseguras de estar trabajando hacia una meta significativa. Esto facilitará que tomes decisiones determinantes para lograr esa meta a pesar de los obstáculos que puedan surgir.

INTERMEDIO:
mapeo de competencias

Analiza a tus competidores para comprender cómo responden a la volatilidad del mercado y qué acciones utilizan para adaptarse. Emplea esta información de forma determinante para ajustar tus propias estrategias y mantenerte a la vanguardia de las tendencias emergentes de tu mercado. Al hacerlo, puedes identificar oportunidades para superar a la competencia y desrrollar soluciones innovadoras que te permitan mantenerte a la vanguardia.

AVANZADO:
¡Lánzate al agua!

Participa ya en una aceleradora o incubadora de empresas para desarrollar tu capacidad de adaptación al cambio y lograr un éxito acelerado. A través de estos programas, tendrás acceso a mentores, recursos y redes que te ayudarán a cultivar una mentalidad de crecimiento, mejorar tus habilidades empresariales y abordar los desafíos de un mercado volátil con más determinación y confianza.

Ejemplos de gente volátil y no determinante

1. Quien no es determinante vivirá casado con la misma persona a pesar de ser infeliz.

2. Quien no es determinante será empleado de alguien toda la vida y perderá la oportunidad de éxito y libertad mayores.

3. Quien no es determinante no se asociará con nadie por el miedo y volatilidad respecto a este tema.

4. Quien no es determinante jamás se podrá tomar un año sabático.

5. Quien no es determinante mantendrá amistades que no le aportan nada.

6. Quien no es determinante verá un menú demasiado tiempo y será el último en hacer su orden.

7. Quien no es determinante tendá la necesidad de ver una docena de departamentos antes de comprar uno.

8. Quien no es determinante jamás podrá mudarse a otro país y disfrutar de todos los beneficios que da vivir en otra cultura.

9. Quien no es determinante no podrá vender su casa de toda la vida.

10. Quien no es determinante jamás se podrá lanzar de un *bungee* sin titubear 20 veces.

Ejercicio

¿Te consideras una persona determinante? Reflexiona sobre los diez ejemplos que acabas de leer y realiza lo siguiente.

- Califícate del 0 al 10 en cada ejemplo, donde 10 representa que puedes ser determinante en ese ámbito.

- Luego suma las diez calificaciones y divide tu puntaje entre diez. Este promedio te dirá qué tan determinante puedes ser.

En general, la falta de determinación es causada por autoestima, seguridad y energía vital bajas. Trabaja estas tres áreas para que puedas lograr el principio de la determinación, uno de los principios más valiosos para acelerar el camino hacia tus sueños.

PRINCIPIO NUEVE

El poder de la omnipresencia

En un mundo global debes estar en varios lugares al mismo tiempo

Local vs. omnipresente

Este principio se refiere a la elección entre mantener tus negocios en el ámbito local o expandirte para tener presencia internacional. Al iniciar un emprendimiento, una de las primeras decisiones que debes asumir es cómo te posicionarás en el mercado: ¿te enfocarás en el mercado local, estableciendo relaciones sólidas con la comunidad cercana y creando una fuerte presencia en un área geográfica específica, o te expandirás a nivel global y trabajarás para ser omnipresente? Esta elección es el corazón de este principio, y es la decisión estratégica fundamental que puede tener un gran impacto en el éxito de tu emprendimiento a largo plazo.

Por un lado, al centrarte en el mercado local tienes la posibilidad de establecer relaciones estrechas con tus clientes y comprender mejor sus necesidades y deseos. Además, puedes convertirte en un jugador clave en tu comunidad y tener una ventaja competitiva sobre los negocios más grandes y distantes. Por otro lado, expandirte en lo global te permitirá llegar a nuevos mercados y audiencias, lo que aumentará tu alcance y multiplicará potencialmente tus ganancias.

Pero, ¿cómo puedes decidir qué

enfoque

es el adecuado para tu emprendimiento?

Te explicaré las ventajas y desventajas de cada uno y te ofreceré consejos prácticos para tomar la mejor decisión.

- El enfoque **local** se refiere a la estrategia de centrarse en el mercado de un área geográfica próxima y específica, y desarrollar una fuerte presencia en ella. Los negocios locales se enfocan en atender a sus clientes cercanos y en construir relaciones con la comunidad presente en ese sitio.

- La **omnipresencia**, por otra parte, se refiere a la estrategia de expansión que te permite llevar tu negocio a otras partes del mundo. Las empresas que adoptan esta estrategia buscan expandirse más allá de las fronteras y tener una presencia fuerte y reconocida a nivel internacional.

Actualmente, existen más opciones que nunca en cuanto a la expansión de un negocio, pero si bien la omnipresencia puede parecer atractiva para muchos, también hay ventajas significativas en centrarse en el mercado local.

Después de treinta años de emprendimientos exitosos y fallidos, puedo decir que mi poder y conocimiento simplemente se debe a la decisión de moverme sin apego por diferentes países y ciudades. Cada movimiento fue una aventura, fue duro adaptarme y quemé las naves cada vez que partí, pero mi familia siempre me apoyó. Cómo no recordar la historia de los españoles, quienes conquistaron tantos países por decidir ser omnipresentes, o la Iglesia, sabedora de que su poder radicaba en estar en todo lado igual que Dios. No tengas miedo, comenzar es difícil pero el resto del camino es de lo más divertido y fácil.

DESARROLLO DEL PRINCIPIO

Deben tomarse en cuenta muchos elementos para saber si es preferible un posicionamiento local o global ya que ambas opciones del principio ofrecen ventajas que es importante explorar.

Permanecer en el mercado local puede ser una excelente opción para emprendedores que buscan entablar relaciones cercanas con los usuarios. Al centrarse en un área geográfica específica, pueden adaptar sus productos y servicios para satisfacer las necesidades únicas de su comunidad y construir una presencia fuerte y reconocida en la zona. Un ejemplo de esto es la cadena estadounidense de supermercados Publix, que ha desarrollado una buena reputación por su excelente servicio al cliente y su compromiso con las comunidades locales, sin embargo, es omnipresente en todo el estado de la Florida.

Por otro lado, la expansión global permite llegar a nuevos mercados y audiencias, aumentando el alcance y multiplicando potencialmente las ganancias de un negocio. Un ejemplo de esto es la empresa de tecnología china Xiaomi, que se ha expandido con rapidez fuera de su lugar de origen y ahora es una de las marcas de tecnología más reconocidas en todo el mundo. A veces es más fácil crecer fuera que de manera local, y en lo referente a las relaciones públicas, tener presencia en todos los círculos sociales y empresariales ayuda muchísimo.

Al decidir un enfoque, es importante identificar oportunidades y evaluar cuidadosamente los desafíos de cada mercado. Para ello, pregúntate:

¿Hay una necesidad insatisfecha en el mercado local que se pueda cubrir?

¿Hay un mercado emergente que podría aprovecharse a nivel global?

Con esto en mente, puedes tomar decisiones informadas y estratégicas para fomentar el crecimiento y el éxito de un negocio.

Es importante tomar en cuenta que ambos enfoques presentan desafíos únicos que deben abordarse. Al permanecer en el mercado local, debes asegurarte de no limitar tu crecimiento y explorar oportunidades de expansión a medida que sea necesario. Si decides expandirte globalmente, debes aprender las complejidades culturales y legales de cada mercado, así como adaptar tus productos y servicios para satisfacer a cada audiencia.

En última instancia, elegir entre cualquier enfoque depende de la naturaleza de tu negocio, tus objetivos y las oportunidades que se presenten. Para muchos emprendedores, una combinación de ambos puede ser la mejor opción. Al centrarse en el mercado local mientras buscan oportunidades para expandirse a otras partes del mundo, pueden encontrar un equilibrio ideal entre impulsar el crecimiento y alcanzar el éxito.

Si no estás seguro de qué enfoque tomar, es importante buscar el consejo de expertos en el campo. Encuentra mentores y asesores que tengan experiencia en tu industria y que puedan ayudarte a evaluar las oportunidades y desafíos de cada enfoque. También puedes asistir a conferencias y eventos relacionados con tu campo para aprender de otros líderes empresariales que hayan encontrado éxito local y globalmente.

Para el BlackLion,
proteger su territorio
y hacerlo crecer para
el **bienestar**
de la manada es
una prioridad.

Toma en cuenta las características de uno y otro mercado. Por ejemplo, si deseas expandirte de forma global, considera los siguientes riesgos, requisitos y factores a evaluar.

Riesgos

Financieros. La expansión global puede requerir una inversión significativa en términos de capital, recursos humanos y marketing. Esto implica riesgos como la falta de rentabilidad inicial, fluctuaciones cambiarias, costos de entrada al mercado y competencia local.

Legales y regulatorios. Cada país tiene sus propias regulaciones y requisitos para las empresas extranjeras. Debes comprender y cumplir con estas normativas, que pueden incluir licencias, impuestos, leyes laborales, propiedad intelectual y de protección al consumidor. De no hacerlo, podrían imponerte multas, sanciones o incluso la prohibición de operar en el país.

Culturales y de adaptación. Debes adaptarte a las diferencias culturales, preferencias del consumidor y prácticas comerciales del lugar donde te establezcas. El no hacerlo puede llevar a errores de marketing, falta de aceptación del producto o servicio y fracaso en la penetración del mercado.

103

Competencia. Al expandirte globalmente, te enfrentas a una mayor competencia, tanto de empresas locales establecidas como de otros competidores internacionales. Comprender tu mercado objetivo y desarrollar una estrategia competitiva sólida es crucial para superar estos desafíos.

Requisitos

Investigación de mercado. Realiza una investigación exhaustiva del mercado de destino para comprender las necesidades del cliente, las necesidades locales, los competidores existentes y las regulaciones específicas.

Recursos financieros adecuados. Evalúa y asegúrate de contar con los recursos suficientes para respaldar tu expansión global, incluyendo el capital necesario para tu entrada al mercado y para tus operaciones iniciales.

Conocimiento de las regulaciones y requisitos legales. Familiarízate con las regulaciones y requisitos legales del país objetivo, incluyendo licencias, permisos, impuestos, leyes laborales y protección al consumidor.

Adaptabilidad y flexibilidad. Ajusta tus estrategias y operaciones de acuerdo con las diferencias culturales y las necesidades del mercado local.

Factores a evaluar

Análisis financiero. Realiza un análisis exhaustivo para determinar si cuentas con los recursos suficientes para respaldar tu expansión global.

Capacidad de personal. Analiza si cuentas con el personal adecuado y las habilidades necesarias para abordar los desafíos de la expansión. Esto puede implicar la contratación de nuevos empleados con experiencia internacional o la capacitación de tu personal existente.

Evaluación de riesgos. Evalúa a profundidad los riesgos asociados con la expansión global y determina si cuentas con la capacidad para enfrentarlos.

CONCLUSIONES PARA SER UN GANADOR OMNIPRESENTE

1. En un mundo cada vez más conectado, los líderes de negocios enfrentan la decisión de **centrarse** en su mercado local o **expandirse** a nivel global. Si bien enfocarse en el mercado local puede ser una estrategia efectiva para construir una base sólida y comprender las necesidades de los clientes locales, la expansión a nivel global puede ayudar a los emprendedores a establecer su presencia en nuevos mercados y aumentar su base de clientes.

2. El principio «El poder de la omnipresencia» es una cuestión de equilibrio. La clave para encontrarlo es **entender** las necesidades del mercado local y **adaptarse** a las tendencias cambiantes del mercado internacional. Un enfoque sólido en el ámbito local puede ayudar a los emprendedores a comprender a fondo a sus clientes y ofrecer soluciones personalizadas y efectivas. La expansión gradual a nuevos mercados puede ayudar a que las marcas establezcan su presencia en el mundo y a ofrecer servicios a una audiencia más amplia.

EJERCICIOS PRÁCTICOS PARA ENCONTRAR EL EQUILIBRIO ENTRE LO LOCAL Y LO GLOBAL

BÁSICO:
anclando en la red local

Si tu negocio se enfoca en una ubicación específica, asegúrate de tener presencia en las redes sociales más populares de esa zona. Con ello lograrás interactuar con tus compradores y crearás relaciones a largo plazo.

INTERMEDIO:
llegando a varias ubicaciones

Si tienes un negocio local, pero quieres expandirte a otras áreas, implementa estrategias que te permitan traspasar fronteras. Por ejemplo: crea perfiles en redes sociales que abarquen varias ubicaciones, optimiza tu sitio web para palabras clave relacionadas con esos sitios y genera contenido que resuene en los habitantes de cada lugar. Al hacer esto, podrás aumentar tu presencia fuera de tu localidad y atraer a más clientes potenciales.

AVANZADO:
marketing global

Si tu objetivo es tener una presencia global, debes diseñar una estrategia de marketing que se enfoque en las necesidades de clientes de diferentes ubicaciones. Esto puede implicar la creación de contenido relevante para diferentes culturas y el diseño de una estrategia de SEO internacional para llegar a varias audiencias. También puedes traducir tu sitio web a distintos idiomas y crear perfiles en redes sociales de todas partes del mundo.

No olvides que puedes ser omnipresente en tu localidad, lo importante es que tu mercado te encuentre hasta en la sopa.

Ejercicio

Descubre cuáles son tus posibilidades de expansión. Contesta las siguientes preguntas.

1. ¿Cuál es tu público objetivo?

_____

_____

2. ¿Qué diferencias ves entre tu negocio y la competencia?

_____

_____

_____

3. ¿A qué lugares te gustaría expandirte y por qué?

_____

_____

_____

PRINCIPIO DIEZ

Siempre noble

Ser sensible, noble, humano te gratificará toda la vida

Injusticia vs. nobleza

En la vida y en los negocios, a menudo nos enfrentamos a decisiones que ponen a prueba nuestros valores. El principio de ser siempre noble y entender la diferencia entre injusticia y nobleza se refiere a la elección que debes hacer entre actuar con integridad y hacer lo correcto —incluso si es difícil o implica un alto costo— o ceder a la tentación de tomar atajos y actuar de manera injusta o desapegada de la moral.

En un mundo cada vez más competitivo, la tentación de actuar de manera fría e injusta puede ser poderosa, especialmente cuando se trata de tomar decisiones financieras importantes. Sin embargo, la nobleza y la integridad son fundamentales no solo para mantener una reputación sólida y fomentar la confianza de tu entorno o entre tus clientes, sino también para lograr el éxito y felicidad a corto y largo plazos. Al actuar con una ética clara, formas parte consistente del ecosistema de tu emprendimiento y aprendes a diferenciar entre las vías rápidas de éxito y las ganancias permanentes de actuar con justicia y nobleza.

En este capítulo, reflexionarás sobre la importancia de la nobleza en los negocios. Por ahora, te invito a preguntarte: ¿qué es lo que consideras justo? ¿Crees que es un valor que puedes aplicar en todos los contextos?

DESARROLLO DEL PRINCIPIO

La innovación es un campo competitivo y desafiante donde a menudo existe la tentación de tomar atajos y actuar de manera injusta. Una de las acciones más frecuentes en este sentido es plagiar ideas o copiar el trabajo de otros innovadores para ganar ventaja en el mercado. Como la competencia puede ser feroz, es posible que algunas personas se sientan tentadas a actuar con deslealtad para ganar una ventaja competitiva.

Sin embargo, en un mundo cada vez más conectado y transparente, la integridad y la nobleza son más apreciadas que nunca. Los consumidores y la sociedad en general esperan que las empresas y los emprendedores actúen con ética y responsabilidad social. La falta de estos valores puede tener consecuencias a largo plazo en la reputación de un negocio y en su capacidad de atraer y retener clientes.

Desarrollar la nobleza puede ser un desafío, especialmente en escenarios donde la tentación de actuar de manera injusta es alta. Sin embargo, hay varias maneras de fomentar esta cualidad en un emprendimiento.

- Primero, es importante establecer un conjunto claro de **valores y principios éticos** y asegurarse de que sean comunicados a todas las personas de la empresa.

- También es recomendable crear un **sistema de responsabilidad** que asegure que todas las acciones se realicen de acuerdo con estos principios.

- Otro paso importante es fomentar una **cultura de transparencia y responsabilidad**. Esto significa ser honesto y abierto sobre las decisiones y acciones que se toman, incluso si son difíciles o impopulares. Al hacerlo se promueve la integridad en toda la organización.

Puedes implementar la nobleza como eje empresarial incluyendo a grupos minoritarios en tu estrategia de marketing. Por ejemplo, la compañía Dove ha utilizado activamente su plataforma publicitaria para promover la inclusión de mujeres de diferentes complexiones, edades y orígenes étnicos en su campaña «Real Beauty». Esta acción no solo demuestra los valores de la marca, sino que también ha atraído a una base de clientes más amplia y diversa, lo que ha sido provechoso para Dove en términos de ventas y rentabilidad.

Otro ejemplo de cómo la nobleza puede favorecer a los negocios es a través de la implementación de prácticas responsables y sostenibles. Por ejemplo, la marca Patagonia ha adoptado estrategias como la producción de ropa hecha de materiales reciclados y la donación del 1% de sus ventas a organizaciones ambientales. Además de nobles y éticas, estas acciones han favorecido la lealtad de los usuarios y creado una imagen de marca más positiva.

Para evitar la injusticia es importante que los emprendedores tomen medidas activas para asegurar que sus productos sean originales. Establecer sistemas de control de calidad, como revisar regularmente la propiedad intelectual y utilizar herramientas de detección de plagio, es importante en el campo de la innovación. Además, es necesario fomentar una cultura empresarial que valore la nobleza y la integridad, en lugar de buscar únicamente el beneficio económico a corto plazo. En este sentido, la empresa 3M es reconocida por su énfasis en la innovación ética y responsable. Ha desarrollado un riguroso proceso de revisión de patentes y establecido medidas de seguridad para proteger su propiedad intelectual. La compañía también ha demostrado su compromiso con el desarrollo sostenible al reducir emisiones y residuos en sus procesos.

Otra compañía que ha valorado la nobleza en su innovación es Apple, la cual ha invertido en programas de responsabilidad social y corporativa, utilizando en su cadena de suministro fuentes de energía renovable. Aunque Apple ha enfrentado críticas por las condiciones poco nobles con sus colaboradores —como condiciones de trabajo injustas en sus fábricas—, ha tomado medidas oportunas para abordar estos problemas y mejorar las condiciones laborales de sus trabajadores.

En resumen, para evitar la frivolidad en el campo de la vida y empresa, es importante tomar medidas activas para promover una cultura empresarial que valore la nobleza y la integridad.

◆ **Adoptar prácticas éticas**
◆ **y responsables**
puede impactar positivamente tanto en la
◆ **reputación como en la**
rentabilidad a largo plazo de un negocio.

Si bien actuar de manera frívola puede ser tentador, los valores son importantes para construir una reputación sólida y fomentar la confianza de los clientes. Desarrollar la nobleza implica establecer valores y principios éticos claros, ser transparente y responsable, y tomar medidas activas para evitar la injusticia.

El BlackLion

jamás ve solo por sí mismo; lo define la **nobleza** de proteger a cada miembro de la manada.

CONCLUSIONES PARA SER UN GANADOR NOBLE

1. Enfócate en solucionar problemas reales que impacten positivamente a las personas, sin importar su género, raza o condición social. Ser noble puede contribuir a la fidelización de tus clientes y mejorar la imagen de tu empresa.

2. Asegúrate de tener una cultura empresarial ética que fomente la honestidad y la justicia en todas las áreas de tu negocio, desde el trato con los empleados hasta la relación con los proveedores. Crea protocolos de prevención y atención de posibles casos de discriminación, acoso o violencia. Nunca está de más brindar una capacitación integral sobre estos temas a todos tus trabajadores.

3. Busca colaborar con personas que compartan tus valores y principios y que estén dispuestas a construir contigo una empresa justa y noble. Si se presenta una situación de injusticia en tu negocio, no te desanimes ni te victimices. Usa tus habilidades y recursos tanto para responder de manera noble y proactiva como para buscar soluciones a los problemas.

113

4. Ser noble no solo te hará una persona más justa y honesta, sino también puede ofrecerte una ventaja competitiva. Dado que los consumidores buscan cada vez más que las empresas defiendan principios éticos, la nobleza puede ser una forma de destacarte en el mercado y atraer nuevos clientes.

«Ser noble

deja más rentabilidad
que cualquier acción en
Wall Street»

Jürgen Klarić

Ostentar buenos valores no solo te hará mejor persona, también puede ser tu clave para ganar en el mundo de los negocios. Actuar desde la nobleza y la justicia es una forma efectiva de generar la lealtad y fidelidad de tus clientes y empleados. Cuando los consumidores sienten que los valoras y respetas, suelen ser recíprocos y recomiendan tu empresa a otros. Lo mismo ocurre con tus colaboradores: cuando reciben un trato humano y digno son más productivos y comprometidos con tu negocio.

Mantener la ética y los principios en el centro de tu empresa también puede ser una forma efectiva de atraer y retener talento en tu organización. Los empleados que comparten los mismos valores que la empresa son más propensos a permanecer en ella a largo plazo y a ser más eficientes.

En resumen, demostrar nobleza en tus acciones tiene múltiples beneficios. No te rindas ante la tentación de actuar con injusticia y mantén siempre la ética y los principios en el centro de tu negocio; puede ser la clave para tu éxito a largo plazo.

«SER antes que TENER»

Jürgen Klarić

EJERCICIOS PRÁCTICOS PARA INCORPORAR LA JUSTICIA EN LA VIDA COTIDIANA

BÁSICO:
practica la empatía

Trata de ponerte en los zapatos de los demás en situaciones cotidianas. Por ejemplo, si alguien te corta en el tráfico, en lugar de enojarte, piensa en las posibles razones por las que esa persona está apurada. Esto te ayudará a desarrollar una mayor comprensión y empatía hacia los demás y a tomar decisiones más nobles en situaciones cotidianas.

INTERMEDIO:
procura la justicia

Si ves una situación injusta, en lugar de quedarte inactivo, trata de hacer algo al respecto. Por ejemplo, si un compañero de trabajo está siendo discriminado, puedes ofrecerle tu apoyo o acompañarlo a hablar con el gerente para solucionar el problema. Desarrollar una actitud proactiva y comprometida con la justicia te ayudará a ser más noble en situaciones cotidianas.

AVANZADO:
construye desde la nobleza

Crea un proyecto de voluntariado. Identifica una situación injusta en tu comunidad y diseña un plan de voluntariado para solucionarla. Por ejemplo, si hay niños en tu comunidad que no tienen acceso a la educación, puedes crear un proyecto que proporcione clases gratuitas. Al involucrarte en acciones que busquen solucionar problemas en tu comunidad, podrás ser más noble en situaciones más complejas y hacer una diferencia real en el mundo.

La nobleza genera confianza, la confianza genera lealtad, y la lealtad genera buena energía.

Ejercicio

Es difícil ser siempre noble; comienza por reconocer cuándo has sido injusto. Realiza el ejercicio y llena los espacios en blanco.

Relata alguna ocasión en la que hayas actuado de manera injusta, ya sea en el trabajo o en la vida personal.

_____

_____

_____

_____

Ahora reflexiona y responde.

1. ¿Qué sentiste cuando actuaste así?

_____

_____

2. ¿Qué consecuencias hubo?

_____

_____

Finalmente, escribe tres acciones nobles que compensarían la manera injusta en la que actuaste:

1. _____

2. _____

3. _____

PRINCIPIO ONCE

Siempre congruente

Lo que piensas, sientes, dices y haces demuestra quién eres: sé congruente

Ambigüedad vs. congruencia

¿Alguna vez te has sentido perdido en la vida y no sabes quién eres, como si estuvieras dando pasos en diferentes direcciones sin un rumbo verdadero? Es posible que te encuentres confundido y que esa confusión te lleve a la no realización y al fracaso.

La congruencia es clave para el triunfo. Cuando todas las piezas de tu forma de ser y hacer encajan de manera coherente, experimentas un estado de naturalidad, fluidez y energía que te permite avanzar hacia tus metas con confianza y claridad, además de ser admirado por otros.

Pero ¿qué es la congruencia?

La congruencia es un concepto clave en el ámbito de la psicología y la comunicación interpersonal. Se refiere a la armonía y alineación entre lo que piensas, sientes, dices y haces en tu vida diaria. Cuando una persona es congruente, todas las dimensiones están en sintonía y se complementan entre sí.

Imagina que eres una persona congruente y honesta contigo misma y con los demás. En primer lugar, tus pensamientos están alineados con tus emociones; es decir, comprendes tus propios sentimientos y sabes por qué experimentas ciertas emociones en diferentes situaciones. Luego, cuando te comunicas con los demás, expresas tus emociones y pensamientos de manera coherente con lo que sientes. No ocultas tus verdaderos sentimientos ni te esfuerzas por parecer diferente de lo que eres. Esta autenticidad en tu comunicación crea confianza y conexiones genuinas con las personas que te rodean.

Además, tu comportamiento refleja tus palabras y sentimientos. Actúas de acuerdo con tus valores y creencias, lo que significa que tus acciones están en concordancia con lo que expresaste verbalmente. Por ejemplo, si te comprometes a ayudar a alguien, cumplirás esa promesa porque tus acciones están alineadas con tus palabras.

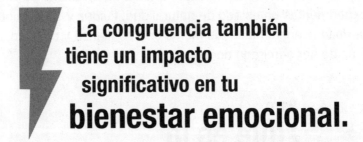

La congruencia también tiene un impacto significativo en tu bienestar emocional.

Cuando hay coherencia entre tus pensamientos, emociones, palabras y acciones, experimentas una mayor autenticidad y autoaceptación. Te sientes en paz contigo mismo, lo que a su vez mejora tus relaciones con los demás y tu satisfacción general con la vida.

En resumen, la congruencia es la alineación de tus pensamientos, emociones, palabras y acciones. Ser congruente implica ser auténtico y honesto contigo mismo y con los demás, lo que conduce a una mayor conexión interpersonal y un mayor bienestar emocional. Es un aspecto valioso en la vida que fomenta relaciones genuinas y una mayor comprensión interior.

Ahora te mostraré cómo superar los obstáculos que te impiden alcanzar la congruencia que tanto necesitas. ¿Estás listo para dejar atrás la no definición? Comencemos.

Comportamiento ambiguo. En las relaciones interpersonales, un comportamiento ambiguo ocurre cuando alguien actúa de manera **contradictoria** o poco clara, lo que puede llevar a **incertidumbre** en cuanto a sus intenciones o sentimientos.

En la comunicación cotidiana, la ambigüedad puede ser problemática, ya que genera confusión, malentendidos o falta de claridad en las interacciones y decisiones.

Supongamos que una persona dice que le gusta mucho cuidar el medioambiente y proteger la naturaleza, pero en sus acciones diarias, se le ve arrojando basura al suelo y desperdiciando agua y recursos naturales sin consideración. En este caso, hay una falta de coherencia entre lo que la persona dice (que le importa el medio ambiente) y lo que hace (comportarse de manera poco ecológica). Esta es una incongruencia entre sus palabras y sus acciones.

En muchos casos, es importante buscar la claridad —lo que yo llamo «congruencia»— y evitar la ambigüedad en la comunicación para evitar malentendidos y lograr una comunicación efectiva. Solicitar aclaraciones a las dudas que surjan puede ser útil cuando nos encontramos con mensajes o situaciones ambiguas.

Cuántas veces hemos conocido personas que dicen una cosa para después hacer otra, y cuando fracasan se sienten mal por lo que hicieron y vuelven a actuar de una manera poco clara, ya que de un solo concepto o situación surgen varios pensamientos muy distintos. Regularmente la gente sin valores es ambigua, voluble y convenenciera, ya que los valores son las rejas de la jaula que centra a la bestia, pero cuando no hay rejas no hay lógica ni orden y la bestia hace lo que le da la gana y abusa.

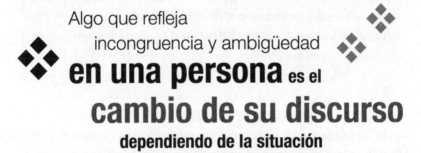

Algo que refleja incongruencia y ambigüedad **en una persona** es el **cambio de su discurso** dependiendo de la situación o un posible beneficio personal.

Por ejemplo, imagina que alguien habla mal de un alcalde y dice que es la persona más corrupta del mundo; pero cuando dicho alcalde le invita a ser parte de su equipo, acepta y se justifica asegurando que hubo un cambio: ahora el alcalde es honrado y por eso trabaja para él. El beneficio inmediato y económico que descubren los incongruentes hace que piensen diferente y traicionen sus creencias.

Cuando eres incongruente, en un inicio ganas y te beneficias, pero con el tiempo, quienes te rodean comienzan a reconocer las incongruencias, se alejan y transmiten malas opiniones de ti, lo que hace que otros no quieran trabajar contigo. Ser incongruente es el peor negocio del mundo, ya que tus relaciones solo tienen éxito a corto plazo.

DESARROLLO DEL PRINCIPIO

Este principio se refiere a dos actitudes fundamentales que pueden impedir o promover tu éxito: la ambigüedad se refiere a un estado mental en el que te sientes desorientado, perdido y sin rumbo claro, donde un día eres la Caperucita Roja y al día siguiente el lobo feroz. La gente no termina de entenderte y eso hace que no quieran tomar el riesgo de relacionarse con una persona imprevisible. Cuando lo llevas al mundo empresarial, los clientes y proveedores no saben cuál será la siguiente sorpresa y por eso prefieren no fidelizase, o siquiera acercarse, y esto puede llevarte a tomar decisiones equivocadas, a procrastinar o a sentirte abrumado por las múltiples demandas y opciones que se te presentan. Todo esto sucede cuando no estableces objetivos definidos y te mantienes dando bandazos de un lado para otro al demorarte en comprender los códigos, la personalidad y las motivaciones profundas de tu negocio.

Por otro lado, la congruencia es un estado de armonía, donde tus acciones, valores y metas están alineadas y en equilibrio. Ser congruente te ayuda a navegar por la vida y los negocios de forma fluida con menos desgaste, además puede llevarte a tomar decisiones más sabias, a actuar con mayor seguridad, y a dirigir tu vida y negocios con una visión clara y consistente. Cuando te vuelves congruente, operas como un tren sobre rieles rectos, los cuales te ayudan a llegar más rápido y sin tantas vueltas. Créeme, así las cosas fluyen mejor y son menos desgastantes. El desarrollo de la congruencia en lo individual y en lo colectivo puede hacer que tanto tu persona como tu negocio crezcan.

El león
congruente
es el más
poderoso porque
la manada confía
en su liderazgo.

Beneficios de ser congruente

Toma de decisiones más lógicas, sabias y coherentes.
Cuando tus acciones están en línea con tus valores y metas, es más fácil seleccionar el camino que te conduce en la dirección correcta. La congruencia te permite distinguir entre las opciones que corresponden a tu visión y misión, y aquellas que no. Por ejemplo, si trabajas en una marca que busca exaltar la producción de artesanos locales, no sería buena idea adquirir productos industrializados, aunque su precio sea menor. Quien te vea realizando esta práctica no dirá nada, pero se alejará de ti y de tu marca. Muchas personas dejan de confiar en su pareja al descubrir la falta de congruencia entre lo que dice y lo que hace. Esto acaba miles de matrimonios porque una persona incongruente es una persona en la que no puedes confiar.

Mayor motivación y compromiso.
Cuando tus valores y propósito están alineados, te sientes más motivado y comprometido con tu emprendimiento. La congruencia te permite conectar con tu sentido de propósito y encontrar un significado más profundo en tu vida y trabajo.

Comunicación clara y efectiva.
Cuando todos los miembros de un equipo comparten una visión y valores congruentes, es más fácil que se comuniquen de manera clara y efectiva. La

124

congruencia permite crear un lenguaje común y una comprensión compartida de lo que es importante para el negocio.

Construcción de confianza y credibilidad. Cuando eres coherente en tus acciones y decisiones, favoreces que tus hijos, pareja, clientes y colaboradores crean y apoyen tu sueño, plan y proyecto. La congruencia te permite establecer una reputación de integridad y honestidad en el mercado.

En conclusión, el principio «Siempre congruente» es fundamental, ya que puede determinar el éxito o fracaso de un negocio. La confusión puede llevar a la parálisis y la inacción, mientras que la congruencia puede impulsar el progreso y la innovación.

El desarrollo de la congruencia como habilidad individual y colectiva implica estar en armonía con tus valores, metas y acciones. Esto te permite actuar con claridad, confianza y coherencia al perseguir tus objetivos empresariales. Una persona congruente es fiable, y el desarrollo de la congruencia también tiene un efecto positivo en las relaciones interpersonales y en el entorno profesional. Cuando los miembros de un equipo están alineados y en sintonía, es más fácil trabajar en colaboración y lograr objetivos compartidos.

CONCLUSIONES PARA SER UN GANADOR CONGRUENTE

1. **Define tu propósito y valores.** Identifica qué es lo que te apasiona tanto en la vida como en el mundo empresarial y alinéalo con tus valores y principios personales y empresariales. En ocasiones puede ocurrir que seas congruente como persona y que como empresario seas todo lo contrario. ¡Ojo! Cuando tienes una visión clara de lo que quieres lograr y por qué lo haces, es más fácil avanzar.

Tus decisiones y acciones jamás deben basarse en tu beneficio, sino en tus valores.

2. **Crea una cultura de congruencia.** La congruencia debe ser un valor fundamental en tu persona, familia y empresa. Asegúrate de que todos los miembros de tu equipo compartan una sola visión y valores para lograr una congruencia común y colectiva y que trabajen en colaboración hacia estos objetivos compartidos. La congruencia también se refleja en la manera como te comunicas y reaccionas a situaciones con tus clientes. Constantemente veo empresarios que joden a un proveedor frente a sus empleados, entonces imagínate lo poco fieles que serán sus empleados después de descubrir esto. Por un lado puede que ganes a corto plazo, pero luego tus empleados te joderán de la misma forma a ti. Por eso, es importante que pienses muy bien antes de comunicar tus intenciones. Crea una narrativa empática que considere las necesidades de tus audiencias y permita que se sientan relacionadas con el viaje en línea recta que les propones a través de un plan de familia, producto o servicio.

3. **Practica ser real.** Sé honesto, claro y sólido en tu forma de actuar y comunicarte. Los clientes y colaboradores buscan claridad, buscan la posibilidad de leerte correctamente. Sé congruente en tus acciones y decisiones y mantén una comunicación clara y abierta con tus clientes y colaboradores. Este estilo es lo mejor para criar hijos, de allí nace la famosa frase «educa con el ejemplo». Esto es congruencia. Nunca caigas en el juego de que cada vez que tus hijos te piden algo les dices que no tienes dinero, pero luego te ven comprando ropa todas las semanas.

4. **Aprende a gestionar la incertidumbre.** Esta habilidad te servirá para no cambiar tu estilo y discurso dependiendo del momento. La incertidumbre es parte del mundo empresarial y del proceso de emprendimiento, pero esto no debe cambiar tus valores. Aprende a manejarla de forma constructiva, manteniendo una actitud positiva y enfocándote en encontrar soluciones creativas y coherentes con tus valores.

La comprensión y reconocimiento del principio de la congruencia te apoyará en tu camino hacia el éxito. La congruencia te permite tomar decisiones más sabias, constantes, integrales y coherentes; aumentar tu motivación y compromiso; comunicarte de manera clara y efectiva; además de construir una reputación de confianza y credibilidad. Al aplicar estos consejos, podrás ser un ganador en el mundo empresarial.

EJERCICIOS PRÁCTICOS PARA DECIDIR CON CONGRUENCIA

BÁSICO:
la búsqueda de valores y principios

Identificar tus valores y principios es un paso fundamental para aplicar lo que acabas de aprender. Para hacerlo, reflexiona sobre lo que te importa y motiva en tu carrera empresarial. Una vez que hayas identificado tus valores y principios, asegúrate de que se reflejen en tu negocio. Revisa tu misión, visión y valores, y haz ajustes si es necesario para asegurarte de que estén alineados con tus objetivos empresariales. Esto lo puedes hacer en una lluvia de ideas con los integrantes de tu equipo: utilicen un tablero en blanco y vayan alineando misión, visión y valores, y cambia de inmediato las políticas que no sean congruentes con ellos.

INTERMEDIO:
la congruencia en la comunicación

La congruencia también se refleja en la manera en que te comunicas con tu familia, clientes y colaboradores. Para este ejercicio, diseña una estrategia de comunicación congruente con tu marca y valores. Identifica los canales de comunicación que utilizas con clientes y colaboradores (por ejemplo, redes sociales, correo electrónico, llamadas telefónicas) y asegúrate de que tu comunicación a través de estos canales es coherente y refleja los valores de tu empresa.

Establece los canales primarios y determina cuáles son los mensajes clave, los tiempos y los tipos de respuesta disponibles e investiga su efectividad. Si durante meses has usado el correo electrónico como canal principal y encuentras que tienes más escucha en redes sociales, cambia tu estrategia y sé coherente con el principio de escucha empática. Haz un listado de temas no negociables e inamovibles.

AVANZADO:
emulando el mentor ideal
y real

Hablar con un referente en el campo empresarial puede ser una forma efectiva de aprender sobre cómo aplicar el principio de la congruencia. Para este ejercicio, identifica a un mentor de tu campo que sea conocido por su congruencia y coherencia al actuar y comunicarse. Haz una lista de preguntas que te gustaría hacerle y solicita una reunión con él o ella. Durante la reunión, habla sobre cómo ser congruente en tus decisiones de empresa y escucha sus consejos y experiencias para así entender tus fallas.

Recuerda que estos son solo algunos ejemplos de ejercicios prácticos para aplicar el principio «Siempre congruente» en el emprendimiento. Lo importante es que identifiques maneras de alinear tus acciones con tus valores y principios, y que busques comunicarte de manera clara y coherente con tus clientes y colaboradores.

En su entorno natural, los leones son congruentes con sus comportamientos. Ellos son animales sociales que viven en manadas jerárquicas conocidas como *prides* o manadas. Dentro de ellas, cada miembro tiene roles y comportamientos específicos que les permiten funcionar como un grupo cohesionado y, gracias a que el león se mueve por una lógica biliosa, siempre se comporta igual.

Por otro lado, algunas especies de camaleones tienen la habilidad de cambiar de color para camuflarse y protegerse de los depredadores. En un contexto humano, podríamos interpretar esta capacidad como ambigua o incongruente, ya que el camaleón parece cambiar de opinión o comportamiento de manera repentina. Sin embargo, en realidad, este comportamiento es una adaptación que les permite sobrevivir en su entorno. Es por esto que muchas veces uno dice: «Qué miedo, este tipo es un camaleón y no podemos confiar en él».

¿CÓMO DEMUESTRA EL LEÓN SER CONGRUENTE?

- **Caza en grupo.** Los leones cazan en manada, cooperando para atrapar presas más grandes como ñus, cebras o antílopes. La caza en equipo les permite ser más efectivos y aumenta sus posibilidades de éxito.

- **División de tareas.** Dentro de la manada, hay leones especializados en diferentes roles. Por lo general, las leonas son las cazadoras principales, mientras que los machos protegen el territorio y a la manada. Esta división de tareas contribuye a la supervivencia del grupo.

- **Jerarquía social.** Los leones establecen una jerarquía social clara dentro de la manada, liderada por un macho dominante llamado «macho alfa». La jerarquía ayuda a mantener el orden y la estabilidad de la manada.

- **Cuidado de las crías.** Las leonas también cooperan en el cuidado de las crías, compartiendo la responsabilidad de proteger y alimentar a los cachorros.

Es importante tener en cuenta que, como en cualquier especie animal, puede haber variaciones individuales en el comportamiento de los leones debido a factores como la edad, la experiencia y las condiciones ambientales. Sin embargo, en general, los leones muestran un comportamiento congruente con su naturaleza social y sus roles dentro de la manada, lo que ha contribuido a su éxito como depredadores y sobrevivientes en la naturaleza.

¿Eres capaz de distinguir entre la ambigüedad y la congruencia? Realiza el ejercicio y llena los espacios en blanco.

1. En medio del gobierno de Donald Trump, bajo unos valores muy auténticos y confusos, ¿cuál fue, según tu opinión, el acto más ambiguo e incongruente que realizó?

   _____

   _____

2. ¿Cuál es el discurso más ambiguo e incongruente que ha tenido la política de izquierda?

   _____

   _____

3. Piensa en tu mejor amigo o amiga y analiza las diferencias o similitudes entre lo que dice y lo que hace. ¿Su comportamiento es ambiguo o congruente? _____
   _____ ¿Tú eres similar o diferente?
   _____

4. Escribe las dos ambigüedades e incongruencias más importantes que has tenido en la crianza de tus hijos.

   a) _____

   b) _____

5. Respecto a tu relación de pareja, escribe dos ambigüedades e incongruencias entre lo que le dices y lo que haces.

   a) _____

   b) _____

6. Escribe dos ambigüedades o incongruencias recientes entre lo que les dices a tus empleados o gerentes y lo que haces.

   a) _____

   b) _____

7. Escribe dos ambigüedades o incongruencias recientes entre lo que les dices a tus clientes y lo que haces.

   a) _____

   b) _____

Leal hasta el final

**La lealtad debe ser en todo y con todos:
a tus valores, a tu persona, a tus ideales,
a tus aliados y a tus cercanos**

Traición vs. lealtad

¿Alguna vez has sentido que alguien en quien confiabas te ha traicionado? ¿O tal vez has experimentado la tentación de traicionar a alguien por tu propio beneficio? La traición es una fuerza poderosa, capaz de cambiar el rumbo de tus relaciones y de tu carrera profesional. El principio «Leal hasta el final» es un tema fundamental en el ámbito corporativo y en la vida que puede determinar el éxito o el fracaso.

La lealtad puede ser recíproca, es decir, cuando brindas tu lealtad a alguien obtienes a cambio la lealtad de esa persona. Aunque no siempre se cumple este fenómeno, un líder casi siempre tiene un equipo leal en la medida en que ofrece su lealtad y cubre las necesidades básicas para fomentar este principio. Lo mismo pasa en ámbitos personales como el matrimonio: la lealtad es más fácil de conseguir en la medida que dentro del hogar la pareja reciba lo que está buscando; quien no tenga lo que busca en casa lo encontrará afuera, a veces puede ser algo tonto o superficial como una aventura, la búsqueda de la adrenalina, dejar de vivir de forma monótona o sentirse un(a)

conquistador(a). Sin embargo, uno también puede encontrar todas estas cosas en casa, siempre y cuando haya una buena
comunicación y un esfuerzo intensivo de ambas partes.

En el mundo de los negocios funciona igual. Uno es leal no a
la persona, sino a los valores, forma de pensar y beneficio que
otorga. Es por esto que debemos ser personas grandes y com-
pletas, de lo contrario, la deslealtad será el día a día.

La lealtad en los seres humanos también puede analizarse desde una perspectiva biológica y de supervivencia, aunque con
ciertas complejidades adicionales debido a la naturaleza más
sofisticada de la sociedad y cognición humanas.

Desde un punto de vista biológico

Beneficios para la supervivencia grupal. Los seres humanos son animales sociales que han evolucionado para vivir
en grupos cooperativos. La lealtad hacia el grupo o comunidad en que vivimos aumenta nuestras posibilidades de supervivencia. Cuando los individuos se unen y trabajan juntos con
un sentido de lealtad, son más capaces de enfrentar amenazas externas, encontrar y compartir recursos y proteger a los
más vulnerables dentro del grupo.

Evolución de la moralidad y cooperación. La lealtad es
una manifestación de la evolución de la moralidad y la cooperación en los seres humanos. La capacidad de trabajar juntos
y cooperar con otros ha sido esencial para el éxito de la especie humana. La lealtad hacia el grupo se relaciona con la
selección natural, donde los individuos que mostraban mayor
cooperación y solidaridad hacia su comunidad tenían más probabilidades de sobrevivir y transmitir sus genes a las genera-
ciones futuras.

Desde un punto de vista social

Identidad y pertenencia. La lealtad hacia un grupo puede estar influida por la identidad y el sentido de pertenencia a esa comunidad. La necesidad de afiliarse a grupos y ser aceptado es una parte importante de la naturaleza humana. La lealtad hacia nuestro grupo cultural, familiar, amistoso, o incluso institucional, nos ayuda a establecer conexiones significativas y a satisfacer nuestras necesidades emocionales y sociales.

Reciprocidad y confianza. La lealtad en las relaciones humanas está estrechamente relacionada con la reciprocidad y la confianza. Cuando mostramos lealtad hacia otros, esperamos que ellos también sean leales hacia nosotros. Esta confianza y reciprocidad fortalecen los lazos sociales y crean una red de apoyo que puede ser crucial para superar desafíos y dificultades en la vida.

Cooperación y logro de objetivos comunes. La lealtad dentro de los grupos humanos también fomenta la cooperación y el trabajo conjunto para alcanzar objetivos comunes. Esto puede manifestarse en la colaboración en proyectos, metas profesionales, esfuerzos comunitarios y la resolución conjunta de problemas.

En conclusión, la lealtad en los seres humanos es una característica que ha evolucionado para promover la supervivencia, la cooperación y la cohesión social dentro de grupos y comunidades. Al estar vinculada a nuestra evolución social y cultural, desempeña un papel importante en la forma en que nos relacionamos, trabajamos y prosperamos como especie.

Imagina que el juego de Serpientes y Escaleras simboliza el viaje de la vida, lleno de altibajos, desafíos y oportunidades. Cada jugador representa a una persona navegando por este camino, buscando alcanzar sus metas y llegar a la cima.

La traición puede compararse con una
serpiente en el juego.

Cuando un jugador confía en alguien, esperando apoyo y camaradería, pero esa persona lo traiciona, es como si una serpiente apareciera inesperadamente, deslizándose por el camino y llevándolo hacia abajo. La traición puede ser una experiencia dolorosa y desalentadora que deja a la persona con sentimientos de desconfianza y resentimiento.

Por otro lado,
la lealtad
puede ser una
escalera en el juego.

Cuando un jugador cuenta con el apoyo y la lealtad de otros, es como si encontrara un elevador rápido más que una escalera que lo ayuda a avanzar rápidamente hacia arriba. La lealtad crea una red de apoyo y confianza entre las personas, lo que permite superar obstáculos y alcanzar metas de manera más eficiente y satisfactoria.

Así como en el juego de Serpientes y Escaleras, en la vida real, la traición y la lealtad pueden influir en nuestras relaciones y experiencias. La traición desmorona conexiones y desafía nuestra confianza en los demás, mientras que la lealtad fortalece lazos y fomenta relaciones duraderas y significativas.

Esta analogía nos recuerda la importancia de ser honestos y leales en nuestras relaciones con los demás, y también de ser cautelosos con las personas en quienes confiamos. Al igual que en el juego, nuestras elecciones y acciones pueden llevarnos a enfrentar serpientes que nos desafíen y nos hagan retroceder o a encontrar escaleras que nos impulsen hacia adelante en nuestro viaje por la vida.

 LA LEALTAD debe implementarse primero hacia nuestros **buenos valores,** hacia **nuestro prójimo,** hacia **nuestros clientes** y **proveedores.**

Veamos ahora un poco de valores y compromisos. La historia de deslealtad de Adán y Eva en el Jardín del Edén puede interpretarse como una lección sobre la importancia de este gran principio. En el relato bíblico, Dios les dio la instrucción clara y específica de no comer del árbol del mal. Sin embargo, Eva fue tentada y persuadida por la serpiente para desobedecer, y luego compartió el fruto prohibido con Adán, quien también lo consumió.

Aquí podemos ver una falta de lealtad hacia un pacto y regla de Dios. La lealtad implica ser fiel y comprometido con lo que se considera justo y verdadero, incluso cuando enfrentamos tentaciones o desafíos. La desobediencia de Adán y Eva a la prohibición de Dios representa una ruptura de la lealtad hacia sus principios, y el resultado fue el «pecado original», que según la tradición cristiana, marcó el inicio del conflicto entre la humanidad y Dios.

La analogía con el valor de la lealtad es que, al igual que en la historia de Adán y Eva, la lealtad hacia nuestros valores, principios y compromisos es esencial en nuestras vidas. Ser leales implica mantenernos fieles a nuestros principios incluso cuando enfrentamos tentaciones o influencias externas que podrían desviarnos del camino correcto. Al demostrar lealtad, nos mantenemos íntegros y coherentes con lo que creemos que es correcto, lo que puede llevar a una vida más significativa y moralmente satisfactoria.

En resumen, la historia de desobediencia de Adán y Eva en el Jardín del Edén nos recuerda la importancia de la lealtad hacia nuestros valores y principios fundamentales, y cómo carecer de ella tiene consecuencias significativas.

La lealtad es un valor que nos guía hacia la coherencia y la integridad, ayudándonos a tomar decisiones alineadas con nuestros principios y creencias más profundas. Esta es una virtud clave en las relaciones empresariales y personales. La lealtad hacia tus clientes, colaboradores y socios te permite construir relaciones honestas y genuinas, lo que ayuda a consolidar tus logros a mejor ritmo y velocidad.

Es aquí donde uno debe entender la sutil diferencia entre ser fiel y ser leal. Pueden parecer lo mismo, pero en realidad son conceptos distintos que se pueden aplicar en diferentes contextos:

Fidelidad

Se refiere a la cualidad de ser constante, íntegro y cumplir con compromisos u obligaciones, especialmente en el ámbito de las relaciones de pareja o en el contexto de promesas, acuerdos o responsabilidades. Ser fiel implica mantener la lealtad y el compromiso emocional y físico con una persona, institución o causa específica. En el contexto de una relación amorosa, la fidelidad suele asociarse con la exclusividad sexual y emocional hacia la pareja.

Lealtad

Se refiere a la devoción y el compromiso hacia una persona, grupo, institución o causa. Ser leal implica un sentido de deber y apoyo incondicional, incluso en tiempos difíciles o desafiantes. La lealtad puede manifestarse en diversos contextos, como la lealtad hacia un amigo, un equipo deportivo, una empresa, una comunidad o incluso hacia un país.

En resumen, la fidelidad se enfoca más en cumplir con promesas, mantener la integridad en relaciones personales o compromisos específicos, mientras que la lealtad se refiere a una conexión emocional y un sentido de devoción hacia una persona, grupo o causa en general. Aunque pueden ser conceptos relacionados en algunos contextos, cada uno tiene sus matices y aplicaciones particulares.

En apariencia, la traición puede ayudarte a crecer y beneficiarte más rápido, pero a mediano y largo plazos siempre te afectará y perderás, pues en muchos casos tiene efectos devastadores en tus relaciones matrimoniales empresariales y personales. Puede llevar a la pérdida de confianza, el alejamiento de seres amados, colaboradores y clientes, y conducir al fracaso en el matrimonio, en la vida y los negocios. La traición puede ser tentadora, especialmente en momentos de gran oportunidad, presión o incertidumbre, pero es importante recordar que las acciones tienen consecuencias. Es por esto que los acuerdos, las reglas de juegos, las necesidades y las creencias personales deben ser claras y consensuadas por ambas partes.

Exploremos el principio «Leal hasta el final» y cómo aplicarlo en el mundo empresarial para alcanzar el éxito.

Desarrollo del principio

La lealtad es una virtud que ha sido valorada en las relaciones humanas durante miles de años. En el mundo empresarial, puede ser la clave del triunfo. La traición, por otro lado, puede tener efectos devastadores en tus relaciones. Esta puede manifestarse de varias formas: desde robo de propiedad intelectual hasta el incumplimiento de acuerdos contractuales.

A menudo, la traición en los negocios se presenta en situaciones de presión, como la necesidad de cumplir con un objetivo de ventas o la competencia por recursos limitados. Un ejemplo de ello sucedió entre Adidas y su competidor, Nike, en 1997. Un ejecutivo de Adidas robó secretos comerciales y propiedad intelectual de Nike para ayudar a Adidas a mejorar su rendimiento en el mercado de calzado deportivo. La traición de este ejecutivo resultó en una demanda multimillonaria de Nike contra Adidas y en el daño a la reputación de esta última en el mercado deportivo durante algunos años.

El poder
de la manada
radica en la
lealtad.
Los leones
desleales son
expulsados.

Por otro lado, la lealtad empresarial puede impulsar el éxito. Un ejemplo de esto se dio en el caso de McDonald's en la década de 1950. Su fundador, Ray Kroc, tenía una política de tratar a sus franquiciados como socios, no como empleados. Esta política de lealtad resultó en el rápido crecimiento de McDonald's y en una red de franquicias leales y comprometidas con el éxito de la marca.

Otro ejemplo de lealtad empresarial se dio en el caso de Netflix en 2011. Cuando esta plataforma de contenido anunció un aumento de precios y la separación de su servicio de transmisión de video y su servicio de DVD, muchos clientes se sintieron traicionados. Sin embargo, la compañía respondió a las críticas con una carta abierta que explicaba sus razones para el cambio y reafirmaba su compromiso de proporcionar el mejor servicio de transmisión de video posible. Esta muestra de lealtad hacia sus clientes ayudó a Netflix a superar la crisis y a mantener su éxito a largo plazo.

En definitiva, la lealtad es una virtud fundamental. Al ser leal a tus clientes, colaboradores y socios, se construyen relaciones duraderas y exitosas. La traición, por otro lado, puede minar tus relaciones y el éxito de tu negocio. Al tomar decisiones empresariales, es importante recordar el principio «Leal hasta el final» y sus consecuencias a largo plazo.

CONCLUSIONES PARA SER UN GANADOR LEAL

Según un estudio publicado en el *Journal of Occupational and Organizational Psychology* en el 2000, la lealtad se relaciona positivamente con varios aspectos del ámbito empresarial. A continuación, te presento algunas razones por las cuales la lealtad es importante en los negocios:

1. **Retención de empleados.** Los colaboradores leales están más comprometidos con la empresa, se sienten va-

lorados y son más propensos a permanecer en sus puestos de trabajo a largo plazo. Es decir, la lealtad fomenta la retención del talento, reduce la rotación de personal y los costos asociados con la contratación y capacitación de nuevos elementos. Es recomendable que implementes programas de incentivos entre tus empleados basados en la lealtad y no solamente en las ventas.

2. **Construcción de relaciones sólidas a largo plazo con los clientes.** Los clientes leales no solo realizan compras repetidas, sino también pueden convertirse en defensores de la marca y recomendarla a otros. Establecer relaciones sólidas y duraderas con los usuarios genera confianza, mejora su satisfacción y puede proporcionar un flujo constante de ingresos a largo plazo.

3. **Colaboración con socios comerciales.** Mantener relaciones leales con proveedores, distribuidores u otros colaboradores de tu negocio puede generar beneficios mutuos, como precios preferenciales, acceso a nuevas oportunidades y colaboración en proyectos conjuntos. La confianza y la lealtad entre las partes facilitan la cooperación y promueven el éxito compartido.

EJERCICIOS PRÁCTICOS PARA FOMENTAR LA LEALTAD

BÁSICO:
la lealtad en tu ecosistema

Haz una lista de los *stakeholders* (partes interesadas) más importantes de tu empresa (clientes, empleados, proveedores, etc.) y reflexiona sobre cómo podrías fomentar la lealtad hacia la marca en cada uno de ellos. Por ejemplo, puedes ofrecer incentivos a los consumidores que vuelvan a comprar, reconocer públicamente el trabajo bien hecho de tus empleados o establecer acuerdos a largo plazo con proveedores confiables.

INTERMEDIO:
los puntos débiles

Elige un proyecto o iniciativa en tu empresa y evalúa cómo la falta de lealtad podría afectar su éxito. Piensa en formas concretas de fomentar la lealtad entre los miembros del equipo involucrados en el proyecto, como establecer metas compartidas, brindar reconocimiento por el trabajo bien hecho y apoyar la toma de decisiones informadas.

AVANZADO:
acción colectiva y leal

Busca oportunidades para fomentar la lealtad en tu industria o comunidad empresarial. Por ejemplo, puedes colaborar con otras empresas para desarrollar iniciativas conjuntas que beneficien a la comunidad, como programas de responsabilidad social empresarial. También puedes compartir tus conocimientos y experiencia con otros emprendedores para fomentar una cultura empresarial más ética y sostenible.

La lealtad de los leones está basada en una combinación de factores biológicos y evolutivos, así como en su compleja estructura social y comportamientos aprendidos. A continuación, se detallan algunos de los factores clave que sustentan la lealtad de los leones:

- **Supervivencia.** Los leones son animales que dependen en gran medida de la caza en grupo para obtener alimento. La cooperación y la lealtad dentro de la manada son esenciales para el éxito en la caza de presas grandes y peligrosas, como ñus o búfalos. La lealtad entre los miembros de la manada les permite cazar con eficiencia y protegerse mutuamente contra depredadores rivales.

- **Estructura social.** Los leones viven en manadas con una jerarquía social bien definida. Las hembras forman la base de la manada y trabajan juntas para cuidar a las crías y cazar. Los machos, por otro lado, son los encargados de proteger el territorio y asegurar su linaje. La lealtad entre los miembros de la manada es fundamental para mantener la cohesión y el funcionamiento efectivo de esta estructura social.

- **Lazos familiares.** Dentro de una manada de leones, las hembras suelen estar emparentadas, lo que crea lazos familiares fuertes. Los leones machos también suelen vivir con sus hermanos hasta que forman su propia coalición o toman el control de una manada. Estos lazos familiares contribuyen a la lealtad entre los individuos y fomentan comportamientos de apoyo y protección.

- **Aprendizaje y experiencia.** Los leones jóvenes aprenden comportamientos sociales y de caza de los miembros más experimentados de la manada. A medida que crecen, desarrollan fuertes lazos con los demás miembros y siguen patrones de comportamiento establecidos. Esta dinámica de aprendizaje y emulación ayuda a fortalecer los lazos de lealtad entre los leones.

Es importante destacar que, si bien los leones muestran una forma de lealtad hacia su manada, su comportamiento es principalmente impulsado por instintos y adaptaciones evolutivas para sobrevivir en su hábitat. La lealtad de los leones no se basa en una comprensión consciente o una elección moral como lo entendemos en los seres humanos, sino que es una parte integral de su naturaleza como animales sociales y depredadores cooperativos.

Ejercicio

1. En tu carrera empresarial, ¿cuál ha sido el mayor acto de lealtad que alguien ha tenido hacia ti?

   _____

   _____

2. ¿Cuál ha sido el mayor acto de lealtad que has tenido hacia alguien más?

   _____

   _____

Ansiedad competitiva

Gente con energía hay mucha, pero ansiosos por hacer, lograr y ganar somos pocos

Pasivo vs. competitivo

«¡Uf! ¡Qué competitivo eres!
¡Siempre quieres ganar!».

Fue lo que me dijo alguien de mi familia, como si esta virtud fuera un defecto. A él lo educaron con la frase:

«Lo importante
no es ganar
sino competir».

Pero a mí la vida me ha demostrado que el mundo es de los ganadores. Todos quieren ser como el millonario, el exitoso, el valiente y el atrevido, y quien lo niega lo hace porque no se siente capaz de serlo y se excusa en que no le interesa conseguirlo.

Estamos acá para ser y ganar, entonces seamos determinantes con esto. La gente abunda; ganadores y líderes hay muy pocos. Pero, ¿qué es un ganador bajo la filosofía y los principios de un BlackLion?

EL GANADOR ES UNA PERSONA QUE...

- Piensa **retirarse a los 50 años** y hacer con su tiempo lo que se le dé la gana.

- **No se preocupa** por el dinero, pero lo sigue trabajando o cosechando por pasatiempo.

- **Sabe** que mientras unos se quejan y autocompadecen, él **trabaja**.

- Ama **tener** éxito y **ganar**, y lo logra sin pasar encima de los demás ni a costa de sus **valores**.

- Piensa en el éxito a todas horas, en cómo **mejorar** y cómo **beneficiar a los suyos** cuando lo alcance.

- Se **emociona**, **vibra** y **disfruta** cuando está en compañía de sus **mentores** y **líderes** de área.

- **No se rinde** y acepta los fracasos como parte del proceso.

- Ve el éxito y el **liderazgo** como un juego. Le encanta **entrenarse** y **practicarlo** con toda la locura y energía que tiene, por ello **cuida** de su tiempo, cuerpo y mente.

- **Sabe** que **no hay tiempo que perder**. Quiere alcanzar el éxito lo antes posible para disfrutarlo tanto como pueda.

Tener ambición y desear el éxito puede ser una característica positiva, siempre y cuando se enfoque en objetivos sanos que concuerden con nuestros valores personales. Sin embargo, también es crucial equilibrar esta ambición con una comprensión de que la vida no se trata solo de ganar y lograr metas materiales, sino también de disfrutar del proceso y encontrar satisfacción en las pequeñas cosas, que al final del día son el mejor complemento de la verdadera felicidad.

Es cierto que el mundo puede ser competitivo, pero también es importante recordar que el éxito no se define únicamente por el dinero o el reconocimiento externo. Cada persona tiene su propio camino y definición de éxito, y lo que puede ser una meta para ti puede no serlo para otros. Es fundamental respetar las diferencias y no juzgar a los demás por sus elecciones y objetivos en la vida. Reflexiona sobre tus valores y lo que de verdad te hace feliz.

Si bien es importante aspirar al éxito y lograr tus metas, también es crucial mantener un equilibrio y encontrar satisfacción en el proceso de crecimiento personal y en las relaciones con los demás. La autenticidad y la congruencia con tus valores personales son clave para alcanzar una vida satisfactoria y significativa. Recuerda que cada individuo es único y tiene su propio camino hacia la felicidad y el éxito, por ello no debes definirte por los fracasos que tuviste en el pasado, ya que aunque cualquiera puede alcanzar el éxito en grande, son pocos los que quieren trabajar duro y no rendirse. Es fácil criticar a quienes lo buscan y logran, lo difícil es admirar y reintentar con el doble de esfuerzo de manera ansiosa y competitiva. La mejor prueba de esto es que seguramente de niño tú también sentías el ansia de competir, como todos los demás, pero ahora ya no es así. Pregúntate:

¿Por qué perdí
un valor biológico
con el que nací?

DESARROLLO DEL PRINCIPIO

En el mundo salvaje, los leones aplican la ansiedad competitiva de forma agresiva:

- **Determinación en la caza.** Los leones son depredadores altamente ambiciosos y competitivos. Su éxito en la caza depende de su determinación y perseverancia para atrapar a su presa. Trabajan en equipo para planificar estrategias y cooperan para lograr su objetivo.

- **Liderazgo en la manada.** Los machos dominantes lideran sus manadas. Su posición de liderazgo se basa en su fuerza y sus habilidades para proteger a los suyos de amenazas externas. Su liderazgo implica tomar decisiones importantes para el bienestar del grupo.

- **Competitividad por el territorio.** Los leones compiten ferozmente por el territorio y los recursos. Los machos dominantes deben demostrar su fortaleza para mantener su posición en la manada y defender su territorio de machos intrusos.

- **Pasión por la supervivencia.** La vida de un león en la naturaleza está marcada por la lucha constante por sobrevivir. Su pasión por cazar y mantener su posición en la manada es vital para garantizar el bienestar propio y el del grupo.

- **Adaptabilidad y aprendizaje.** Los leones deben adaptarse a diferentes situaciones y aprender de sus experiencias para sobrevivir. Su capacidad de aprendizaje y adaptación les permite enfrentar los desafíos cambiantes en su entorno.

El principio «Ansiedad competitiva» se refiere a cómo las personas se desempeñan en el mundo de los negocios. El extremo pasivo se caracteriza por la falta de iniciativa y la evitación del conflicto. Quienes tienen esta mentalidad suelen ser reacios a tomar riesgos y tienen dificultades para tomar decisiones difíciles, además, suelen buscar cualidades negativas en quienes son distintos a ellos y usan esto como excusa para quedarse en los niveles más mediocres del éxito.

Por otro lado, el extremo ansioso se caracteriza por la competencia feroz y la búsqueda constante del éxito. Las personas con esta actitud pueden ser muy ambiciosas y estar dispuestas a tomar decisiones osadas para alcanzar sus objetivos. La mentalidad competitiva, ansiosa o rivalizante está impulsada por una ambición positiva, pero también conlleva ciertos riesgos y efectos adversos, como:

- **Agotamiento y estrés.** Las personas con una mentalidad competitiva a menudo se esfuerzan al máximo y trabajan largas horas para alcanzar sus objetivos. Esto suele llevarlos a un agotamiento físico y emocional, así como a altos niveles de estrés, lo que puede perjudicar su salud y bienestar general.

- **Falta de colaboración.** En un ambiente empresarial, la competencia feroz dificulta la colaboración y el trabajo en equipo. Las personas con una mentalidad competitiva están más enfocadas en superar a los demás que en colaborar con ellos, lo que puede afectar negativamente el ambiente laboral y la eficacia del equipo.

- **Dificultad para establecer relaciones sólidas.** Las personas con una mentalidad competitiva a menudo tienen dificultades para establecer relaciones sólidas y duraderas en el ámbito empresarial. La competitividad extrema puede generar desconfianza y dificultades para construir vínculos sólidos con colegas y colaboradores. Aquí se presenta la gran oportunidad de usar la ansiedad competitiva para compartir su magia con los rezagados. Aunque no lo digan, todos quieren alcanzar el éxito en grande.

La clave del éxito empresarial es encontrar un equilibrio adecuado entre las dos mentalidades que componen este principio. La mentalidad competitiva puede ser provechosa para tomar decisiones estratégicas, asumir riesgos e impulsar la perseverancia. La mentalidad pasiva, por otro lado, puede ser útil en términos de gestión de relaciones y resolución de conflictos.

En un estudio publicado por *Journal of Personality and Social Psychology,* los investigadores descubrieron que los líderes exitosos tienen una mentalidad equilibrada que combina la agresividad y la cooperación en la toma de decisiones.

Un ejemplo de una empresa que ha encontrado el equilibrio adecuado en este principio es Apple. Su fundador, Steve Jobs, era conocido por su mentalidad competitiva, aunque era capaz de adoptar una mentalidad más serena cuando la situación lo requería. Apple se destaca por ser una empresa competitiva, pero también ha establecido una cultura interna que fomenta el trabajo en equipo y la colaboración entre sus empleados. Los equipos multidisciplinarios se reúnen para idear soluciones innovadoras, y se alienta a los colaboradores a aportar diferentes perspectivas y contribuir con ideas creativas.

Para el
BlackLion,
la **competitividad** es como su **rugido**: con ella anuncia su **poderío.**

El desarrollo del iPhone sirve para ilustrar la mentalidad equilibrada de Apple. Este producto revolucionario no solo se basó en la competitividad de la empresa para superar a sus rivales en el mercado, sino también requirió una colaboración efectiva entre diferentes equipos y departamentos, como ingenieros y diseñadores, quienes por lo regular tienen un mentalidad de tipo pasivo, y expertos en marketing, un área que depende de la competitividad. Juntos trabajaron para crear un dispositivo que combinara tecnología avanzada, un diseño atractivo y una experiencia de usuario intuitiva. ¡Qué sería del mundo si todos fueran ansiosos competitivos! Es mejor que sean pocos, así será menos difícil lograrla en grande.

Otro ejemplo es la empresa de software Hubspot, la cual ha establecido una cultura empresarial que fomenta tanto la colaboración como la competencia. La empresa ha sido reconocida por su enfoque en el trabajo en equipo y la formación de relaciones duraderas con los clientes, al mismo tiempo que se centra en el crecimiento y la innovación. Su código laboral se basa en el trato amable hacia sus empleados, entre quienes se promueve la tranquilidad, al mantener horarios no tradicionales y permitir vacaciones de manera libre. Al mismo tiempo, en su cultura, el crecimiento personal y profesional son tan importantes como el desarrollo de la empresa, lo cual favorece tanto las relaciones humanas como la competitividad.

Recuerda que, aunque por lo general se piensa en otras empresas como rivales que hay que vencer, en ocasiones una actitud colaborativa hacia la competencia puede ser benéfica. El *cobranding*, por ejemplo, es una estrategia de publicidad a través de la cual dos marcas se unen para tener mayor visibilidad y beneficios.

En resumen, el éxito empresarial requiere encontrar el balance justo entre las mentalidades pasiva y competitiva. Al adoptar una mentalidad equilibrada que combine la agresividad y la cooperación en la toma de decisiones, podrás asumir riesgos calculados, gestionar relaciones efectivas y lograr el éxito. Los ansiosos competitivos generan brechas ventajosas con respecto a los rivales de mercado, pero las mentalidades pasivas construyen los puentes que permiten la colaboración tanto al interior como al exterior, y estos puentes son recursos necesarios y muy valiosos.

A continuación encontrarás diversos puntos con ejemplos prácticos que te ayudarán a comprender a detalle las bases de este principio:

- **Define metas claras y específicas.** Establece objetivos concretos y alcanzables que estén en línea con tus valores y aspiraciones personales.

  Ejemplo: si deseas mejorar tu condición física, una meta clara y específica podría ser correr una maratón de 10 kilómetros en seis meses.

- **Desarrolla un plan de acción.** Crea un plan detallado para alcanzar tus metas, dividiendo tus objetivos en tareas más pequeñas y alcanzables.

Ejemplo: si tu meta es correr una maratón, un plan de acción podría incluir en primera instancia inscribirte en una carrera de 5 kilómetros, para luego aumentar la distancia cada semana, de manera gradual y constante, y entrenar con un programa específico.

- **Cultiva una mentalidad de crecimiento.** Adopta una mentalidad de aprendizaje y mejora constantes. Reconoce que los fracasos son oportunidades de aprendizaje y crecimiento.

Ejemplo: si enfrentas un fracaso o una dificultad durante tu entrenamiento para la maratón, en lugar de desanimarte, analiza en qué aspectos hay posibilidades de mejoría y ajusta tu enfoque de entrenamiento.

- **Practica la perseverancia.** Acepta que el camino hacia el éxito puede tener obstáculos y desafíos, pero mantén la determinación para seguir adelante y superarlos.

Ejemplo: aunque enfrentes lesiones o días difíciles de entrenamiento, mantén la perseverancia y continúa trabajando para alcanzar tu objetivo final de correr la maratón.

- **Equilibra tu enfoque.** Si bien es valioso ser ambicioso y competitivo, también es importante encontrar un equilibrio en tu vida. Dedica tiempo a tus relaciones, salud y bienestar emocional.

Ejemplo: crea un calendario de entrenamiento que te permita distribuir tu tiempo de trabajo, entrenamiento y ocio, de modo que puedas disfrutar con amigos y familiares, y logres descansar adecuadamente para recuperarte.

- **Establece límites.** Asegúrate de manejar de forma apropiada tu tiempo y energía, estableciendo límites y prioridades para evitar el agotamiento.

  Ejemplo: dentro de tu calendario, establece horarios de entrenamiento y asegúrate de dedicar tiempo a otras actividades importantes en tu vida, como el trabajo y el tiempo libre.

- **Busca mentores y líderes.** Rodéate de personas inspiradoras y positivas que te motiven y te ayuden a aumentar tus habilidades y conocimientos.

  Ejemplo: únete a un club de corredores o busca un entrenador personal que te brinde apoyo y guía en tu preparación para la maratón.

- **Practica la gratitud.** Reconoce y valora tus logros y progresos, así como los esfuerzos de quienes te apoyan en el camino. El éxito es simplemente imposible cuando estás solo.

  Ejemplo: celebra cada logro, como cuando alcanzas una distancia específica en tus entrenamientos o mejoras tu tiempo de carrera, agradece el apoyo de tus amigos y familiares en tu búsqueda del éxito y hazlos parte del logro.

- **Aprende a trabajar en equipo.** Aprovecha tus habilidades competitivas para mejorar el rendimiento del equipo y lograr objetivos conjuntos.

  Ejemplo: busca participar en eventos que requieran del trabajo en equipo y la cooperación, como carreras de relevos, carreras de remos, deportes de equipo como futbol o básquetbol, y trabaja junto con tus compañeros para mejorar el desempeño del equipo y celebrar juntos los logros.

- **Celebra tus éxitos.** Disfruta del proceso y celebra tus logros, tanto grandes como pequeños. La celebración te ayuda a mantener la motivación y el entusiasmo.

Ejemplo: celebra cada meta alcanzada, ya sea una nueva marca personal en una carrera o haber completado con éxito una etapa más del entrenamiento.

- **No te rindas y trabaja con toda la pasión e ímpetu hasta lograrlo.** Cuando enfrentes obstáculos y momentos de desafío, recuerda que el éxito requiere dedicación y esfuerzo constantes. Mantén la pasión y el entusiasmo por tus metas y trabaja con determinación para superar cualquier adversidad que se presente en tu camino.

Ejemplo: si sientes que tus entrenamientos se están volviendo difíciles o te enfrentas a una lesión, no te rindas. Encuentra formas de adaptarte y superar los desafíos manteniendo siempre la pasión por alcanzar tu objetivo final.

- **Cultiva una mentalidad ganadora.** Cree en ti mismo, en tus habilidades para triunfar y en el poder de la mente. Visualiza el éxito y actúa como si ya lo hubieras alcanzado, esto fomenta la atracción de oportunidades y te permite alcanzar tus metas con mayor confianza.

Ejemplo: mantén una mentalidad positiva durante tus entrenamientos y visualiza cómo te sentirás al cruzar la línea de meta en la maratón. Esto te motivará a seguir trabajando con una actitud ganadora.

- **Aprende de cada experiencia.** Considera cada experiencia, ya sea un éxito o un fracaso, como una oportunidad para aprender y mejorar. La mentalidad de crecimiento te permite tomar los obstáculos como trampolines para seguir adelante con más fuerza.

  Ejemplo: si experimentas un resultado menos favorable en una carrera, reflexiona sobre lo que puedes aprender de la experiencia y cómo utilizarlo para mejorar tus futuros desempeños. Mientras te mantengas en pie, ninguna carrera es la última, solo la más reciente.

No olvides que cada persona sigue su propio camino hacia el éxito, lo importante es encontrar el equilibrio entre la ambición y la satisfacción personal. Si sientes que necesitas apoyo adicional para alcanzar tus metas o desarrollar una mentalidad ganadora, considera buscar la orientación de un *coach* o psicólogo capacitado. ¡El potencial para lograr grandes cosas está en ti! Mantén tu pasión, ansiedad y enfoque en lo que de verdad deseas alcanzar.

A continuación encontrarás una lista con algunos líderes ansiosos y competitivos ejemplares:

Steve Jobs. El cofundador de Apple era conocido por su determinación, pasión y deseo de liderar en el campo de la tecnología.

Jeff Bezos. El fundador de Amazon es reconocido por su enfoque implacable en el crecimiento y la expansión de su empresa.

Elon Musk. El fundador de SpaceX y Tesla es famoso por su ambición y su búsqueda de llevar la tecnología espacial y la energía renovable a la vanguardia.

Richard Branson. El fundador del Grupo Virgin es conocido por su espíritu emprendedor y su búsqueda constante de nuevas oportunidades de negocio.

Tony Robbins. Como *coach* de desarrollo personal y motivacional, Tony Robbins es famoso por su carácter enérgico y su compromiso con el logro de objetivos y la obtención del éxito.

El aspecto más positivo de la ansiedad competitiva es que luego de lograr éxitos personales, también puedes alcanzar éxitos espirituales, familiares y, lo más maravilloso, tendrás la capacidad para usar y concentrar toda esta ansiedad competitiva en realizar acciones que produzcan una mejoría en el mundo. Quizá esa marca hacia un futuro mejor no sea la más grande, pero con el solo hecho de intentarlo terminarás ayudando a miles de personas a mejorar sus condiciones de vida y prolongar su felicidad. Recuerda lo que decía Walt Disney:

«PIENSA, CREE, SUEÑA
**y atrévete
a lo grande».**

Walt Disney

Esta frase refleja su filosofía: para lograr cosas maravillosas, es necesario tener una mente abierta y atreverse a soñar en grande. El pensamiento positivo y la creencia en uno mismo son fundamentales para superar los desafíos y alcanzar metas significativas. Walt Disney es un ejemplo inspirador de cómo la perseverancia y la imaginación pueden llevar a la realización de sueños que parecían inalcanzables en un principio.

«El éxito es

la suma de **pequeños esfuerzos**

repetidos día tras día, sin rendirse
y con una determinación

inquebrantable».

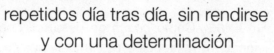

Robert Collier

CONCLUSIONES PARA SER UN GANADOR
ANSIOSO COMPETITIVO

El balance de los elementos que conforman este principio es fundamental para el éxito en los negocios. Para lograr que estas dos nociones coexistan en armonía dentro de tu negocio, practica lo siguiente:

1. **Evalúa con cuidado los riesgos y las oportunidades.** Si bien la mentalidad competitiva puede ser útil en términos de toma de riesgos y perseverancia, también es importante asegurarse de que estás tomando decisiones informadas y basadas en datos.

2. **Considera la importancia de la gestión de relaciones y la resolución de conflictos en el éxito empresarial.** La mentalidad pasiva puede ser útil en términos de gestión de relaciones, pero también es importante asegurarse de que estás tomando medidas proactivas para resolver conflictos y evitar que se conviertan en graves problemas.

3. **Recuerda que el éxito empresarial no solo se trata de ser el mejor en todo momento.** Es más importante encontrar el equilibrio adecuado entre las diferentes men-

talidades empresariales y aplicarlas de manera efectiva para lograr tus objetivos.

Al adoptar una mentalidad equilibrada, podrás tomar decisiones estratégicas informadas, gestionar relaciones efectivas y alcanzar el éxito empresarial.

«**La actitud** es lo más importante. La **actitud** correcta, la **mentalidad** correcta, la **actitud** positiva y la **humildad** son muy importantes para el éxito de cualquier persona. **Si quieres ser exitoso**, debes tener una **actitud** correcta, una **mentalidad** correcta y una **actitud** positiva».

Jack Ma, fundador de Alibaba

EJERCICIOS PRÁCTICOS PARA EQUILIBRAR LA ANSIEDAD Y LA PASIVIDAD

BÁSICO: prevé riesgos y aprovecha oportunidades

Evalúa los riesgos y las oportunidades de tu próximo proyecto. Antes de tomar una decisión importante sobre tu negocio, tómate un tiempo para evaluar de manera cuidadosa los riesgos y las oportunidades involucrados. Haz una lista de ellos y evalúa los posibles resultados de cada uno. Esto te ayudará a tomar una decisión informada y evitar riesgos innecesarios.

INTERMEDIO:
guíate por la empatía
para competir

Practica la empatía en tus relaciones comerciales. En lugar de tratar a tus competidores como enemigos, intenta ponerte en su lugar y entender sus perspectivas y motivaciones. Esto puede ayudarte a construir relaciones más fuertes con tus competidores y a encontrar formas de colaborar en vez de solo rivalizar.

AVANZADO:
juega estratégicamente

Busca una asociación estratégica con un competidor. Identifica a un competidor que tenga una audiencia o mercado similar al tuyo y busca asociarte con él. Esto podría incluir una estrategia de *cobranding*, compartir recursos o incluso fusionarse. Si bien es una tarea difícil, puede ser una oportunidad para crear algo en verdad innovador y obtener una ventaja en el mercado.

Ejercicio

Con base en tu experiencia, reflexiona y escribe en los espacios correspondientes.

1. Anota las tres últimas situaciones donde hayas aplicado una mentalidad pasiva:

   a) _____

   b) _____

   c) _____

2. Ahora piensa cómo aplicarías la mentalidad competitiva a cada situación que anotaste arriba:

   a) _____

   b) _____

   c) _____

3. Finalmente, reflexiona sobre las diferencias entre ambas mentalidades y aplica este principio de manera asertiva en tu vida.

Tener un alma nómada

La estabilidad es la no cotidianidad: cómo incorporar la mentalidad nómada en tu vida y la estrategia empresarial

Sedentario vs. nómada

Desde tiempos ancestrales, el ser humano ha tenido que enfrentar un dilema fundamental: ¿debería establecerse en un lugar y crear un hogar fijo o debería seguir adelante en busca de nuevas oportunidades y experiencias? Esta dicotomía se presenta una y otra vez en nuestras vidas, ya sea en la elección de un trabajo o en el ámbito personal al elegir vivir en pareja y en familia.

Muchos creen, y por lo tanto repiten, que el sedentarismo nos brinda seguridad, estabilidad y la comodidad de la rutina diaria, pero también da pie al aburrimiento y motiva poca exploración; mientras que del nomadismo puedes esperar la aventura, la exploración, una visión múltiple y la libertad de movimiento, a la vez que desorden, inmadurez, desapego, etc. Como podemos observar, ambos modelos de vida se conforman de elementos positivos y negativos, entonces la pregunta es: ¿cuál de los dos te puede brindar hoy más conocimiento, visión y experiencias?

Hoy día existe la posibilidad de elegir cualquiera de las dos opciones. Por un lado, la era digital y las herramientas de comunicación a distancia nos permiten trabajar y conectarnos desde cualquier lugar del mundo, además de ofrecernos una libertad sin precedentes. Por otro lado, la comodidad de un hogar propio y la estabilidad económica nos permiten contar con un lugar de arraigo y fomentar relaciones personales más estables para adultos y niños. Pero en una época en la que el cambio es constante y las oportunidades son múltiples, no siempre es clara la mejor opción.

En este capítulo, exploraremos las virtudes y limitaciones de ambas formas de vida y cómo encontrar un equilibrio entre ellas puede ser la clave para triunfar tanto en la vida familiar como en cualquier emprendimiento.

DESARROLLO DEL PRINCIPIO

En términos de la sociedad humana moderna, ser sedentario significa tener una base sólida. Durante mucho tiempo ser nómada y estar siempre en movimiento fue mal visto, ya que el modelo de éxito, en apariencia, se conformaba con arraigo y estabilidad.

Estos elementos pueden ser provechosos para quienes buscan construir una carrera o un negocio a largo plazo, ya que permiten establecer relaciones estables, construir una red sólida de contactos y una buena reputación en la comunidad. Además, al permanecer en un lugar durante un periodo prolongado, se puede tener la oportunidad de profundizar en el conocimiento de la cultura y las tradiciones de la zona, lo que es útil en cualquier tipo de negocio. Pero, según mi experiencia, alguien dinámico puede explorar y profundizar en una cultura local en muy poco tiempo. La clave es vivir con pasión e intensidad.

Es obvio que para lograr esto requieres de algunas competencias como:

- Desarrollar la capacidad de **formar relaciones** estrechas en poco tiempo.

- Tener buenas **habilidades de comunicación**.

- Contar con una **red de contactos** iniciales para empezar la aventura.

- Realizar una **investigación profunda** con anticipación para seleccionar de forma efectiva la zona donde vivirás.

- **Descubrir** con rapidez un entorno adecuado que **reduzca el impacto** inicial del cambio para todos los integrantes de la familia.

Es común que para las personas más activas, el sedentarismo lleve a una sensación de estancamiento, rutina y falta de creatividad. Además, las personas sedentarias son propensas a caer en la tentación de aferrarse a su zona de confort, lo que les impide explorar nuevas oportunidades y experiencias. La cotidianidad puede resultar monótona, lo que hace que la relación con el entorno se vuelva aburrida y afecte la creatividad. Sin embargo hay estilos de vida y personalidades que requieren de ese entorno, pues no se adaptan fácilmente al nomadismo.

Personalidades que no se adaptan a la vida nómada

◆ **Clásica**

◆ **Temerosa**

◆ **Conservadora**

Estilos de vida que no se adaptan al nomadismo

- Quien busca **estabilidad excesiva** y tener todo **bajo control**.

- Quien considera que el **colegio tradicional** y que el ambiente «triamigo» es lo más conveniente. ¿Por qué uso el término «triamigo»? Porque aunque nos dicen que el colegio nos ayuda a socializar, en realidad uno se gradúa cuando mucho con tres amigos; los demás nunca pasarán de ser solo conocidos.

- Empleados y gerentes con un historial de crecimiento en **una sola empresa** que pueden **perder un ascenso**.

No obstante, sin importar las comodidades del sedentarismo, este estilo de vida también conlleva algunos riesgos:

- **Falta de variedad.** Al permanecer en un lugar durante mucho tiempo, es posible caer en la rutina y la monotonía, lo que puede llevar a una falta de creatividad y de nuevas ideas. Además, al dejar de explorar nuevas culturas y lugares, se pierde la oportunidad de ampliar la perspectiva del mundo y de tener nuevas experiencias.

- **Falta de adaptabilidad.** El sedentarismo puede llevar a la complacencia y la resistencia al cambio, lo que suele impedir la adaptación a nuevas situaciones o la adopción de nuevas tecnologías y metodologías de trabajo.

- **Falta de nuevas oportunidades.** Al no salir de la zona de confort, es posible que se pierdan oportunidades valiosas, tanto personales como profesionales, que podrían haber surgido al explorar nuevas posibilidades y lugares.

Por otro lado, ser nómada significa ser más libre, manejar tu agenda de manera orgánica para así recorrer el mundo, conocer otro tipo de gente y probar cosas nuevas. Esto puede ser beneficioso para quienes desean experimentar con otros trabajos, estilos de vida y culturas. Para ser nómada es conveniente tener una mentalidad abierta, ser muy social, tener capacidad adaptativa a situaciones nuevas y una perspectiva más amplia que fomente la tolerancia.

Sin embargo, el nomadismo también conlleva algunas desventajas, como la falta de seguridad financiera, la inestabilidad en las relaciones sociales y la necesidad constante de adaptarse a nuevas situaciones, lo que puede llevar a un aumento del estrés y ansiedad. Por fortuna, hoy las condiciones para ser nómada son propicias y puedes encontrar la estabilidad en la medida en que aprendas a ser un nómada profesional. Para ello debes tener un plan que te permita realizar cambios de ruta no previstos, pero que tenga trazadas metas claras. Como base para comenzar un estilo de vida nómada, debes contar con ingresos recurrentes, es decir, estabilidad económica, clientes leales, así como un equipo humano entrenado y leal.

Pero antes de aventurarte a la vida nómada, te presento las críticas más comunes a este estilo de vida que, como verás, quizá no estén tan bien fundamentadas:

- **Falta de estabilidad.** Cuando tienes valores sólidos y metas claras, tu ruta, sin importar cuán larga sea, es estable. Además es recomendable para todo nómada formar una base operativa con colaboradores de confianza para poder navegar aguas lejanas y guiarse de manera esporádica por su propio faro. Ser sedentario no necesariamente te hará mas estable; la estabilidad te la da un plan claro.

- **Dificultades para establecer una reputación.** La marca personal digital permite que, sin importar el lugar en el que te encuentres, seas reconocido. Además, adquieres valor personal y profesional al permearte de diversas culturas y esto te ayuda a obtener autoridad y reputación. Ahora las experiencias son globales, para eso existen las redes sociales y la tecnología de comunicación y colaboración a distancia. La reputación se genera con tus éxitos y aprendizajes.

- **Dificultades para mantener la productividad.** Viajar constantemente puede ser agotador y afectar la capacidad de trabajar de manera productiva y eficiente, lo que resulta en un impacto negativo en el negocio. Pero un nómada no es un turista que viaja cada tres días. El nómada se queda en un lugar por meses, con lo que genera estabilidad inmediata que le permite mantener su productividad.

- **Dificultades para mantener el control.** Estar lejos de la oficina o del espacio de trabajo a veces dificulta el control y la supervisión del negocio, lo que puede llevar a descensos de calidad, productividad y eficiencia. Pero cuando el nómada tiene colaboradores valiosos que trabajan por resultados, es posible evitar estos contratiempos. Para lograr esto es clave desarrollar planes operativos durante un mínimo de seis meses antes de partir, de manera que tanto ellos como tú tengan tiempo de conocer sus personalidades, estilos y cultura para facilitar una mejor operación. Tener socios antes de comenzar también puede ser una excelente opción para cuando faltes.

Ser nómada y empezar desde cero es un reto realizable, pero trae consigo la necesidad de desarrollar tus habilidades para enfrentar mayores riesgos. Generar dinero en un lugar nuevo, con un idioma nuevo, mientras recién descubres y aprendes de su cultura no es muy recomendable, ya que genera un alto desgaste. Sin embargo, ¿qué es lo peor que te puede pasar? ¿Quedarte sin dinero y tener que volver a casa? ¿Empezar de nuevo en tu ciudad? ¿Regresar a la monotonía? Cualquiera que sea el resultado, te garantizo que te beneficiarás de la experiencia de haber sido un nómada por un momento.

«El libro de la vida
se escribe más fácil viajando que sentado en un escritorio».

Jürgen Klarić

Profesiones que más se benefician de la vida nómada

- **Las carreras creativas.** Las profesiones que no requieren estar 100% junto a su equipo.

- **Trabajadores independientes.** Quienes ofrecen servicios *freelance*, como escritores, diseñadores gráficos, programadores, traductores, fotógrafos, entre otros, ya que pueden trabajar desde cualquier lugar con acceso a internet y mantener clientes en todo el mundo.

- **Chefs.** Se benefician al explorar técnicas de cocina, ingredientes y sabores distintos para enriquecer sus recetas.

- **Emprendedores en línea.** Los emprendedores que gestionan negocios en línea, como tiendas de comercio electrónico, blogs, cursos en línea, asesorías, etc., gozan de la flexibilidad para trabajar desde cualquier lugar.

- **Trabajadores remotos.** Cada vez hay más empresas que ofrecen opciones de trabajo remoto, lo que permite a empleados de diversas profesiones trabajar desde casa o cualquier ubicación con acceso a internet.

- **Consultores y asesores.** Los profesionales que ofrecen servicios de consultoría o asesoramiento en áreas como negocios, marketing, finanzas, salud, bienestar, entre otros, pueden asesorar a sus clientes a distancia a través de llamadas o videoconferencias.

- *Influencers* **y creadores de contenido.** Muchos *influencers* y creadores de contenido generan ingresos a través de plataformas digitales, como YouTube, Instagram, blogs y pódcasts, y pueden producir contenido desde diferentes lugares.

- **Trabajadores estacionales o temporales.** Algunas profesiones, como el turismo, la hostelería o la agricultura, ofrecen oportunidades para trabajar de manera estacional o temporal en diferentes lugares.

- **Profesionales de la educación en línea.** Docentes o tutores que trabajan en plataformas de educación en línea pueden enseñar y brindar apoyo educativo a estudiantes de diferentes partes del mundo.

En última instancia, encontrar el equilibrio adecuado entre la estabilidad en el oficio, la exploración en movimiento y los cambios culturales es la clave para el desarrollo de la mente y el éxito de cualquier emprendimiento.

Quienes buscan construir una carrera a largo plazo pueden beneficiarse de establecer una base sólida en uno o varios lugares y aprovechar las oportunidades que se les presenten. Por otra parte, quienes quieren experimentar y descubrir el mundo pueden hacerlo de manera inteligente a través de viajes cortos o trabajos temporales y aprovechar la tecnología para mantenerse conectados con su comunidad y establecer relaciones a largo plazo, intercalando un año sedentario con otro nómada, y así sucesivamente.

Esta opción es por la que yo he optado desde hace tiempo y ahora estoy planeando, poco antes de mi retiro, el año más aventurero y nómada de todos en compañía de mi hija Isabella para regalarle esta maravillosa experiencia llena de recuerdos invaluables. Solo ponte a pensar lo interesante que le resultará ser nómada: en vez de aprenderse de memoria las capitales del mundo, las vivirá; en vez de ver un documental sobre koalas, podrá alimentarlos en su propio hábitat; en vez de tener solo tres amigos, tendrá tres en cada país que conozca para luego, a distancia, alimentar su relación con cada uno y reencontrarse con ellos años después.

Ser nómada y sus nuevos beneficios

En el mundo actual, los llamados *nómadas digitales* representan un buen ejemplo de cómo encontrar el equilibrio adecuado entre la tranquilidad y la aventura. Hoy día, las condiciones favorecen el estilo de vida de quienes trabajan en línea, desde cualquier lugar del planeta, lo que les permite vivir una vida nómada mientras mantienen un trabajo estable. Uno de los mayores beneficios es que pueden vivir en países más baratos o ganar y trabajar en países más costosos, según lo prefieran. Es toda una fórmula para ahorrar el 30% del costo de cualquier transacción, y si además lo combinan con la famosa fórmula de 89 o 179 días en un país diferente al suyo, tienen la posibilidad de contar con beneficios tributarios dependiendo de su nacionalidad y residencia fiscal.

A continuación te proporciono un listado de algunos lugares con beneficios de impuestos para los nómadas:

- **Emiratos Árabes Unidos.** Son conocidos por tener impuestos bajos o inexistentes sobre la renta personal y los ingresos, en particular las ciudades de Dubái y Abu Dabi.

- **Singapur.** Es conocido por su sistema tributario favorable y su entorno empresarial amigable.

- **Hong Kong.** Es famoso por su baja tasa impositiva y su economía dinámica.

- **Suiza.** Si bien tiene un sistema tributario complejo, ciertas regiones ofrecen tasas impositivas relativamente bajas para individuos y empresas.

- **Bahamas.** Es conocido por ser un paraíso fiscal, ya que no tienen impuestos sobre la renta personal ni sobre las ganancias de capital.

- **Malasia.** Ofrece una calidad de vida comparativamente alta y tasas impositivas favorables para residentes extranjeros que optan por el programa «*Malaysia My Second Home*» (Malasia mi segundo hogar).

- **Panamá.** Tiene un sistema fiscal atractivo para residentes extranjeros, con exenciones de impuestos sobre los ingresos obtenidos fuera del país.

Estas son algunas ciudades nómadas que están en auge:

- **Bali, Indonesia.** Es un destino popular para los nómadas debido a su belleza natural, la comunidad establecida de nómadas y el costo de vida relativamente bajo, así como buenos colegios, la prevalencia del idioma inglés entre sus pobladores y el excelente ambiente entre los *expats* de todas partes del mundo.

- **Chiang Mai, Tailandia.** Es conocida por su ambiente relajado, cultura rica y costos de vida asequibles, lo que la convierte en un destino atractivo para nómadas.

- **Medellín, Colombia.** Ha ganado popularidad entre los nómadas debido a su clima agradable, su cercanía con Estados Unidos, buena conexiones aéreas, bajos costos de vida y desarrollo urbano sin precedentes.

- **Lisboa, Portugal.** Ha atraído a nómadas debido a su belleza arquitectónica, su ambiente acogedor, la amabilidad de sus pobladores, su comida sana, su calidad de vida a excelente precio, su cercanía con España y Francia, y la creciente comunidad de profesionales remotos.

- **Tiblisi, Georgia.** Ha emergido como un destino nómada por su rica historia, cultura única y costo de vida asequible.

- **Canggu, Indonesia.** Se encuentra en la isla de Bali, y es reconocida por su comunidad de nómadas digitales, hermosas playas y estilo de vida relajado.

- **Ciudad de México, México.** Ofrece una combinación de historia, cultura, buena comida y una creciente comunidad de nómadas digitales. Cuenta con todo lo que un buen destino para nómadas debe tener: cercanía con Estados Unidos, excelentes conexiones aéreas, desarrollos inmobiliarios asequibles y círculos de negocios de alto nivel.

- **Da Nang, Vietnam.** Ha ganado popularidad por sus hermosas playas, bajos costos de vida y creciente comunidad de nómadas digitales.

Es clave comprender que vivir en una ciudad por solo tres semanas no te dará la menor noción y conocimiento de ese lugar. El tiempo, la convivencia, el idioma y las costumbres son clave, experimentar tanto lo positivo como lo negativo de un destino te da un mejor panorama y te permite vivir a profundidad la experiencia completa y real de un local. Es bajo esas circunstancias donde aprendes y logras establecer relaciones sólidas con nuevos amigos, así como oportunidades de negocios para toda la vida.

Dicen que todo tiene un lado bueno y uno malo, pero mientras tengas espíritu aventurero, ser nómada siempre te dará más ventajas y capacidades profundas que ser sedentario. El nomadismo siempre ha sido una herramienta de supervivencia, con la cual las tribus subsistían en busca de mejores oportunidades o beneficios. En el pasado, los nómadas viajaban en busca de alimento; hoy un nómada se mueve en busca de oportunidades de negocios, buen ambiente y reducciones de costos, pero la función de la movilidad como herramienta sigue siendo la misma.

El BlackLion
no teme explorar el mundo porque **el mundo entero es su reino.**

Cuando un león se vuelve nómada, logra estos beneficios:

- **Evitar conflictos con el macho dominante.** Al volverse nómada, el león joven evita enfrentamientos y conflictos con el macho dominante de la manada natal, los cuales pueden ser peligrosos y potencialmente letales. Al decidirse por el nomadismo, el león joven se beneficia de una reducción de riesgos.

- **Fortalecer lazos sociales.** Un león nómada se une a una coalición con otros leones jóvenes en situaciones similares. Esta unión fortalece sus lazos sociales y les brinda apoyo mutuo mientras buscan establecer su propio territorio.

- **Adquirir experiencia y habilidades.** Durante su travesía nómada, el león joven se expone a diversos desafíos y entornos, lo que le permite adquirir más experiencia en la caza, defensa territorial y enfrentamientos con otros leones. Como resultado, obtiene una mejoría en sus habilidades esenciales para la supervivencia y el éxito futuro.

- **Establecer territorio propio.** Si la coalición de leones nómadas tiene éxito en encontrar un territorio sin machos dominantes, pueden establecer su propio territorio y aumentar sus posibilidades de supervivencia y éxito reproductivo.

Es importante tener en cuenta que, aunque hay beneficios asociados con convertirse en nómada, los leones también enfrentan desafíos y riesgos significativos en su búsqueda de un territorio propio y en su competencia con otros leones. La vida nómada puede ser peligrosa y demandante, pero también es una etapa valiosa y crucial para el desarrollo y supervivencia de los leones jóvenes en su camino hacia la madurez.

Tras haber vivido en 11 países y 18 ciudades, solo recomiendo el sedentarismo para brindar estabilidad a tus hijos por periodos breves y antes de que cumplan 12 años. Con el tiempo te darás cuenta de que las mejores lecciones no están en un aula con un libro que te explica cómo es un elefante, sino al convivir frente a frente con uno en África o India, formando experiencias y recuerdos entre padres e hijos.

También existe un punto medio para quienes prefieren ir a la segura, no desean tomar tantos riesgos y quieren beneficiarse de la estabilidad y la estructura que ofrece un hogar fijo. Para las personas con un perfil seminómada, es posible el establecimiento de una empresa en un lugar lejano con respecto a su tierra natal. A estos individuos se les conoce como *expats* corporativos.

Al permanecer en un lugar fijo, se pueden construir relaciones fuertes con los clientes y colegas, crear una buena reputación en la comunidad y construir una marca sólida a largo plazo. Si bien la vida sedentaria puede limitar tus opciones, tu panorama, la exploración y la aventura, también puede ofrecer una sensación de arraigo y seguridad financiera, lo que tal vez sea importante para ti.

Pese a la seguridad que ofrece el sedentarismo, prefiero recomendar el nomadismo. Dadas las condiciones de la época en la que vivimos, un nómada es más ágil, tolerante y creativo. Un buen ejemplo es Elon Musk, cuya perspectiva tan única para vivir se forjó al haber transitado por Sudáfrica, Canadá y Estados Unidos. Jamás hubiese sido quien es ni operado como opera sin esa multiculturalidad. Otro genio nómada es Vitálik Buterin, cocreador de Ethereum, quien ha vivido en Rusia, Canadá, China, Suiza y con frecuencia viaja a Estados Unidos sin haber generado arraigo en este país.

Esta nueva generación lo tiene todo para vivir la experiencia nómada y disfrutar de los beneficios de no pertenecer a ningún lugar. Incluso si llega el día en que te canses o decidas echar raíces, te darás cuenta del valor y de todas las capacidades especiales que adquiriste como nómada a diferencia de los sedentarios.

La nueva estabilidad es la no cotidianidad, donde viajar y explorar te hace poderoso y te permite traer de vuelta a tu base operativa las experiencias y conocimientos obtenidos para compartirlos con todo tu equipo.

Puedes empezar poco a poco, puedes explorar la opción de viajar durante una temporada del año y luego permanecer en casa otra. Esto te permite tener libertad de movimiento mientras desarrollas la organización que seguirá tu base operativa durante tu ausencia de forma orgánica. También puedes establecer sedes de tu empresa en diferentes partes del mundo, lo que permite crear relaciones en diferentes regiones, al tiempo que se aprovechan las oportunidades de exploración y aprendizaje que ofrece cada lugar.

Otra forma de lograr el equilibrio adecuado es utilizar con intensidad la tecnología para mantenerse conectado con el mundo mientras se establece una base sólida en un lugar determinado. Como quieras verla, no pierdas la oportunidad de ser un nómada maduro y estable.

Conclusiones para ser un nómada ganador

En un mundo cada vez más globalizado y conectado, el nomadismo te ayudará a ser más competitivo que el sedentarismo. Diviértete explorando y expandiendo tus conocimientos y horizontes, de modo que puedas establecer relaciones en diferentes regiones del mundo y aprovechar las oportunidades de aprendizaje y crecimiento que ofrece cada lugar.

Para ello necesitarás construir una base corporativa que te dará más goce en tu travesía, y al mismo tiempo solidez, estabilidad y continuidad en tu negocio. Al establecer una ubicación fija para ella, será más rápido y cómodo mantener satisfechos a tus clientes y proveedores, lo que puede ser fundamental para esta primera etapa del viaje. Ahora te muestro tres pasos claves para lograr este equilibrio:

1. **Identifica tus necesidades y metas empresariales.** Debes comprenderlas con toda claridad. ¿Necesitas expandir tu negocio a nivel internacional? ¿Necesitas mejorar tu relación con clientes y proveedores locales? Esta comprensión te ayudará a diseñar un estilo de vida que funcione para ti y para tu negocio.

2. **Establece una rutina equilibrada para tus empleados.** Una vez que hayas identificado sus necesidades y metas, diseña una rutina donde trabajen por resultados y KPI. Esto implica establecer un plan claro para el funcionamiento de tu base mientras viajas durante ciertas temporadas del año y abres nuevas sedes de tu empresa en diferentes partes del mundo.

3. **Emplea tecnología especializada.** La tecnología especializada en comunicación es una herramienta de suma importancia para este proceso. Las herramientas en línea como CRM y otras plataformas de colaboración te permitirán mantener el contacto con clientes y proveedores mientras estás en movimiento. Al utilizar la tecnología de manera efectiva, puedes lograr una presencia constante en tu negocio y establecer relaciones sólidas y confiables desde diferentes partes del mundo.

Tanto mis hijos como yo somos nómadas, y todos hemos logrado estabilidad, ingresos importantes, lazos familiares fuertes, equilibrio y, lo más importante, inteligencia competitiva para afrontar los más altos retos. No puedo recomendarte lo suficiente que des este gran salto.

EJERCICIOS PRÁCTICOS PARA ACTIVAR LA MENTALIDAD NÓMADA

BÁSICO:
rutina 101

Escapa de la oficina. Planifica tu semana de tal manera que puedas cumplir con las responsabilidades de tu empresa de forma remota. En un inicio puedes hacerlo desde tu hogar, para luego explorar y viajar por temporadas de tres semanas o cualquier periodo que mejor se adapte a tus necesidades.

INTERMEDIO:
dar un paso a la virtualidad

Crea una oficina virtual para tu empresa. Utiliza herramientas tecnológicas de colaboración y control como Zoho. Establece labores por resultados visibles para todos. Investiga y usa herramientas de administración de proyectos en línea, como Trello o Asana, para mantenerte organizado y productivo mientras viajas.

AVANZADO:
¡a explorar!

Extiende tus alas. Designa a un líder confiable en tu empresa, planifica un viaje de negocios largo y profundiza en el extranjero. Utiliza esta oportunidad para explorar nuevos mercados, crear relaciones comerciales fuera de tu país y aprender más sobre diferentes culturas empresariales. Investiga el destino al que planeas viajar, aprende algunas frases básicas del idioma y establece contactos con empresas locales antes de tu viaje. Apóyate en herramientas de planificación de viajes, usa aplicaciones de viaje como Trip Advisor o Yelp para descubrir lugares interesantes para visitar y comer durante tu viaje. Ser nómada no significa dormir cuatro noches en cada ciudad como si fuera turismo, ya que este ritmo puede resultar desgastante. Ser nómada involucra habitar un sitio en periodos de tiempo extensos, de varios meses o incluso algunos años, dependiendo tus intereses, antes de partir a un nuevo destino.

Ejercicio

A continuación vas a establecer una ruta que te lleve al éxito. Aplica lo que acabas de aprender sobre ser nómada y llena los espacios en blanco.

1. El próximo lugar donde me gustaría trabajar es:

   _____

2. ¿Por qué quiero trabajar ahí?

   _____

3. ¿Cuándo voy a hacerlo?

   _____

4. Estos son los pasos que debo seguir para conseguirlo:

   a) _____

   b) _____

   c) _____

   d) _____

   e) _____

PRINCIPIO QUINCE

Confiar para avanzar

Quien no confíe en su prójimo avanzará seguro, pero demasiado lento
Incredulidad vs. confianza

El mundo empresarial es un lugar complejo y desafiante. A menudo, los empresarios se enfrentan a situaciones que ponen a prueba su confianza y su fe en los demás, y la incredulidad o desconfianza puede parecer una respuesta natural a estos desafíos.

Las experiencias negativas en los negocios generan una reacción de cinismo. Por ejemplo, puedes haber experimentado el incumplimiento de un contrato, el robo de propiedad intelectual o la deslealtad de un colega o socio, y estas experiencias tienen el potencial de generar sentimientos de desconfianza hacia los demás y llevarte a adoptar una actitud escéptica o incrédula hacia el mundo empresarial. En el ámbito personal, la pérdida de la confianza o incluso la traición pueden ser experiencias que marquen tu vida para siempre. En conjunto, estas experiencias pueden hacer que te preguntes:

¿Cómo puedo confiar
en los demás cuando la VIDA
y el MUNDO EMPRESARIAL
están llenos de ENGAÑOS y
COMPETENCIA FEROZ?

No obstante, es indudable que la confianza es un activo valioso en los negocios: puede fomentar relaciones sólidas con clientes y proveedores, así como promover una cultura empresarial amena y colaborativa donde los empleados se sientan valorados y eso los lleve a comprometerse con tu causa. La confianza puede impulsar un sin fin de posibilidades de éxito a largo plazo tanto en tu empresa como en tu vida personal y será un apoyo para superar los desafíos y obstáculos en el camino. En este capítulo, exploraremos cómo el equilibrio entre la incredulidad y la confianza garantiza el éxito empresarial.

DESARROLLO DEL PRINCIPIO

Pese a ser animales salvajes y no tener el mismo concepto que nosotros, los leones son depredadores sociales y para sobrevivir y cazar con éxito deben confiar en los otros miembros de la manada.

En el contexto de una manada de leones, la confianza se manifiesta en la cooperación y la división de roles durante la caza. Los leones trabajan en equipo, aprovechando las habilidades y fortalezas de cada miembro para cazar presas más grandes y aumentar sus posibilidades de éxito. Confían en que sus compañeros de manada cumplirán su función y compartirán el trabajo requerido para asegurar su alimentación.

Sin embargo, también es importante mencionar que los leones son animales territoriales que pueden ser agresivos y desconfiados con leones de otras manadas, en especial con machos que buscan adquirir territorio o tomar el control. En este tipo de situaciones, la confianza se relaciona más con la cohesión y la jerarquía dentro de la manada que con la noción de confianza interpersonal que entendemos los humanos, y la desconfianza se genera de inmediato ante agentes externos.

El león confía en su manada, pero es incrédulo ante leones extraños hasta que demuestren su valía.

Los leones son animales sociales que confían en sus compañeros de manada para cazar y sobrevivir, pero su comportamiento lo impulsan en principio sus instintos y necesidades de supervivencia y reproducción, no un proceso mental consciente que tome en cuenta los beneficios y riesgos de confiar en quienes conforman su entorno. En el mundo empresarial y en las relaciones personales, tanto la incredulidad como la confianza pueden tener ventajas y desventajas dependiendo de la situación.

Ventajas

- La **incredulidad** puede ser una respuesta natural a experiencias negativas en la vida y los negocios a la cual

187

recurres para **blindarte** del sufrimiento y las posibles pérdidas, además de **protegerte** contra la traición, el engaño y la competencia feroz.

- La **confianza** puede fomentar relaciones sólidas con clientes y proveedores, generar un entorno empresarial positivo y colaborativo, así como mejorar la capacidad para **superar** los desafíos y obstáculos.

Desventajas

- La **incredulidad** puede **limitar** las relaciones y las oportunidades comerciales, lo que crea una cultura empresarial negativa y reduce la capacidad de colaborar con otros.

- La **confianza** también puede ser un riesgo, ya que conduce a la **vulnerabilidad** y facilitar el **engaño** por parte de colaboradores desleales o competidores inescrupulosos.

Los empresarios cínicos pueden tener dificultades para confiar en los demás, lo que limita su capacidad para establecer relaciones fuertes con clientes y proveedores. Además, el cinismo tiene el potencial de crear una cultura empresarial en la que la competencia se convierte en una norma y los empleados tienen poca lealtad o compromiso con la empresa.

 «La confianza es la antesala de la posibilidad».
Jürgen Klarić

Es importante encontrar el equilibrio entre el cinismo y la confianza para garantizar el éxito empresarial a largo plazo. Seguro te estarás preguntando: ¿Cómo puedo construir ese equilibrio? ¿Cómo se manifiesta la incredulidad en prácticas empresariales concretas? ¿Y la confianza? Veamos:

1. **En la contratación.** Al emplear a nuevas personas, un empresario cínico puede ser escéptico acerca de las habilidades y la integridad de los candidatos, por lo que quizá contrate solo a quienes considere que están sobre-calificados. Sin embargo, un empresario confiado puede ser más propenso a dar a los candidatos la oportunidad de demostrar sus habilidades, por lo que seguro contra-tará incluso a personas que, de primera impresión, no parecen ideales para la vacante, pero que esconden un gran potencial. En este caso, el empresario confiado está dispuesto a asumir más riesgos desde el momento de la contratación de nuevos empleados, lo que puede resultar en una mayor diversidad y capacidad de innovación en el equipo. La confianza en el personal puede generar mucho desgaste pero también ofrece la oportunidad de descubrir gente maravillosa.

2. **Con los proveedores.** Al trabajar con proveedores y so-cios comerciales, un empresario cínico puede desconfiar de las intenciones de los demás e insistir en crear contra-tos detallados y rigurosos para proteger su negocio. Por otro lado, un empresario confiado quizá sea más propen-so a construir relaciones sólidas con proveedores y socios comerciales y confiar en que trabajarán juntos para lograr objetivos comunes. En este caso, el empresario confiado está más dispuesto a trabajar en proyectos conjuntos o compartir recursos, lo que puede mejorar la eficiencia y reducir los costos.

3. **Con los clientes.** Al relacionarse con clientes, un empre-sario cínico es más propenso a enfatizar la competencia

y la confrontación. Por otro lado, un empresario confiado tiene mayor facilidad para construir relaciones sólidas y de confianza con los usuarios y centrarse en proporcionar productos y servicios de alta calidad. En este caso, el empresario confiado está más dispuesto a escuchar las necesidades de sus consumidores y a adaptar sus productos y servicios, lo cual puede aumentar la satisfacción y la lealtad de estos a largo plazo.

CONCLUSIONES PARA SER UN GANADOR CONFIADO

La incredulidad y la confianza tienen ventajas y desventajas. Para ser un ganador en los negocios, es importante encontrar el equilibrio adecuado entre ambas. La clave para hacerlo es reconocer cuándo aplicar cada valor en la práctica empresarial. Recuerda estos cinco pasos para la aplicación de este principio en la cotidianidad:

1. **Conocer tu estilo natural.** Saber si eres naturalmente incrédulo o confiado te ayudará a comprender mejor cómo interactúas con los demás en situaciones empresariales y a encontrar un equilibrio adecuado entre estos dos aspectos.

2. **Comprender las necesidades de tu negocio.** Esfuérzate en entender las necesidades específicas de tu negocio y saber cuándo es apropiado aplicar la incredulidad o la confianza en la práctica empresarial. Por ejemplo, en la negociación de un contrato, puede ser apropiado ser un poco incrédulo para protegerte contra el riesgo, mientras que en una situación de servicio al cliente, puede ser más importante mostrar confianza y empatía.

190

3. **Cultivar relaciones sólidas.** Para fomentar buenas relaciones con tus usuarios, proveedores y colegas, es importante mostrar confianza y compromiso. Esto puede ayudar a establecer una cultura empresarial positiva y colaborativa.

4. **Desarrollar habilidades de resolución de problemas.** Las habilidades de resolución de problemas pueden ayudarte a encontrar respuestas creativas a los desafíos empresariales y superar los obstáculos. Utiliza un enfoque equilibrado entre incredulidad y confianza al abordar los conflictos.

5. **Aprender de los errores.** Por último, aprende de los errores y experiencias pasadas al aplicar este principio en los negocios. Puede ser necesario ajustar el equilibrio entre la incredulidad y la confianza para lograr mejores resultados.

EJERCICIOS PRÁCTICOS PARA CONFIAR

BÁSICO:
la confianza es empatía

Practica la empatía y la escucha activa en las conversaciones con tus colegas y clientes. Presta atención y haz preguntas para comprender mejor su perspectiva. Muestra interés genuino y preocúpate por sus necesidades. Esto no solo es un ejercicio de escucha activa que servirá para que te sientas más confiado en tu entorno, también lo puedes convertir en un sistema para recolectar datos y comprender las necesidades de tus clientes. Sus experiencias informan sobre las transformaciones que requieren tus productos y servicios.

INTERMEDIO:
hora de delegar

Toma una semana para practicar la confianza en tu equipo de trabajo. Delega tareas y responsabilidades y permite que tus colaboradores tomen decisiones importantes sin intervenir en exceso. Confía en que sus decisiones serán correctas y apóyalos. Luego, puedes organizar sesiones de retroalimentación para evaluar en conjunto las mejores formas de tomar esas decisiones y las razones de peso que hay detrás.

AVANZADO:
la exteriorización
de la confianza

Como empresario, es esencial confiar en tu equipo y delegar tareas de manera efectiva. Confiar en las habilidades y capacidades de tus empleados les permite asumir responsabilidades y desarrollarse profesionalmente, lo que te deja libre para enfocarte en otras áreas estratégicas del negocio.

Ejercicio

Aprende a confiar en tu equipo de trabajo. Llena los espacios en blanco.

Escribe sobre cada línea los nombres de las personas a las que tienes que otorgar mayor confianza y libertad para que puedan mostrar sus resultados y habilidades:

1. _____

2. _____

3. _____

4. _____

5. _____

Para cada una, anota las actividades en las que podrías permitirles mayor libertad y confianza:

1. _____

2. _____

3. _____

4. _____

5. _____

Enfoque es poder

En busca de un enfoque desorganizado

Dispersión vs. enfoque

El principio «Enfoque es poder» es crucial para cualquier persona que desee tener negocios exitosos. Es común que en la vida nos encontremos en situaciones donde debemos tomar decisiones y elegir un camino. Sin embargo, a veces nos sentimos atrapados en un estado de confusión, incertidumbre y falta de claridad en cuanto a lo que en realidad queremos lograr. La pregunta es:

¿Cómo podemos salir de la dispersión para encontrar el enfoque necesario y así avanzar con éxito en nuestros emprendimientos?

Vale la pena mencionar que el desenfoque no siempre es algo malo. De hecho, en ciertas situaciones, puede ser beneficioso. Por ejemplo, cuando estás en una fase creativa o de exploración, el desenfoque te da libertad para pensar fuera de la caja y generar nuevas ideas. Si te enfocas demasiado en un solo objetivo o solución, quizá pierdas de vista otras opciones potencialmente valiosas.

Además, el desenfoque también puede ayudarte a reducir el estrés y la presión, al hacer que tanto tu labor como los retos que involucra sean más divertidos. Cuando estás enfocado en un objetivo y te presionas para lograrlo, puedes terminar por sentirte abrumado y estresado. Permitirte momentos de desenfoque es una forma de liberar esa tensión y volver a concentrarte con energía renovada.

En el pasado, el desenfoque empresarial era muy mal visto, y en los casos más extremos incluso estaba prohibido, en particular en las culturas estadounidense, inglesa y alemana. Hoy es permitido con ciertos límites, ya que una buena proporción de quienes conforman la generación *millennial* sufren del síndrome de dispersión de forma constante, lo que afecta sus resultados.

Sin embargo, también es importante reconocer cuando el desenfoque se está convirtiendo en un obstáculo para alcanzar tus objetivos. Si de forma constante saltas de una idea a otra sin alcanzar un progreso real, o si te sientes perdido y sin rumbo, es posible que necesites encontrar la claridad para avanzar.

Cuando llegues al final de este capítulo, tendrás una comprensión más profunda del principio «Enfoque es poder» y cómo aplicarlo en tu vida para lograr el éxito empresarial que deseas. ¡Comencemos!

DESARROLLO DEL PRINCIPIO

Los leones son animales que tienden a ser más enfocados que dispersos, en especial durante actividades clave como la caza y la protección de su territorio. En el contexto de la caza, los leones son en extremo enfocados y estratégicos, y realizan la mayoría de las cacerías en grupos dirigidos por las leonas, que trabajan en equipo para acercarse con sigilo a su presa y coordinar el ataque. Cada león tiene un papel específico en la cacería, ya sea mantenerse al acecho, coordinar el ataque o capturar a la presa. Esta estrategia coordinada y enfocada aumenta sus posibilidades de éxito.

Además, los leones son animales territoriales, y la protección y defensa de su territorio también requiere de enfoque y vigilancia constantes. Los machos dominantes juegan un papel clave en la protección del territorio, marcándolo con orina y rugidos para advertir a otros leones de su presencia y reclamar su dominio. Mantener su territorio seguro y libre de invasores requiere una actitud enfocada y vigilante.

Cuando se han cubierto estas actividades fundamentales para la supervivencia de la manada, las cuales requieren de un alto nivel de enfoque, los leones también tienen momentos de descanso y relajación. Después de una cacería exitosa, es común verlos descansar y dormir para recargar energías.

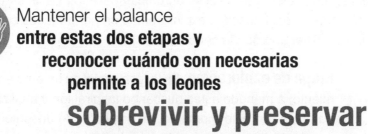

Mantener el balance **entre estas dos etapas y reconocer cuándo son necesarias permite a los leones** sobrevivir y preservar la cohesión en sus manadas.

El emprendimiento es un camino lleno de altibajos y, en ocasiones, es posible que te encuentres en una situación donde te sea difícil tomar una decisión respecto a dónde debes dirigir tus esfuerzos y cuál debe ser tu siguiente paso. En ese momento, es importante entender que el desenfoque puede ser bueno en ciertas etapas del proceso, pero la claridad es esencial para avanzar y tomar decisiones con confianza. Incluso en las relaciones amorosas hay una etapa en la que resulta valioso salir con varias personas y explorar opciones que te ayuden a conocerte y saber lo que quieres antes de sentar cabeza y enfocarte por completo en una persona.

Como el rey de la sabana, un BlackLion nunca pierde de vista a su presa.

El desenfoque puede ser un catalizador para la creatividad y la innovación en el emprendimiento. Cuando te permites experimentar y explorar sin estar limitado por la necesidad de una solución o respuesta específica, puedes generar nuevas ideas que podrían no haber surgido de otro modo. El desenfoque te ofrece la oportunidad de mirar las cosas desde una perspectiva diferente y encontrar soluciones únicas para los desafíos que enfrentas. A continuación, exploraremos un par de fases en las que la dispersión puede ser de provecho:

1. **Etapa de exploración.** En la fase inicial de un emprendimiento, a menudo estás buscando inspiración y analizando ideas. En este momento, un nivel alto de desenfoque puede ser beneficioso, ya que te da la libertad de pensar

fuera de la caja y encontrar nuevas posibilidades. En esta etapa, es importante no ser demasiado crítico con tus ideas y permitirte examinar diferentes caminos, pues es un momento en el que ninguna propuesta es inadecuada porque apenas comienzas a definir los alcances, productos y servicios a los que quieres dedicar tu energía, y lo que cuenta es imaginar de forma activa todos los posibles escenarios que te gustaría construir.

2. **Etapa creativa.** Cuando estás en una fase creativa, el desenfoque también puede ser beneficioso. La creatividad a menudo surge de un enfoque menos estructurado que te permite jugar con diversas ideas y conceptos, lo que a su vez te conduce a soluciones innovadoras e inesperadas. En esta fase tampoco es descabellado pensar en recursos que tengan poca relación con lo que estás haciendo. Traer ideas de otras disciplinas y leer historias inspiradoras de otros sectores fuera de tu área de interés pueden ser recursos que impulsen tu creatividad.

Como ves, el desenfoque o pensamiento disperso puede beneficiarte en las primeras etapas de tu proyecto. Sin embargo, si de manera constante te encuentras desenfocado y saltas de una idea a otra sin un progreso real, puedes perder el rumbo y la claridad necesarios alcanzar el éxito. Si bien la exploración y la creatividad son esenciales para el emprendimiento, también lo es la capacidad de establecer objetivos claros y trabajar hacia ellos de manera efectiva. La falta de claridad puede llevar a la falta de dirección y la procrastinación, lo que puede ser especialmente perjudicial para los emprendedores que deben equilibrar múltiples responsabilidades y cumplir plazos.

Por lo tanto, es importante ser capaz de reconocer cuando el desenfoque se está convirtiendo en un obstáculo y trabajar de manera activa para encontrar la claridad necesaria para avanzar. Esto implica tomar tiempo para reflexionar sobre tus objetivos y metas, establecer un plan de acción claro y enfocarte en las tareas que te llevarán hacia el éxito empresarial. Al hacerlo, puedes mantenerte productivo y enfocado en el logro de tus objetivos a largo plazo, mientras aprovechas al máximo la creatividad y la exploración que el desenfoque puede proporcionar. La claridad es esencial en las siguientes fases de tu proceso:

1. **Toma de decisiones.** Una vez que has explorado diferentes posibilidades y has llegado a la etapa de toma de decisiones, la claridad es esencial para avanzar. Si no sabes con exactitud cuál es el objetivo o la dirección que debes seguir, es imposible tomar una decisión informada y valiosa y quedarás estancado.

2. **Acción y ejecución.** Una vez que has elegido el rumbo que deseas tomar, la claridad es esencial para la ejecución y acción en el emprendimiento. Si no entiendes exactamente lo que quieres lograr, es difícil hacer un plan de acción concreto y seguirlo con éxito. Además, si no estás enfocado, es fácil que te distraigas con tareas secundarias que no te conducen a tus objetivos principales.

Como te habrás dado cuenta, la claridad es un ingrediente fundamental para el éxito empresarial. Cuando tienes una visión clara de lo que quieres lograr, puedes establecer objetivos específicos y diseñar un plan de acción que te permita avanzar de manera efectiva hacia ellos. La claridad te ayuda a priorizar y enfocar tu energía en las tareas más importantes y te permite tomar decisiones informadas que te conducen hacia el éxito.

Encontrar la claridad requiere tiempo y esfuerzo. Es importante que te tomes un momento para reflexionar sobre tus metas y objetivos, así como para identificar los obstáculos que te impiden alcanzarlos. A menudo, esto requiere un autoexamen y una reflexión honesta sobre tus fortalezas, debilidades y valores personales.

La **claridad** también requiere de una comprensión profunda **de tus motivaciones** y de lo que te impulsa a **alcanzar el éxito.**

Una vez que has encontrado la claridad, es importante mantenerte enfocado y comprometido con tus objetivos a largo plazo. Esto implica establecer un plan de acción claro y trabajar todos los días para avanzar en él. Mantener el enfoque en tus objetivos y tomar medidas consistentes para alcanzarlos puede ser difícil, especialmente en el mundo del emprendimiento donde hay muchas distracciones y obstáculos en el camino. Sin embargo, es vital tener la disciplina necesaria para seguir adelante y perseverar incluso en los momentos más desafiantes.

El equilibrio adecuado entre la dispersión y el enfoque es clave en el emprendimiento. El desenfoque puede ser beneficioso en ciertas etapas del proceso emprendedor, mientras que la claridad es esencial para tomar decisiones informadas y avanzar hacia tus objetivos. Identificar en qué etapa estás y qué nivel de desenfoque es adecuado es un paso importante para encontrar el equilibrio y avanzar hacia el éxito.

CONCLUSIONES PARA SER UN GANADOR ENFOCADO

1. **El desenfoque puede ser beneficioso en ciertas situaciones,** en particular durante las fases creativas

o exploratorias iniciales. Sin embargo, será un obstáculo para lograr la claridad necesaria para avanzar en etapas posteriores. Es importante reconocer cuándo la dispersión se está convirtiendo en un obstáculo para alcanzar tus objetivos. Si de manera constante saltas de una idea a otra sin lograr progreso real o si te sientes perdido y sin rumbo, debes encontrar la claridad para avanzar.

2. **El enfoque es necesario para el éxito empresarial,** ya que te permite establecer objetivos claros y concentrarte en ellos de manera efectiva. Encontrar la claridad requiere autoconocimiento y reflexión. Es importante que tomes el tiempo necesario para definir tus metas y objetivos, así como para identificar los obstáculos que te impiden avanzar. Una vez que has encontrado la claridad, es importante mantenerte enfocado y comprometido con tus objetivos a largo plazo. Esto implica establecer un plan de acción claro y mantener la disciplina necesaria para seguirlo.

EJERCICIOS PRÁCTICOS PARA CENTRARSE EN EL ENFOQUE

BÁSICO:
¿cuáles son tus objetivos?

El primer paso para encontrar el enfoque en tus objetivos es identificar cuáles son los más importantes para ti. Haz una lista de tus metas empresariales a largo plazo y ordénalas por importancia. Para esto puedes seguir estos pasos: visualiza tu futuro ideal, haz una lluvia de ideas, analiza tus fortalezas y debilidades, aprende de tus competidores e investiga sobre sus estrategias (no para copiarlas, sino para aprender de ellas) y pregunta a tus colaboradores sobre sus expectativas. Una vez que los hayas identificado, enfócate en dos o tres objetivos principales y elabora un plan de acción específico para cada uno.

Este ejercicio es fundamental para ayudarte a enfocar tus energías y recursos en lo que realmente importa y evitar distraerte con tareas secundarias que no te llevan hacia tus propósitos principales.

INTERMEDIO:
cazando las distracciones

Una vez que has identificado tus objetivos principales, es importante estar atento a las distracciones que puedan impedirte alcanzarlos. En este ejercicio, haz una lista de las tareas y actividades que estás realizando actualmente y pregúntate si se relacionan con tus objetivos principales. De no ser así, considera eliminarlas o delegarlas a otra persona para enfocarte en lo que de verdad importa.

Este ejercicio te ayudará a ser más consciente de tus acciones y a tomar medidas para eliminar las distracciones y centrarte en lo esencial.

AVANZADO:
¡om!

La meditación es una práctica que puede ayudarte a encontrar la claridad y reducir el desenfoque. Para este ejercicio, dedica al menos diez minutos al día a meditar. Busca un lugar tranquilo, libre de distracciones, y siéntate en una postura cómoda. Cierra los ojos y enfoca tu atención en tu respiración. Si tu mente se distrae con pensamientos, tan solo vuelve a enfocar tu atención en tu respiración. También puedes usar aplicaciones de meditación guiada con propósitos concretos, como Balance.

Este ejercicio avanzado mejorará tu capacidad de enfoque en tu vida empresarial. La meditación es una práctica que puede mejorar tu bienestar general y tu capacidad para tomar decisiones informadas y conscientes.

Ejercicio

Utiliza lo que aprendiste en este principio. Escribe **dispersión** o **enfoque** dependiendo de qué técnica usarías para cada acción que se enlista.

1. Lluvia de ideas: _____

2. Logística de distribución: _____

3. Planeación de puntos de venta: _____

4. Creación de un nuevo producto: _____

5. Revisión de *curriculums* para contratar: _____

6. Implementación de dinámicas de integración: _____
   _____

7. Encontrar nombres para una marca: _____

8. Establecer cuáles serán tus horarios de atención: ____
   _____

9. Saber cuánto producirás en un mes: _____

10. Decidir a dónde irás de vacaciones: _____

PRINCIPIO DIECISIETE

Escuchar más, hablar menos

Cuan más sabio seas, más escucha tendrás

Sordera vs. escucha

¿Cuántas veces has sido parte de una conversación sin escuchar de verdad lo que la otra persona tiene que decir? ¿Cuántas veces has estado tan atrapado en tus propios pensamientos y preocupaciones que has ignorado lo que sucede a tu alrededor? Vivimos en un mundo acelerado y lleno de distracciones, lo que puede dificultar que prestemos atención a lo que en verdad importa. Sin embargo, la escucha es una habilidad esencial en la vida y en los negocios, y es tan escasa que cada día tiene más valor y significado para quienes te rodean, sean amigos, colegas, trabajadores o clientes.

En el mundo del emprendimiento, es fácil conducirnos «en piloto automático» y dejar de escuchar a nuestros clientes, proveedores y socios comerciales. No obstante, la escucha es una habilidad crucial para construir relaciones sólidas y duraderas, para entender mejor las necesidades y deseos de otros y para identificar nuevas oportunidades de negocio.

Pero la escucha no solo consiste en prestar atención a lo que los demás tienen que decir. También se trata prestar atención al presente y estar abierto a nuevas perspectivas y posibilidades.

Cuando aprendes a **escuchar**, también logras ser más consciente de **ti mismo** y de tus propias **necesidades** y **deseos**.

Este principio te invitará a explorar la diferencia entre hablar y escuchar, además de comprender cuándo realizar cada una de estas actividades en el contexto de tu vida y tu emprendimiento.

DESARROLLO DEL PRINCIPIO

Los leones son animales con un sentido auditivo bastante agudo, gracias al cual son capaces de percibir sonidos a varios kilómetros de distancia. Sus orejas grandes y móviles pueden captar sonidos desde diferentes direcciones, lo que les facilita identificar y localizar a potenciales presas para emboscarlas y cazarlas con más eficiencia. Este sentido auditivo les permite detectar amenazas del entorno y los ayuda a comunicarse con su manada, aunque esta se encuentre dispersa por todo el territorio. Poder oír llamados de otros leones a largas distancias es esencial para mantenerse en contacto y coordinar movimientos para la caza o la defensa territorial.

Un BlackLion **siempre** está **preparado** para atender **el llamado** de su manada.

Para sobrevivir en su entorno salvaje, la habilidad auditiva del león es una herramienta de suma importancia, ya que les proporciona información para cazar, comunicarse con su manada y mantenerse alerta frente a amenazas externas.

En el contexto del emprendimiento, quien habla demasiado no es muy diferente a un sordo. Esto se refiere a la incapacidad de escuchar y comprender las necesidades, deseos y perspectivas reales e intrínsecas de la familia, pareja, clientes, proveedores, socios comerciales y otros actores clave. Cuando nos volvemos sordos a lo que las demás personas tienen para decir:

Pasamos por alto **oportunidades** de vida y negocios, incrementamos los **problemas** en nuestras relaciones y perdemos de vista nuestras propias **necesidades** y **objetivos.**

Al hablar demasiado pierdes la oportunidad de escuchar e ignoras información valiosa sobre lo que en realidad importa para quienes te rodean y sobre la forma en que puedes satisfacer sus necesidades. También es posible perder oportunidades de innovación, ya que al no estar dispuesto a escuchar nuevas perspectivas, te estancas con soluciones obsoletas. Además, la sordera puede impedir la construcción de relaciones comerciales lo que puede afectar de forma negativa la reputación y el éxito de tu empresa.

Por otro lado, la escucha es una habilidad clave en el contexto del emprendimiento. Escuchar de forma activa te permite entender mejor las necesidades de tus clientes, comprender sus puntos de vista y establecer relaciones más sólidas y duraderas. También facilita la identificación de oportunidades de negocio y te permite mantenerte actualizado sobre las tendencias y las necesidades cambiantes del mercado.

Para desarrollar la habilidad de la escucha en el contexto empresarial, es importante seguir estas recomendaciones:

1. **Practicar la escucha activa.** Esto significa estar presente en el momento, prestar atención a lo que se dice y hacer preguntas de seguimiento para comprender lo que se desea transmitir.

2. **Aprender a reconocer y superar las barreras de la comunicación.** Esto incluye eliminar tus propias suposiciones y prejuicios, la distracción con otros pensamientos o estímulos, la falta de empatía hacia los demás, entre otros aspectos.

3. **Establecer un diálogo abierto con los clientes y otros actores clave.** Algunas estrategias para hacerlo son la realización de encuestas, entrevistas y conversaciones en profundidad, así como la atención a las reacciones y comentarios que recibes como retroalimentación en redes sociales y otros canales de comunicación.

4. **Estar dispuesto a cambiar y a adaptarte en función de la retroalimentación recibida.** La escucha no se trata solo de oír, sino también de actuar en consecuencia. Es importante que no solo estés abierto a recibir sugerencias y comentarios críticos, sino también que estés dispuesto a cambiar y adaptarte para satisfacer las

necesidades y deseos de tus clientes y del mercado en general.

CONCLUSIONES PARA SER UN GANADOR CON GRAN ESCUCHA

1. **Escucha activa de clientes y adaptación a sus necesidades.** Escuchar activamente a los clientes es esencial para adaptar tus productos o servicios a sus necesidades y deseos. Al aplicar la frase «menos habla y más escucha», puedes comprender mejor las necesidades y deseos de tus clientes, lo que te ayudará a crear una oferta más atractiva y a generar lealtad hacia tu marca.

2. **Fortalecimiento de las relaciones interpersonales.** La escucha activa también es importante en el entorno laboral, ya que puede fortalecer las relaciones interpersonales y fomentar un ambiente de trabajo colaborativo. Al escuchar de forma activa a tus empleados y compañeros de trabajo, puedes comprender mejor sus perspectivas y trabajar juntos hacia objetivos comunes.

3. **Comprensión del mercado y de los clientes.** Al aplicar la investigación etnográfica, comprendes mejor el mercado y las necesidades de los clientes, lo que resulta valioso para el desarrollo de productos y servicios innovadores. Si escuchas activamente a los clientes y adaptas tu oferta a sus necesidades, puedes diferenciarte de la competencia y ser un ganador en el mercado.

Al escuchar de manera activa a los clientes, adaptarte a sus necesidades y comprender a profundidad el mercado, puedes generar valor y diferenciarte de la competencia. Además, puedes fortalecer las relaciones interpersonales en tu entorno laboral y fomentar un ambiente de trabajo colaborativo. La aplicación de este principio te convertirá en un ganador en el emprendimiento y lograrás el éxito empresarial que deseas.

Ejercicios prácticos para escuchar de forma consciente

BÁSICO:
entrevista a la experiencia

Este ejercicio es una forma sencilla de practicar la escucha activa y reconocer la importancia de la experiencia de los demás. Para realizarlo, busca a un adulto mayor en tu entorno (puede ser un familiar, un vecino o alguien que conozcas) y pídele que comparta contigo algunas historias o experiencias de su vida. Durante la conversación, presta atención a lo que dice, haz preguntas y respeta su visión. El objetivo de este ejercicio es escuchar y reconocer el valor de las perspectivas y experiencias de los demás. Así descubrirás y entenderás que si no sabes hacer buenas preguntas de seguimiento, tu capacidad de escucha se reduce, pero si escuchas de forma atenta las respuestas recibidas, podrás formular una mejor pregunta de seguimiento. Si no sabes qué preguntar necesitas mejorar tus habilidades de escucha.

INTERMEDIO:
¿conoces a tus empleados?

Este ejercicio es una forma de practicar la escucha activa en el entorno laboral y reconocer la importancia de las ideas de tus colaboradores. Para hacerlo, elige a uno o varios empleados con los que no sueles trabajar codo a codo y programa una reunión o conversación con ellos. Durante la charla, presta atención activa a lo que dicen, haz preguntas y trata de comprender su punto de vista. Con este ejercicio puedes fortalecer las relaciones interpersonales en el trabajo e incluso atender problemáticas que desconocías.

AVANZADO:
investigar para escuchar

Este ejercicio es una forma más avanzada de aplicar el principio «Escuchar más, hablar menos». Para realizarlo, lleva a cabo una investigación etnográfica en la que visites los hogares de tus clientes para comprender mejor sus hábitos, necesidades y deseos en el contexto de su vida diaria. Durante la investigación, presta atención a lo que dicen y observa su comportamiento en su entorno natural. El objetivo es escuchar activamente a tus consumidores y comprender sus deseos a profundidad para poder adaptar tus productos o servicios a esas necesidades. Este ejercicio requiere más tiempo, recursos y habilidades de investigación, pero puede brindarte información valiosa y perspectivas únicas sobre tus prospectos.

Ejercicio

Todos hemos hecho oídos sordos alguna vez y hemos dejado pasar un buen consejo. Identifica al menos tres ocasiones en las que no supiste escuchar y especifica qué resultado habrías obtenido de haber aplicado correctamente este principio.

1. _____

Si hubiera escuchado: _____

_____

2. _____

Si hubiera escuchado: _____

_____

3. _____

Si hubiera escuchado: _____

_____

PRINCIPIO DIECIOCHO

Innovar o morir

En este mundo avanzado y cambiante, la innovación es el pilar de la permanencia

Conformidad vs. renovación

¿Te has preguntado cuántas veces te conformaste con una situación que no te hacía feliz solo porque era lo más seguro o lo que se esperaba de ti? La conformidad puede ser una trampa que te impide crecer y evolucionar. La renovación, en cambio, te ayuda a desafiar tus limitaciones y a explorar nuevas posibilidades.

En la vida, a menudo nos encontramos en situaciones donde debemos elegir entre permanecer en nuestra zona segura e iniciar una aventura por completo nueva. La conformidad nos brinda una sensación de estabilidad y confort, pero también puede impedir nuestro crecimiento y desarrollo, tanto personal como empresarial.

La renovación
implica tomar riesgos
y explorar nuevas posibilidades…
es intimidante, pero también
emocionante y **placentero**.

En este capítulo, conocerás el principio «Innovar o morir», sabrás cómo aplicarlo en tu vida personal y profesional para alcanzar tus metas y objetivos en ambas áreas y descubrirás que la renovación constante puede ser una fuente de éxito.

DESARROLLO DEL PRINCIPIO

La conformidad y la renovación son dos conceptos que han estado presentes en el mundo empresarial desde hace mucho tiempo. La conformidad implica seguir normas y prácticas establecidas, mientras que la renovación se trata de desafiar las convenciones y explorar nuevas posibilidades. Ambos conceptos promueven el éxito empresarial, pero ¿has pensado en sus ventajas o en lo que han significado para tu propio negocio?

Históricamente, la conformidad ha dominado en el mundo corporativo, pues las empresas tienden a seguir las normas y prácticas comprobadas con el fin de mantenerse estables y seguras. Pero, aunque la conformidad puede proporcionar cierto grado de tranquilidad, también puede impedir el crecimiento y la innovación.

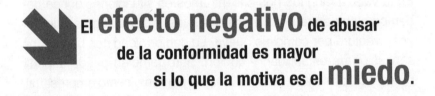

El **efecto negativo** de abusar de la conformidad es mayor si lo que la motiva es el **miedo**.

Es por eso que, en las últimas décadas, ha aumentado el número de compañías que dan importancia a la renovación empresarial. Empresas como Apple, Tesla, Nike y Adidas han sido desafiantes en sus intentos por innovar y han explorado nuevas posibilidades en sus ofertas de productos y servicios. Por ejemplo, Nike creó una línea de zapatillas personalizables, permitiendo a sus clientes crear diseños únicos. Adidas desarrolló una tecnología de tejido de punto sin costuras, lo que reduce el desperdicio de materiales y mejora la eficiencia en la producción. Tesla ha creado los carros autómatas, mientras que Apple entró de forma efectiva en el rubro de la banca con su famoso sistema Apple Pay.

Estos ejemplos muestran cómo la renovación puede ser una fuerza impulsora del cambio y la innovación. Al desafiar las formas convencionales y explorar nuevas posibilidades, estas empresas han logrado diferenciarse de la competencia y satisfacer las necesidades de sus clientes de manera más efectiva.

¿Cómo luce la renovación en el ámbito personal?

Una pareja casada por casi una década debe buscar formas de fortalecer su conexión emocional y mantener la pasión en su relación. Una buena idea es decidir embarcarse en un proyecto colaborativo que no hayan intentado con anterioridad o que lo hayan hecho en pocas ocasiones.

Para empezar, deben seleccionar un proyecto interesante para ambos o que siempre hayan querido intentar. Quizá sea cocinar una nueva receta juntos, redecorar un cuarto de la casa, aprender a bailar un nuevo estilo, trabajar en una obra de arte o incluso planificar y organizar un evento para amigos y familiares. La lista de posibilidades es muy amplia.

Durante la actividad, trabajarán codo a codo, compartirán ideas y aprenderán juntos. La pareja disfruta así de una experiencia única y enriquecedora que les permite conectarse emocionalmente y profundizar en su complicidad. Es importante que en todo momento sean conscientes de trabajar como equipo. La buena actitud y colaboración son clave. Los beneficios de esta innovación en su matrimonio incluyen:

- **Fortalecimiento del vínculo emocional.** Al trabajar juntos en un proyecto, comparten momentos de cooperación y apoyo mutuo, lo que fortalece su conexión emocional.

- **Incremento de la comunicación.** La colaboración en un proyecto requiere comunicación constante, lo que ayuda a mejorar sus habilidades para expresar pensamientos y emociones.

- **Reducción del estrés.** Al enfocarse en una actividad interesante para ambos, la pareja puede desconectarse del estrés de sus responsabilidades diarias y disfrutar de tiempo de calidad juntos.

Esta innovación en el matrimonio les permite enfrentar desafíos en pareja y celebrar logros mutuos, lo que contribuye a mantener una relación sana, satisfactoria y emocionante a lo largo del tiempo.

La trampa de la conformidad

Es importante reconocer que la conformidad y la renovación no son conceptos del todo opuestos. De hecho, pueden coexistir de manera efectiva. Por ejemplo, una empresa puede **conformarse** y seguir ciertas normas y prácticas tradicionales para garantizar la calidad y la eficiencia a la vez que explora nuevas propuestas para **renovarse** y ser desafiante en sus modelos comerciales para diferenciarse de la competencia y satisfacer mejor a sus usuarios.

Si bien es cierto que la conformidad ayuda a las empresas a mantenerse estables, también tiene el potencial de impedir el crecimiento y el desarrollo. Si las empresas siguen con rigidez las normas y prácticas establecidas, pueden perder oportunidades de innovación y diferenciación. Por ejemplo, si una compañía se limita a utilizar los mismos procesos de producción que sus competidores, es probable que no encuentre formas de reducir costos ni mejorar la calidad de sus productos.

El BlackLion
reconoce cuando es momento de **cambiar de estrategia** para continuar su dominio.

En resumen, el principio «Innovar o morir» es esencial para el éxito corporativo. Al reconocer la importancia de la renovación, las empresas se separan de la competencia y cumplen mejor las expectativas de sus clientes. Al mismo tiempo, se debe reconocer la importancia de la conformidad y de seguir ciertas normas y prácticas tradicionales para garantizar la calidad y eficiencia en los procesos de las empresas, sin caer en la trampa de abusar de la comodidad y permanecer todo el tiempo dentro de la zona de confort.

CONCLUSIONES PARA SER UN GANADOR INNOVADOR

La conformidad puede limitar el potencial de crecimiento de un negocio y reducir su capacidad para satisfacer las necesidades y deseos cambiantes de los consumidores. Por otro lado, la renovación permite a los emprendedores explorar nuevas posibilidades y oportunidades, y mantenerse a la vanguardia de su sector o área de negocio.

217

1. **Mantén abierta tu mente.** Estar dispuesto a cuestionar las convenciones y explorar nuevas ideas y perspectivas es fundamental. Esto puede implicar una renovación completa de la estrategia de marketing o la oferta de productos y servicios, o tan solo el cambio de pequeñas prácticas cotidianas.

2. **La renovación implica riesgos y desafíos.** Recuerda que la renovación no siempre es fácil, sin embargo, quienes están dispuestos a asumir estos riesgos y renovarse de manera constante tienen más probabilidades de lograr el éxito a largo plazo en el mercado.

3. **La clave está en el equilibro.** Para ser un ganador en el mundo empresarial, es necesario mantener un equilibrio entre la conformidad y la renovación. La conformidad puede ser útil en ciertas situaciones, pero la renovación es esencial para mantenerse competitivo y relevante en un mercado en constante cambio. Al aplicar este principio en tu negocio, podrás desafiar las convenciones y explorar nuevas posibilidades y oportunidades.

Es importante recordar que la innovación es una cualidad exclusiva de los seres humanos y se vincula con nuestra capacidad única para imaginar, crear y transformar el mundo que nos rodea. Los animales, incluidos los leones, pueden ser asombrosos en su adaptabilidad y comportamiento instintivo, pero la innovación sigue siendo un rasgo distintivo de la humanidad.

Ejercicios prácticos para renovarse

BÁSICO:
sal de tu zona de confort

Elige un producto o servicio que ofrezcas y analiza tu estrategia de marketing actual. Hazlo como si fueras parte de la competencia en tu sector. Luego, identifica al menos dos formas en las que podrías renovar tu estrategia para llegar a nuevos clientes o diferenciarte de la competencia. Por ejemplo, si tienes un negocio de repostería, podrías renovar tu estrategia de marketing ofreciendo opciones de postres sin gluten o sin azúcar agregada.

INTERMEDIO:
escucha para cambiar

Busca un evento o conferencia relacionada con tu sector o área de negocio y asiste a ella con la intención de escuchar nuevas ideas y perspectivas. Durante la conferencia, toma notas sobre las ideas que más te llamen la atención y piensa en cómo podrías aplicarlas en tu empresa. Por ejemplo, si tienes un negocio de ropa, podrías asistir a una conferencia sobre moda sostenible para conocer nuevas formas de producción y marketing.

AVANZADO:
tendencias de renovación

Haz una investigación de mercado exhaustiva y analiza las tendencias y necesidades actuales en tu sector o área de negocio. Utiliza esta información para renovar por completo la forma en que ofertas tus productos o servicios a través de un formato atractivo, como un *reel* de Instagram o una presentación en video de cinco minutos. Por ejemplo, si tienes un negocio de decoración de interiores, podrías realizar una investigación de mercado para descubrir diseños minimalistas, sostenibles u otros que sean populares entre los clientes. Luego, podrías renovar tu oferta de productos para ofrecer esos diseños y así adaptarte a las tendencias del mercado.

Ejercicio

Llegó el momento de pensar como un líder innovador. Escribe en las líneas tus respuestas.

Lee las situaciones y escribe una estrategia innovadora que permita a las empresas y productos mantenerse en el mercado.

- Una empresa de alquiler de videos y videojuegos se ha concentrado en la renta de sus productos en formato físico.

  Estrategia de innovación: _____

  _____

- Una compañía de fabricación de teléfonos móviles se ha enfocado en mejorar el diseño de sus productos solo para un grupo del mercado.

  Estrategia de innovación: _____

  _____

Ahora responde, ¿de qué manera innovaron las siguientes empresas para permanecer en el mercado?

- Uber: _____

  _____

- Netflix: _____

  _____

Gestiona tu energía vital para lograr el éxito

La energía vital es la materia prima del éxito: no existo si no hay energía vital fuerte
Debilidad vs. vitalidad

La energía vital es el combustible del logro, la felicidad y el éxito. Algunas personas creen que para ser feliz no hace falta energía vital, pero todo indica que es indispensable para cumplir retos y alcanzar cualquier logro. Es por esto que deseo compartir contigo la mejor forma de gestionarla.

Durante años he investigado sobre esta energía junto a mi equipo de expertos, y una de las constantes que he observado es que, para quienes carecen de ella, resulta difícil llevar a cabo las acciones clave para tener éxito, transformación y felicidad. Vamos a explorar estas acciones clave y cómo influye la energía vital en ellas.

Estudio y aprendizaje

Estudiar y aprender de manera adecuada son procesos mentales y cognitivos complejos que exigen tanto al cerebro como al resto del cuerpo una cantidad significativa de energía. Algunas de las razones por las que la energía vital es necesaria para esta actividad son las siguientes:

Actividad cerebral intensa. Durante el estudio y el aprendizaje hay un nivel muy alto de actividad. Para poder procesar nueva información, conectar conceptos, realizar análisis y retener conocimientos, el cerebro necesita que las neuronas y las sinapsis funcionen con eficiencia, y esto requiere de una gran cantidad de energía.

Concentración y enfoque. Para estudiar y aprender con éxito, se necesita concentración y mucho enfoque. Mantener la atención en una tarea específica requiere energía mental, ya que el cerebro debe filtrar distracciones y mantenerse comprometido con el material de estudio.

Memoria y retención. Recordar y retener información es esencial para el aprendizaje a largo plazo. La consolidación de la memoria y la formación de conexiones sinápticas sólidas entre las neuronas requieren energía.

Procesamiento de información nueva. Cuando se aprende algo nuevo, el cerebro debe procesar y asimilar la información para integrarla con el conocimiento previo. Esto implica un gasto de energía.

Cognición y resolución de problemas. En el estudio y el aprendizaje están involucrados tanto la resolución de problemas como el pensamiento crítico. Estas tareas cognitivamente exigentes requieren un uso significativo de energía.

Regulación emocional. El proceso de aprendizaje puede ser emocionalmente desafiante, en particular si se enfrentan dificultades relacionadas con la complejidad de la información. La regulación emocional consume energía y puede afectar la capacidad de estudiar y aprender con efectividad.

En general, el aprendizaje es una actividad mental que involucra a muchas áreas del cerebro y requiere una cantidad considerable de recursos energéticos para funcionar de manera eficiente. Por lo tanto, es esencial que los estudiantes cuiden su bienestar general mediante la alimentación adecuada, el descanso suficiente y la gestión del estrés para optimizar su capacidad de estudio y aprendizaje.

Relaciones afectivas

Además de la dimensión emocional, el amor también involucra procesos mentales y, por tanto, experimentarlo y expresarlo requiere energía. Estas son algunas razones por las cuales se necesita energía para amar:

Conexiones emocionales. El amor implica la formación de conexiones emocionales profundas con otra persona. Mantener estas conexiones y expresar sentimientos de cariño, afecto y comprensión requiere energía emocional.

Empatía y comprensión. Amar a alguien significa ser empático y comprender sus emociones y necesidades. Para ser genuinamente empáticos, debemos tener la energía mental necesaria para sintonizarnos con las experiencias y perspectivas de la otra persona.

Comunicación efectiva. Una comunicación abierta y honesta es fundamental para las relaciones amorosas. Comunicarse efectivamente requiere energía mental y emocional para expresar sentimientos y pensamientos de manera clara y constructiva.

Decisiones y compromisos. En una relación, se toman decisiones y se hacen compromisos que afectan la vida de quienes la conforman. Estas decisiones requieren reflexión y energía para encontrar soluciones que satisfagan a ambas partes.

Cuidado y apoyo. El amor conlleva el cuidado y apoyo mutuo en todos los aspectos de la vida. Proporcionar apoyo emocional y físico a un ser querido demanda energía y dedicación.

Desafíos. Todas las relaciones enfrentan desafíos y momentos difíciles. Superar estos obstáculos y trabajar en la resolución de conflictos requiere paciencia, perseverancia y, por supuesto, energía.

El amor es una experiencia profundamente humana y compleja que involucra tanto aspectos emocionales como mentales. La energía para amar proviene de nuestra capacidad emocional y cognitiva para conectarnos con los demás, comprender sus necesidades y expresar nuestro afecto y cuidado. Es una parte integral de nuestras interacciones sociales, por tanto, necesita una inversión de energía en forma de atención, empatía y esfuerzo consciente para cultivar y mantener relaciones amorosas significativas.

Personalidad y comportamiento

Cambiar tu forma de ser o modificar aspectos importantes de tu personalidad y comportamiento puede requerir mucha energía vital debido a varias razones:

Resistencia al cambio. Nuestra mente y cuerpo tienen una inclinación natural a mantenerse en su estado actual. Cambiar patrones de pensamiento, comportamientos arraigados o hábitos puede ser un proceso desafiante porque la mente tiende a resistirse al cambio.

Autoconciencia y autorreflexión. El cambio significativo requiere autoconciencia y autorreflexión profundas, tanto para identificar las áreas que deseas cambiar como para comprender las motivaciones y creencias subyacentes que definen tu comportamiento. Este proceso introspectivo puede ser emocionalmente agotador.

Nuevas habilidades y hábitos. Cambiar tu forma de ser implica adquirir nuevas habilidades y establecer hábitos diferentes. Construir estos nuevos patrones requiere tiempo, práctica y disciplina, lo que consume mucha energía.

Miedo e incertidumbre. El cambio a menudo involucra enfrentar el miedo y la incertidumbre sobre lo desconocido. Esto puede generar ansiedad y agotar tu energía emocional.

Resistencias internas. Los patrones de pensamiento y comportamiento están enraizados en nuestro subconsciente y pueden estar vinculados a experiencias pasadas, traumas o creencias limitantes. Superar estas resistencias internas requiere de un gran esfuerzo.

Persistencia y paciencia. Los cambios significativos no suceden de la noche a la mañana; hace falta persistencia y paciencia para mantener el rumbo y seguir adelante, incluso cuando enfrentas desafíos.

A pesar de la demanda de energía, el cambio es profundamente enriquecedor y gratificante. Es importante recordar que cada persona es única y el proceso de cambio puede variar para cada individuo. Durante este proceso, siempre es recomendable buscar apoyo emocional tanto con amigos y familiares como con profesionales de la salud mental para facilitar la adaptación y manejar las emociones que surjan en el camino.

Éxito profesional

Trabajar para lograr tus metas y alcanzar objetivos significativos requiere de mucha energía vital debido a diversos factores:

Obstáculos. El camino hacia el éxito está plagado de obstáculos y desafíos, y superarlos puede demandar perseverancia y resistencia emocional.

Zona de confort. Lograr algo significativo a menudo implica salir de la zona de confort y enfrentar situaciones desconocidas o incómodas. Esto puede generar ansiedad y demandar energía para adaptarse a nuevas circunstancias.

Decisiones y planificación. Para alcanzar tus metas hace falta tomar decisiones informadas y planificar con cuidado los pasos a seguir. Este proceso puede ser agotador mentalmente.

Priorización y gestión del tiempo. Es fundamental priorizar tareas y gestionar el tiempo de manera efectiva si quieres alcanzar el éxito. Mantener un equilibrio entre el trabajo, las responsabilidades personales y el descanso puede requerir un uso sabio de la energía.

Presión y expectativas. En algunas ocasiones, la presión de alcanzar determinadas metas o cumplir expectativas puede ser abrumadora, lo que demanda una inversión adicional de energía para mantenerse enfocado y calibrar las emociones.

Máximo esfuerzo. Para alcanzar tus más grandes ambiciones, es necesario esforzarse al máximo. Esto puede implicar trabajar más horas, entrenar con mayor intensidad o dedicar más tiempo y recursos a la tarea en cuestión.

Competencia y desafíos. En muchos casos, para alcanzar el éxito, es necesario enfrentar competencia y desafíos significativos. Superar a otros competidores o enfrentar obstáculos demanda una inversión considerable de energía mental y emocional.

Resiliencia y perseverancia. El camino hacia el éxito está lleno de altibajos y momentos difíciles. Mantener la resiliencia y la perseverancia en medio de los desafíos requiere un uso continuo de la energía vital.

Enfoque y atención. Para alcanzar metas significativas, es necesario mantener un enfoque agudo y una atención constante a los detalles. Esto implica una concentración continua y, por ende, un gasto de energía.

Toma de decisiones difíciles. Al perseguir el éxito, se deben tomar decisiones estratégicas difíciles. Hacerlo de manera informada y mantener paso firme en la dirección elegida requiere una inversión significativa de energía mental y emocional.

Gestión del estrés. La búsqueda del éxito puede generar altos niveles de estrés debido a las expectativas y la presión. La gestión efectiva del estrés es esencial para mantener una energía vital equilibrada y sostenible.

A pesar de la demanda de energía vital, lograr el éxito y ganar genera una enorme gratificación y puede llevar a un crecimiento personal y profesional significativo. Es importante equilibrar el esfuerzo y la dedicación con el autocuidado, la gestión del estrés y el descanso adecuado para mantener un nivel óptimo de energía y bienestar durante el proceso de obtención de metas. En algunos casos, también puede ser útil buscar apoyo emocional, como el respaldo de amigos, familiares o colegas, para mantener la motivación y sobrellevar los desafíos que se presenten en el camino.

DESARROLLO DEL PRINCIPIO

Los leones son cazadores altamente especializados y eficientes. Han evolucionado durante millones de años para desarrollar habilidades de caza excepcionales, como fuerza física, velocidad, agilidad y astucia, y dirigen la mayor parte de su energía hacia la búsqueda y caza de presas para obtener alimento. Como grandes carnívoros, los leones requieren una gran cantidad de energía para mantenerse activos y para obtener los nutrientes necesarios para sus cuerpos robustos y musculosos.

Además, los leones son animales sociales cuyas manadas están conformadas por un grupo de leonas adultas, sus crías y uno o varios machos. La colaboración y la caza requieren coordinación y energía compartida para lograr el éxito. Por si fuera poco, los leones son territoriales y necesitan energía para mantener y proteger sus tierras de leones extraños y otras amenazas. Esto implica patrullar y defender su área de caza y reproducción.

La cualidad de los leones como superdepredadores los convierte en animales vitales para el equilibrio de los ecosistemas en los que viven, lo cual se traduce en una demanda enorme de energía. Para ganar la competencia no solo contra otros leones sino contra cualquier especie que busque arrebatarles su lugar como reyes de sabanas y junglas, deben contar siempre con altos niveles de energía y esforzarse al máximo para conseguirla.

Como la melena
del león,
la **energía vital** del
BlackLion
es un **símbolo** de
su estatus
como **rey**.

Nada de importancia y poder en la vida se logra al instante, y siempre es necesario mantener tu energía vital alta, por eso es tan importante saber cómo funciona y de dónde obtenerla para gestionarla de manera apropiada. Como ya he mencionado, mi equipo y yo hemos estudiado la energía vital durante mucho tiempo y a lo largo de este estudio determinamos las diez fuentes de energía vital más importantes. Te las presento a continuación.

Fuentes de energía vital

1. Alimentación adecuada

Es indudable que la correcta alimentación desempeña un papel fundamental en la obtención de energía vital en el ser humano. Los alimentos proporcionan los nutrientes necesarios para que nuestro cuerpo funcione de forma correcta y obtenga energía para llevar a cabo todas las funciones y actividades diarias. Aquí algunas formas en que la alimentación adecuada contribuye a la adquisición de energía vital:

- **Carbohidratos como fuente de energía.** Los carbohidratos, presentes en alimentos como pan, arroz, pasta, frutas y verduras, son una fuente importante de energía para el cuerpo. Durante la digestión, los carbohidratos se convierten en glucosa, que es utilizada por las células como combustible para producir adenosín trifosfato (ATP), la molécula de energía utilizada por el cuerpo.

- **Proteínas para la reparación y el crecimiento.** Las proteínas, presentes en alimentos como carne, pescado, huevos, legumbres y productos lácteos, son esenciales para la reparación y el crecimiento de los tejidos del cuerpo. También pueden utilizarse como fuente de energía cuando los carbohidratos son insuficientes.

- **Grasas saludables para una energía duradera.** Las grasas saludables, como las que se encuentran en el aceite de oliva, el aguacate, los frutos secos y los pescados grasos, son una fuente de energía más duradera que los carbohidratos, ya que se descomponen lentamente en el cuerpo y proporcionan una liberación de energía sostenida.

- **Vitaminas y minerales para el metabolismo.** Las vitaminas y minerales presentes en los alimentos son cofactores esenciales para el metabolismo celular y la producción de energía. Actúan como catalizadores en las reacciones químicas que liberan energía a partir de los nutrientes.

- **Hidratación para el rendimiento.** Una buena hidratación es fundamental para un óptimo rendimiento físico y mental. La deshidratación puede afectar de manera negativa la concentración, la energía y la capacidad para realizar actividades.

- **Control de azúcar en sangre.** Una alimentación adecuada que incluya carbohidratos complejos y alimentos ricos en fibra ayuda a mantener niveles de azúcar estables. Esto previene picos y caídas bruscas de azúcar, lo que puede afectar los niveles de energía y el estado de ánimo.

Una alimentación equilibrada y variada, que incluya una combinación de carbohidratos, proteínas, grasas saludables, vitaminas y minerales, proporciona la energía necesaria para un buen funcionamiento del cuerpo y una energía vital óptima. Además, mantener hábitos alimenticios saludables mejora la calidad del sueño, reduce el estrés y aumenta la resistencia física y mental, lo que contribuye aún más a una sensación general de bienestar y vitalidad.

Parte de nuestra exploración se ha centrado en una cuestión intrigante: ¿cómo es posible que ciertos individuos, cuya alimentación es terrible y se basa en comida chatarra, tengan mucha más energía vital que alguien con una alimentación casi perfecta?

Es común ver personas cuya alimentación incluye comida chatarra y alimentos poco saludables, quienes aparentan tener mucha energía vital. Sin embargo, es importante entender que la energía vital y el bienestar no solo dependen de la alimentación sino de un conjunto de elementos interconectados por la nutrición. De esta gran variedad de factores externos es de donde proviene la verdadera riqueza de la energía vital.

Es importante tener en cuenta que, aunque parezca que algunas personas tienen mucha energía a pesar de seguir una dieta poco saludable, una alimentación equilibrada es fundamental para mantener una buena salud y prevenir problemas a largo plazo. La energía y el bienestar general no deben medirse solo por la apariencia externa, sino también por la salud y el funcionamiento interno del cuerpo. La elección de una alimentación balanceada y saludable, junto con un estilo de vida activo y hábitos de sueño adecuados, es clave para mantener una energía vital óptima y una buena salud a lo largo del tiempo.

2. Sueño y descanso

El sueño y el descanso son fundamentales para mantener una buena energía vital y un óptimo funcionamiento del cuerpo y la mente. Aquí te presento algunas razones que ilustran su importancia para la energía vital:

- **Restauración física.** Durante el sueño, el cuerpo lleva a cabo procesos de reparación y regeneración celular. Los tejidos dañados se reparan, las células se regeneran y el cuerpo se prepara para enfrentar un nuevo día. Esta restauración física es esencial para mantener la energía y la vitalidad.

- **Recuperación mental.** El sueño es vital para la recuperación y el descanso del cerebro. Durante el sueño, el cerebro procesa y consolida la información del día, lo que mejora la memoria y el aprendizaje. También se ha demostrado que el sueño adecuado mejora la función cognitiva y la concentración.

- **Equilibrio hormonal.** El sueño juega un papel importante en la regulación de las hormonas del cuerpo. Un sueño insuficiente o de mala calidad altera los niveles de hormonas relacionadas con el estrés, el apetito, el metabolismo y el estado de ánimo, lo que puede impactar de manera negativa en los niveles de energía y el bienestar emocional.

- **Conservación de energía.** Durante el sueño, el cuerpo entra en un estado de reposo y conservación de energía. Esto permite que el organismo se recupere y prepare para un nuevo día, lo que contribuye a una mayor energía disponible cuando está despierto.

- **Regulación del reloj biológico.** El sueño juega un papel importante en la regulación del reloj biológico del cuerpo, conocido como ritmo circadiano. Un sueño regular y consistente ayuda a mantener el ritmo circadiano en sintonía con el ciclo natural del día y la noche, lo que mejora la calidad y la eficiencia del sueño y, por lo tanto, la energía diurna.

- **Respuesta al estrés.** Una sesión de sueño adecuada ayuda al cuerpo a manejar mejor el estrés. Cuando estamos descansados, tenemos una mayor capacidad de manejar situaciones estresantes de manera más efectiva, lo que contribuye a mantener nuestra reserva de energía mental y emocional.

El sueño y el descanso adecuados son fundamentales para la salud y la energía vital. Mantener un patrón de sueño regular y de calidad es esencial para que el cuerpo y la mente se reparen, se recarguen y funcionen de manera óptima. Un sueño deficiente o insuficiente puede tener un impacto negativo en la energía, el bienestar general y la calidad de vida. Priorizar el descanso y el sueño como parte de una rutina saludable es esencial para mantener una energía vital óptima y una buena salud a largo plazo.

Resulta curiosa la cantidad de gente en el mundo que duerme bien y aun así se siente cansada todo el día, de manera que cuando enfrentan un nuevo reto que requiere de mucha energía vital, carecen de ella. Esto se debe a la necesidad de otro factor que, en conjunción con el sueño y la buena alimentación, ayuda a mantener niveles de energía altos: el ejercicio.

3. Ejercicio sin desgaste

Ejercitarse es importante para tener salud y niveles de energía altos, pero es importante saber realizarlo y no causar mucho desgaste, es decir, practicar actividad física moderada, también conocida como ejercicio de intensidad media. Estas son las razones por las que es importante realizar este tipo de actividad:

- **Estimulación del sistema cardiovascular.** El ejercicio moderado ayuda a mantener un sistema cardiovascular saludable, pues aumenta el flujo sanguíneo y mejora la capacidad del corazón para bombear sangre de manera eficiente. Un corazón saludable estimula la circulación sanguínea y esto ayuda a optimizar el suministro de oxígeno y nutrientes a los tejidos del cuerpo, lo que aumenta la energía y el rendimiento general y propicia una mejor eliminación de desechos metabólicos.

- **Mejora del estado de ánimo.** El ejercicio moderado está asociado con la liberación de endorfinas y otros neurotransmisores que benefician el estado de ánimo y reducen el estrés y la ansiedad. Un mejor estado de ánimo y una reducción en el estrés contribuyen a una sensación de energía positiva y vitalidad.

- **Aumento del metabolismo.** El ejercicio moderado aumenta el metabolismo, lo que significa que el cuerpo quema más calorías y convierte los alimentos en energía de manera más eficiente. Esto ayuda no solo a mantener un peso adecuado, sino a mejorar la energía y el rendimiento físico.

- **Fortalecimiento muscular y óseo.** El ejercicio moderado fortalece los músculos y los huesos. El fortalecimiento de estos tejidos permite una mayor resistencia física y reduce el riesgo de lesiones, lo que contribuye a una mayor energía vital.

- **Mejora del sueño.** El ejercicio moderado mejora la calidad del sueño y ayuda a conciliarlo con mayor facilidad. Un sueño de calidad es fundamental para una recuperación adecuada y una mayor energía durante el día.

Es importante destacar que la cantidad y el tipo de ejercicio adecuado para cada persona puede variar según su edad, condición física y objetivos personales. Siempre es recomendable consultar con un profesional de la salud o un entrenador antes de comenzar cualquier programa de ejercicio para asegurar que sea adecuado para tus necesidades individuales. En general, el ejercicio moderado puede ser una forma efectiva de mejorar la energía vital y mantener un estilo de vida activo y saludable.

Ahora analizaremos técnicas un poco más creativas, funcionales y auténticas para aumentar tu energía vital. A lo largo de mi experiencia he podido comprobar que estas técnicas no son complementarias, sino que aportan más energía que las otras. Puedo adelantar que las tres últimas son las que me resultan más fascinantes.

4. Meditación

La meditación proporciona gran energía vital debido a diversos factores relacionados con sus efectos en el cuerpo y la mente:

- **Reducción del estrés.** La meditación es una herramienta efectiva para reducir el estrés. Al practicar la meditación con regularidad, se activa el sistema nervioso parasimpático, que es responsable de promover la relajación y reducir la respuesta al estrés. Esto permite que el cuerpo se recupere y restaure su energía vital.

- **Relajación profunda.** Durante la meditación, el cuerpo y la mente entran en un estado de relajación profunda. Esta relajación reduce la tensión muscular y permite una mayor sensación de bienestar y vitalidad.

- **Mejora del sueño.** La meditación mejora la calidad del sueño y ayuda a conciliarlo con mayor facilidad. Un sueño de calidad es esencial para recargar la energía y revitalizar el cuerpo.

- **Mejora del enfoque y la claridad mental.** La meditación favorece la atención plena y el enfoque mental. Al entrenar la mente para mantenerse en el presente, se reduce la dispersión mental y se evita la fatiga causada por el agotamiento mental.

- **Reducción de la fatiga emocional.** La meditación ayuda a manejar las emociones de manera más saludable.

Al cultivar la calma interior, se disminuye el agotamiento emocional y se aumenta la energía vital.

- **Conciencia corporal.** La meditación aumenta la conciencia corporal, lo que permite reconocer y atender las necesidades del cuerpo. Esto favorece una mejor regulación de la energía y una mayor vitalidad.

- **Estímulo del sistema inmunológico.** La meditación se asocia con beneficios para el sistema inmunológico. Un sistema inmunológico fortalecido es esencial para prevenir enfermedades, lo que a su vez mantiene la vitalidad.

- **Reducción de la ansiedad y la depresión.** La meditación contribuye a reducir la ansiedad y la depresión. Al aliviar esta carga emocional, se libera energía que puede ser redirigida hacia una mayor vitalidad y bienestar.

Es importante tener en cuenta que los efectos de la meditación pueden variar según la práctica individual y la constancia. No todas las personas experimentan los mismos beneficios de manera inmediata. La meditación es una práctica que requiere tiempo y dedicación si se desea obtener resultados significativos. No obstante, para muchas personas la meditación puede ser una herramienta poderosa para recargar la energía vital y mejorar el bienestar físico y emocional. Además, la meditación es el complemento perfecto para un estilo de vida saludable que incluya una alimentación equilibrada, ejercicio regular y descanso adecuado para maximizar la energía vital y el bienestar general.

5. Respiración

Aunque parezca una actividad automática y secundaria, la respiración es de suma importancia para la energía vital, y el desarrollo apropiado de la respiración va de la mano con la meditación.

Realizar ejercicios respiratorios conscientes es un de las claves para elevar la energía vital por varias razones:

- **Aporte de oxígeno.** La respiración es el mecanismo mediante el cual nuestro cuerpo obtiene oxígeno, que es esencial para la producción de energía a través de un proceso llamado *respiración celular*. Un suministro adecuado de oxígeno mejora la eficiencia del metabolismo y aumenta la producción de energía.

- **Eliminación de toxinas.** La respiración profunda ayuda a eliminar dióxido de carbono y otros productos de desecho del metabolismo. Una buena oxigenación y eliminación de toxinas contribuye a un funcionamiento más eficiente del cuerpo y, por lo tanto, a una mayor vitalidad.

- **Relajación y reducción del estrés.** La práctica de ejercicios respiratorios, como la respiración profunda y la meditación enfocada en la respiración, activa el sistema nervioso parasimpático, que se relaciona con la relajación y la reducción del estrés. Esto ayuda a liberar la tensión acumulada, lo que se traduce en un aumento de la energía vital.

- **Estimulación del sistema nervioso.** Al practicar ejercicios respiratorios, se estimula el nervio vago, que juega un papel importante en la regulación del sistema nervioso autónomo y con la respuesta de relajación y descanso. Esto promueve un estado de calma y bienestar que contribuye a una mayor energía vital.

- **Aumento de la conciencia corporal.** Los ejercicios respiratorios también aumentan la conciencia corporal. Esto favorece una mejor regulación de la energía y una mayor vitalidad.

- **Mejora del enfoque y la claridad mental.** La práctica de ejercicios respiratorios ayuda a mejorar el enfoque mental y la claridad. Una mente más enfocada y tranquila permite una mejor dirección de la energía y una mayor productividad.

- **Equilibrio emocional.** Los ejercicios respiratorios ayudan a equilibrar las emociones y reducir la ansiedad y el estrés emocional. Un equilibrio emocional adecuado permite una utilización más eficiente de la energía vital.

La respiración adecuada y los ejercicios respiratorios son fundamentales para elevar la energía vital al proporcionar una oxigenación adecuada, relajar el cuerpo y la mente, reducir el estrés, mejorar el enfoque y promover el equilibrio emocional. Incorporar prácticas de respiración consciente y ejercicios respiratorios en la rutina puede ser una forma efectiva de aumentar la energía vital y mejorar el bienestar general. Estos ejercicios son una herramienta poderosa que complementa otros aspectos de un estilo de vida saludable.

6. Sexo y orgasmo

El sexo es un ámbito donde hay una marcada diferencia entre los beneficios que recibe el hombre y los que recibe la mujer con respecto a la energía. Por la observación de casos regulares, sabemos que el buen sexo aumenta la energía vital en las mujeres debido a una combinación de factores biológicos, hormonales y psicológicos que ocurren durante y después del orgasmo. Las razones de este aumento son:

- **Liberación de hormonas.** Durante el orgasmo, el cuerpo libera una serie de hormonas y neurotransmisores, que incluyen la oxitocina, endorfinas y dopamina. Estas sustancias químicas se asocian con la sensación de bienestar, placer y relajación, lo que puede resultar en una mayor vitalidad y energía.

- **Mejora del flujo sanguíneo.** Durante la excitación sexual y el orgasmo, hay un aumento del flujo sanguíneo hacia los órganos sexuales y otras áreas del cuerpo. Este aumento del flujo sanguíneo proporciona una sensación de mayor vitalidad y energía.

- **Alivio del estrés.** El orgasmo actúa como un mecanismo natural para reducir el estrés y la tensión acumulada. Al liberar la tensión sexual, algunas mujeres experimentan una sensación de alivio y relajación que contribuye a una mayor energía.

- **Estimulación del sistema nervioso.** Durante el orgasmo, el sistema nervioso recibe una estimulación intensa, lo que genera una sensación de euforia y bienestar similar a una «descarga eléctrica» y esto a su vez produce un aumento de energía.

- **Mejora del estado de ánimo.** El orgasmo tiene un efecto positivo en el estado de ánimo, lo que influye en la percepción de la energía y vitalidad. Sentirse bien emocionalmente genera una mayor sensación de energía.

Es importante tener en cuenta que la experiencia del orgasmo y su impacto en la energía pueden variar de manera amplia entre las mujeres en la medida que estén conectadas o no con su pareja. Cada persona es única, y la respuesta sexual y emocional depende de factores individuales, así como del contexto en el que se produce el orgasmo.

Por otro lado, en el hombre el orgasmo produce un fenómeno de somnolencia, lo que también se vincula a varios factores biológicos y hormonales que ocurren durante y después del orgasmo. Algunas posibles explicaciones incluyen:

- **Liberación de hormonas.** Durante el orgasmo, el cuerpo libera una serie de hormonas, como la prolactina y la oxitocina. La prolactina, en particular, es una hormona que se asocia con una sensación de relajación y somnolencia. El aumento de los niveles de prolactina después del orgasmo puede contribuir a la sensación de sueño o somnolencia.

- **Relajación y alivio del estrés.** El orgasmo puede actuar como una liberación de tensión y estrés acumulados, lo que puede conducir a una sensación de relajación y calma. Esta relajación puede promover la somnolencia y la disposición para dormir.

- **Periodo refractario.** Después del orgasmo, los hombres experimentan un periodo refractario, durante el cual es más difícil o incluso imposible alcanzar otro orgasmo inmediato. Durante este periodo, la excitación y el deseo sexual bajan, y el cuerpo puede experimentar una disminución general de la energía.

- **Agotamiento físico.** El orgasmo y la actividad sexual en general requieren un esfuerzo físico significativo. El aumento del ritmo cardiaco, la tensión muscular y la liberación de energía pueden contribuir al agotamiento físico y la somnolencia posteriores.

- **Cambios en el sistema nervioso.** El orgasmo involucra cambios en el sistema nervioso y la liberación de neurotransmisores, lo que puede tener un impacto en el estado de alerta y la disposición para dormir.

Desde una óptica antropológica y evolutiva, los expertos creen que esta respuesta podría haber sido beneficiosa para nuestros ancestros. La reproducción es la función primordial para la supervivencia y la propagación de la especie, y después del acto sexual, era importante para los individuos descansar y recuperar energía. Cuando se satisface la necesidad reproductiva, el cuerpo se relaja y se prepara para el descanso, lo que permitía a nuestros antepasados la recuperación física y psicológica necesaria para afrontar los desafíos posteriores, como la caza, la recolección de alimentos y el cuidado de la prole.

Por esta razón es muy recomendable tener una vida sexual ordenada con tu pareja, ya que esto te retribuirá mayor energía. Para los hombres, es importante cuidar de su semen, ya que es la pócima de la creación más poderosa con la que cuentan. Y para las mujeres, es primordial encontrar una pareja que las llene de gozo, satisfacción y energía para disfrutar al máximo de los beneficios que brinda el sexo.

7. Vocación y pasión

Encontrar tu verdadera vocación y pasión en la vida te brinda una gran cantidad de energía vital por varias razones:

- **Sentido de propósito.** Descubrir tu verdadera vocación y pasión da propósito a tu vida. Tener un propósito claro te da un sentido de dirección y significado, lo que te motiva y te llena de energía para enfrentar los desafíos y perseguir tus metas.

- **Motivación intrínseca.** La pasión y la vocación suelen estar impulsadas por la motivación intrínseca, es decir, el deseo interno y personal de realizar una actividad por el simple hecho de disfrutarla. Esta motivación intrínseca es mucho más poderosa y duradera que la motivación externa (como recompensas o reconocimientos), lo que te da energía constante para dedicarte a lo que amas.

- **Flujo y satisfacción.** Cuando te dedicas a lo que de verdad te apasiona, es más probable que experimentes momentos de flujo, donde te sientes del todo absorto en la actividad y el tiempo parece pasar con rapidez. El flujo y la satisfacción que provienen de hacer lo que amas pueden ser una fuente significativa de energía y bienestar.

- **Resiliencia.** Enfrentar los desafíos y obstáculos de la vida puede ser más fácil cuando tienes una pasión y una vocación bien definidas. La conexión emocional y la dedicación a lo que amas pueden darte la resiliencia necesaria para superar dificultades y seguir adelante.

- **Satisfacción y felicidad.** Encontrar tu verdadera vocación y pasión puede llevar a una mayor sensación de satisfacción y felicidad. Estar alineado con tus valores y talentos te permite vivir de modo más auténtico y pleno, lo que se traduce en una mayor energía y vitalidad.

- **Creatividad y crecimiento personal.** Perseguir tu vocación y pasión te lleva a explorar y desarrollar tus habilidades y talentos. La expresión creativa y el crecimiento personal que vienen con esto pueden ser una fuente significativa de energía y satisfacción.

Encontrar tu verdadera vocación y pasión en la vida puede brindar una sensación profunda de realización y bienestar, lo que se traduce en una mayor energía vital. El alineamiento entre lo que amas y aquello para lo que eres bueno te permite vivir una vida más auténtica y plena, lo que impulsa tu motivación, resiliencia y satisfacción general. Cuando haces lo que amas, la energía fluye de manera natural y te sientes más vivo y conectado con el mundo que te rodea.

Los efectos químicos en el cerebro son fundamentales para comprender por qué encontrar tu verdadera vocación y pasión en la vida puede brindar tanta energía vital al ser humano.

Al perseguir lo que te apasiona, se desencadenan diversos procesos neuroquímicos que contribuyen a esta sensación de bienestar y vitalidad. Estas son algunas de las hormonas y sustancias químicas involucradas:

- **Dopamina.** Es una sustancia química que actúa como neurotransmisor en el cerebro se relaciona con el sistema de recompensa. Cuando te dedicas a lo que amas, tu cerebro libera dopamina, lo que te da una sensación de placer y satisfacción. Esta recompensa química refuerza tu motivación intrínseca para seguir adelante y perseguir tu pasión.

- **Serotonina.** Es otro neurotransmisor que desempeña un papel importante en la regulación del estado de ánimo y la felicidad. Encontrar tu verdadera vocación y vivir una vida significativa puede aumentar los niveles de serotonina, lo que se asocia con una mayor sensación de bienestar y plenitud.

- **Endorfinas.** Son neurotransmisores que actúan como analgésicos naturales y generan una sensación de euforia y alivio del dolor. Al hacer lo que te apasiona y experimentar momentos de flujo y satisfacción, tu cerebro libera endorfinas, lo que te da una sensación de energía positiva.

- **Oxitocina.** Conocida como la «hormona del amor» o la «hormona del apego», está vinculada a las relaciones sociales y la conexión emocional. Cuando te dedicas a tu pasión, es probable que experimentes un aumento en los niveles de oxitocina, lo que fortalece los lazos emocionales con lo que haces y las personas que te rodean.

- **Cortisol.** Aunque a menudo se asocia con el estrés, también juega un papel importante en la regulación de la energía y la motivación. Cuando estás comprometido con lo que amas, es posible que experimentes una disminución de los niveles de cortisol asociados con el estrés, lo que te brinda una mayor sensación de calma y equilibrio.

Estas reacciones neuroquímicas están interconectadas y se influyen de manera mutua, creando un ciclo positivo de motivación, satisfacción y bienestar. Cuando encuentras tu verdadera vocación y pasión, tu cerebro responde con una liberación de sustancias químicas que te brindan una sensación de energía, felicidad y plenitud. Este fenómeno fortalece tu enfoque, resiliencia y dedicación a lo que amas, creando una espiral ascendente de energía.

8. Gestión de energía en el círculo cercano o primario

El círculo cercano es el grupo de personas que están más íntimamente relacionadas con un individuo y que juegan un papel significativo en su vida. Estas personas suelen tener un mayor grado de confianza, interacción y afecto con el individuo en comparación con otras relaciones más distantes. El círculo cercano puede incluir a diferentes personas según los ámbitos de la vida, como la familia, el trabajo y las relaciones sociales.

Círculo cercano en la familia

Padres. Son una parte fundamental del círculo cercano; proporcionan cuidado, apoyo emocional y guía a lo largo de la vida.

Hermanos. También forman parte del círculo cercano, en especial si comparten un hogar y una historia familiar.

Cónyuge. Si una persona está casada o en una relación de pareja comprometida, su cónyuge o pareja íntima forma parte del círculo cercano.

Hijos. La relación con los hijos puede ser muy íntima y significativa.

Círculo cercano en el trabajo

Compañeros de trabajo cercanos. Aquellos con quienes se trabaja de forma estrecha, colaboran en proyectos importantes y comparten experiencias laborales forman parte del círculo cercano en el ámbito profesional.

Mentores o jefes influyentes. A veces, una relación cercana con un mentor o un jefe que brinda apoyo y orientación puede tener un papel significativo en el desarrollo profesional y personal.

Círculo cercano en relaciones sociales

Amigos cercanos. Los amigos íntimos son una parte importante del círculo cercano en la esfera social. Estas relaciones pueden ser tan fuertes y significativas como las familiares.

Pareja sentimental. Si una persona tiene una relación sentimental que no se ha concretado en matrimonio, su pareja también forma parte del círculo cercano en el ámbito social.

Es importante tener en cuenta que el círculo cercano puede variar según la cultura, la etapa de la vida y las circunstancias individuales. Algunas personas pueden tener un círculo cercano pequeño y restringido, mientras que otras uno más amplio y extenso que incluye a otros miembros de la familia o amigos. Cada individuo tiene su propio círculo cercano personal y único que puede cambiar y evolucionar con el tiempo.

Estas relaciones juegan un papel vital en la vida emocional y social de una persona, pues brindan apoyo, afecto y compañía en el transcurso de su vida:

Personas energéticas y positivas. Tienden a ser optimistas, motivadoras y llenas de energía. Su presencia es revitalizante y contagia un sentido de alegría y entusiasmo a los demás. Buscan soluciones en lugar de enfocarse en los problemas y tienden a fomentar una atmósfera positiva en sus relaciones.

Personas emocionalmente maduras. Tienden a ser conscientes de sus emociones y tienen habilidades para manejarlas de manera saludable. Son capaces de establecer límites adecuados, comunicarse de manera efectiva y asumir responsabilidad por sus acciones. Esto contribuye a relaciones más equilibradas y energéticamente positivas.

Para atraer a personas con buena energía a tu círculo cercano, te recomiendo seguir estos consejos:

- **Sé auténtico y positivo.** Muestra tu verdadero ser y ten actitud positiva ante la vida. Las personas con buena energía se sienten atraídas por individuos auténticos y optimistas.

- **Identifica tus valores y pasiones.** Identifica las actividades que te producen alegría y busca grupos que las compartan para conectar y crear vínculos con personas de intereses y valores afines.

- **Atrévete a ser vulnerable.** Compartir tus emociones y experiencias de manera sincera crea conexiones más profundas con los demás. La vulnerabilidad puede abrir el camino para relaciones significativas y auténticas.

- **Escucha de forma activa.** Presta atención genuina a lo que dicen los demás y muestra interés por sus ideas y sentimientos. La escucha activa es una habilidad clave para construir relaciones significativas.

- **Sé amable y compasivo.** Trata a los demás con amabilidad y compasión. Estas cualidades atraen a personas que también valoran la empatía y el respeto mutuo.

- **Rodéate de personas positivas.** Si en tu vida ya hay personas con buena energía, pasa tiempo con ellas y permíteles influir de manera positiva en tu entorno.

- **Practica el altruismo.** Participar en actividades altruistas y ayudar a los demás puede atraer a personas con valores similares que se preocupan por el bienestar comunitario.

- **Fomenta un ambiente positivo.** Crea un ambiente acogedor y positivo para tu círculo social o comunidad. Esto atraerá a personas que buscan ese tipo de entorno.

Recuerda que atraer a personas con buena energía no ocurre de la noche a la mañana. Se necesita tiempo, paciencia y esfuerzo para construir relaciones significativas. Además, es importante recordar que las relaciones son bidireccionales, así que también es fundamental ofrecer buena energía y ser una persona positiva y confiable para los demás.

Existe también un lado negativo en la naturaleza de las relaciones interpersonales. En términos de energía y toxicidad en las relaciones, es importante comprender que todas las personas son diversas y complejas, y que no es apropiado etiquetar a alguien de manera generalizada. Sin embargo, es posible identificar ciertos patrones de comportamiento y características que ayuden a comprender cómo algunas personas afectan el nivel de energía y bienestar emocional en la interacción personal. A continuación, se presentan algunas tipologías generales de personas a nivel energético y tóxico:

Personas tóxicas o drenadoras. Impactan negativamente en el bienestar emocional de los demás. Son críticas, negativas o exigentes, y sus interacciones agotan a quienes están a su alrededor. Son manipuladoras, generan conflictos constantes y son insensibles a las necesidades de los demás.

Personas pasivo-agresivas. Tienen dificultades para expresar de forma directa sus sentimientos o necesidades. En lugar de comunicarse abiertamente, recurren a comportamientos indirectos, como el sarcasmo, la ironía o el silencio, lo que crea tensión y agotamiento emocional en las relaciones.

Personas narcisistas. Tienden a la autoimportancia de forma excesiva y carecen de empatía hacia otros. Buscan de manera constante la validación y atención de los demás y recurren a la manipulación para obtener lo que desean. Esto genera relaciones desequilibradas y agotadoras para quienes los rodean.

Es importante recordar que estas tipologías son solo pautas generales y que las personas pueden mostrar otros comportamientos en diferentes situaciones o momentos de sus vidas. También es fundamental tener en cuenta que todos enfrentamos desafíos y nadie es perfecto. La clave para mantener relaciones saludables y equilibradas es la comunicación abierta, el establecimiento de límites adecuados y, de ser necesario, la búsqueda de apoyo.

Además, es esencial reconocer que cada persona tiene su propio poder para elegir con quiénes y cómo se relaciona, lo que influye en la calidad de sus relaciones y en su bienestar emocional. Aquí mis recomendaciones para gestionar personas tóxicas y que roban energía:

- **Reconoce la toxicidad.** Sé consciente de las personas que tienen un impacto negativo en tu vida y te roban energía. Identifica las relaciones o situaciones que te generan pérdidas de energía vital.

- **Establece límites.** Aprende a poner límites claros con las personas tóxicas. Esto significa saber cuándo decir «no» y alejarte de situaciones o personas que te dañan. A veces es necesario poner distancia para proteger tus niveles de energía vital.

- **Comunica tus necesidades.** Si es posible y te sientes seguro haciéndolo, comunica a las personas involucradas cómo te sientes y qué necesitas de ellas. A veces, las personas no son conscientes del impacto negativo y el daño energético que te producen.

- **Practica la empatía.** Intenta comprender que cada persona tiene sus propias luchas y desafíos. Aunque puedas alejarte emocionalmente de alguien, no olvides tratarlo con respeto y compasión.

- **Enfócate en relaciones saludables.** Busca rodearte de personas que te apoyen, te animen y eleven tu energía vital.

- **Practica el autocuidado.** Cuida de ti mismo física, emocional y mentalmente. Establece rutinas de autocuidado que te ayuden a recargar energías y reducir el estrés, como ejercicio, meditación, pasatiempos, etc. También es aconsejable minimizar el contacto con las personas que te afectan de forma negativa.

- **Desarrolla tu autoestima.** Trabaja en aumentar tu autoestima y autoconfianza. Cuanto más seguro te sientas sobre quién eres, será más fácil alejarte de los «vampiros energéticos» y personas tóxicas, así como mantener relaciones saludables. No te culpes por sentirte agotado o vulnerable frente a ciertas personas. Reconoce tus emociones y trata de ser amable contigo mismo.

- **Busca apoyo.** Si sientes que la situación es demasiado abrumadora o difícil de manejar por ti mismo, considera buscar apoyo profesional, como un *coach* ontológico, un terapeuta o un consejero. Ellos te pueden proporcionar herramientas y estrategias adicionales para lidiar con las personas tóxicas y mejorar tu bienestar general.

Recuerda que cada situación es única. Es importante que encuentres un enfoque que se adapte a tu situación particular y cuya implementación te haga sentir cómodo. A veces, enfrentar y manejar relaciones tóxicas puede ser un proceso desafiante, pero es un paso importante hacia una vida más saludable y equilibrada.

9. Actitud positiva

En la vida enfrentamos una amplia variedad de desafíos y situaciones que pueden afectar nuestro bienestar emocional y mental. Sin embargo, hay una cualidad que puede marcar una gran diferencia en cómo enfrentamos estos retos:

la actitud positiva

¿En qué consiste? Es una mentalidad optimista y esperanzada que se enfoca en lo bueno, lo constructivo y lo positivo en la vida. Implica ver los desafíos como oportunidades de crecimiento y aprendizaje en lugar de obstáculos insuperables. El objetivo no es ignorar las dificultades o emociones negativas, sino abordarlas con una mentalidad constructiva y proactiva. Es conveniente mantener esta actitud por estas razones:

- **Mejora el bienestar emocional.** La actitud positiva está asociada con una menor incidencia de estrés, ansiedad y depresión. Mantener una perspectiva optimista ayuda a reducir los pensamientos negativos y mejora nuestro bienestar emocional.

- **Fortalece tus relaciones.** Una actitud positiva fomenta relaciones más saludables y significativas. Cuando somos amables, empáticos y compasivos, nuestras conexiones con los demás se vuelven más sólidas y satisfactorias.

- **Impulsa la productividad.** La actitud positiva motiva y aumenta nuestra productividad. Cuando enfrentamos desafíos con determinación y perseverancia, estamos más dispuestos a superar obstáculos y alcanzar nuestros objetivos.

- **Beneficia tu salud física.** Estudios han demostrado que las personas con una actitud positiva tienen una mejor salud física y un sistema inmunológico más fuerte.

- **Atrae oportunidades.** La forma en que nos presentamos al mundo influye en las oportunidades que se nos presentan en la vida. La actitud positiva atrae personas con valores similares, y de estas relaciones pueden surgir oportunidades.

Consejos para desarrollar y mejorar la actitud positiva

Practica la gratitud. Dedica unos minutos cada día para reflexionar sobre aquello por lo que te sientes agradecido. Enfocarte en lo positivo te ayuda a cultivar una actitud de gratitud y a valorar lo que tienes.

Rodéate de personas positivas. Mantén contacto con personas que tienen una actitud positiva y te inspiran. Compartir tiempo con individuos optimistas puede influir en tu mentalidad y en cómo enfrentas los desafíos.

Cultiva la resiliencia. Afronta los desafíos con una mentalidad de crecimiento y aprendizaje. En lugar de rendirte frente a las dificultades, aborda los problemas como oportunidades para crecer y desarrollarte.

Practica la empatía. Intenta comprender las emociones y perspectivas de los demás. La empatía fomenta conexiones significativas y una mejor comprensión de las relaciones humanas.

Visualiza el éxito. Visualiza tus objetivos alcanzados y tus sueños hechos realidad. Mantener una imagen positiva de tu futuro te motivará a trabajar con entusiasmo y enfoque para lograrlo.

La actitud positiva es una cualidad que puede mejorar de manera significativa nuestra vida y la de quienes nos rodean. Cultivar una mentalidad optimista y esperanzadora nos ayuda a enfrentar los desafíos con resiliencia y a disfrutar de relaciones más satisfactorias. Con estos consejos podemos desarrollar y fortalecer nuestra actitud positiva para enfrentar los desafíos de la vida con una perspectiva más constructiva y optimista. Recuerda que la actitud es una elección así que…

¡Elige la

magia de lo positivo
y transforma tu vida!

10. Dinero

Es clave entender que, por sí mismo el dinero no es un mal, y más bien son los usos que ciertas personas puedan darle los que tienen el potencial de ser negativos. El dinero bien habido te brinda una cantidad de beneficios intrínsecos muy poderosos y si algún día tienes la oportunidad de ver en tu cuenta bancaria una suma con seis ceros en línea, descubrirás los beneficios que te da: aumento en la autoestima, seguridad, estabilidad, libertad y capacidad de ayudar a otros.

La suma de estos factores convierte al dinero en una herramienta para elevar tus niveles de energía vital, y la conjugación de estos diez elementos vitales te garantizará las reservas de energía que necesitas para alcanzar todas tus metas y objetivos. Al final del día, ¡es imposible ser el rey de la selva si no tienes una energía vital muy alta!

CONCLUSIONES PARA SER UN GANADOR CON VITALIDAD

1. **Gestiona tu energía vital.** Para llevar a cabo acciones que te conduzcan al éxito y a conseguir una vida feliz y plena deberás echar mano de mucha energía vital. Algunas de las acciones que requieren de esta energía son el estudio y el aprendizaje, las relaciones afectivas, el desarrollo de tu personalidad y la regulación de tu comportamiento, la resolución de problemas, la capacidad para superar obstáculos y la gestión del estrés.

2. **Mantén en alto tu energía vital.** Para que alcances el éxito y la felicidad, no solo bastará con que tengas energía vital: también deberás mantenerla alta en todo momento. Solo así podrías estar alerta para vivir con plenitud, resolver con asertividad y seguir escalando la montaña de la vida.

EJERCICIOS PRÁCTICOS PARA QUE SIEMPRE TENGAS ENERGÍA VITAL

BÁSICO:
analizando el interior

Realiza una introspección para que conozcas cómo están tus niveles de energía vital. Es indispensable que primero aprendas a identificar qué te falta para pasar al ejercicio práctico intermedio. Este será un buen momento para que analices también cuál es tu verdadera pasión.

INTERMEDIO:
un paso a la vez,
pero constante

Recuerda cuáles son las fuentes para aumentar tu energía vital y aplícalas de manera gradual: comienza por una alimentación adecuada y crea un buen hábito de sueño. Puedes ayudarte del ejercicio moderado y de la meditación. Verás cambios más rápido de lo que imaginas.

AVANZADO:
interacciona y acciona

Si eres capaz de identificar un cambio en ti después de aplicar los pasos anteriores, es turno de compartir al nuevo tú con quienes te rodean. Fomenta una vida sexual satisfactoria con tu pareja y gestiona tu energía en tu círculo más cercano.

Ejercicio

¿Eres consciente de dónde inviertes tu energía vital? Realiza este ejercicio para saberlo. Escribe tus respuestas en los espacios correspondientes.

Analiza cómo fue tu vida el año pasado y enlista los escenarios donde te haya faltado la energía vital necesaria para culminar acciones o lograr objetivos.

1. _____

2. _____

3. _____

4. _____

5. _____

Escribe tres maneras en que gestionarás tu energía vital para que no caiga día a día. Reflexiona por qué le diste prioridad a estas sobre las demás.

1. _____

2. _____

3. _____

Perdonar para avanzar

El perdón es un mandamiento en casi todas las religiones: perdonar es volver a vivir

Resentimiento vs. perdón

Tanto en la vida como en los negocios es inevitable que, tarde o temprano, te sientas lastimado o traicionado de alguna manera. En tales circunstancias, es fácil caer en el resentimiento y la amargura, y permitir que la sensación de malestar impida que alcances tus metas y objetivos. El perdón es una herramienta poderosa que te ayudará a superar el resentimiento y seguir tu camino hacia el éxito. Perdonar te libera de la carga emocional que acompaña al rencor y te permite orientar tu energía hacia lo que de verdad importa.

 ¿Te has preguntado
de dónde viene el resentimiento?
¿Por qué culpar, reclamar y exigir son reacciones tan difundidas en nuestra sociedad?

En muchas culturas occidentales, estos conceptos tienen una fuerte relación con la religión y con la idea de un Dios que juzga y castiga. Las nociones de culpa y castigo se han extendido a nuestras vidas personales y empresariales, y es común ver a personas responsabilizando a otras por sus propios errores o acciones en un ciclo interminable de dolor. En este escenario, el principio de perdonar para continuar se vuelve fundamental para tener paz, tanto en tu entorno personal como en el mundo de los negocios.

El proceso de perdón es una parte fundamental del bienestar emocional y del crecimiento personal. Cuando alguien experimenta daño emocional, como una traición, es natural sentirse herido y enojado. Sin embargo, aferrarse al resentimiento y negarse a perdonar puede tener efectos negativos en la vida de la persona que lleva esa emoción a cuestas.

Perdonar nos permite liberarnos de la negatividad y sanar nuestras heridas emocionales. También nos brinda la oportunidad de reconstruir nuestra vida con una perspectiva más positiva y liberadora. Al perdonar, no solo liberamos a la otra persona de nuestra ira y resentimiento, también nos liberamos a nosotros mismos. Esta acción no implica olvidar o justificar lo que ocurrió, ni significa que debemos restablecer una relación con la persona que nos lastimó; perdonar es un acto de liberación y una forma de soltar el peso emocional que llevamos. Cuando no perdonamos, nos mantenemos atados al pasado y revivimos el dolor y la ira de manera constante, lo cual afecta nuestra salud mental, emocional y física.

El BlackLion
no pierde **tiempo** ni **energía** en rencores. Atender **su reino** requiere de toda su **atención.**

El perdón no es un proceso sencillo y puede requerir tiempo y esfuerzo. Sin embargo, es un acto que nos ayuda a avanzar hacia un futuro más saludable y positivo. Nos permite abrir espacio para nuevas experiencias y relaciones, y nos da la oportunidad de crecer y aprender de nuestras vivencias pasadas. Al soltar la carga del resentimiento, podemos liberar nuestra energía emocional y enfocarnos en construir una vida más plena y significativa. Desde un punto de vista psicológico, te animaría a considerar el perdón como un camino hacia el crecimiento y la paz interior.

DESARROLLO DEL PRINCIPIO

Perdonar es una habilidad valiosa para mantener el paso y aumentar la productividad y el crecimiento de tu negocio. El perdón no significa necesariamente olvidar o justificar el comportamiento dañino de alguien, sino dejar atrás las emociones negativas y proponer soluciones constructivas. Perdonar favorece que se construyan relaciones más fuertes y eficaces entre los miembros de un equipo. Permíteme darte un ejemplo de cómo el perdón beneficia a quien lo otorga.

Imagina a Laura, una mujer que sufrió una traición dolorosa por parte de su mejor amiga y colega, María, quien difundió rumores malintencionados sobre Laura para beneficiarse y tener una mejor posición en su entorno laboral, lo que causó que muchas personas excluyeran a Laura y la trataran con desprecio. Laura quedó devastada y enojada por la traición de alguien en quien confiaba con plenitud.

En los días posteriores a la traición, Laura se debatía entre la ira y el resentimiento. Sentía que María merecía pagar por lo que le hizo y que nunca podría perdonarla. Sin embargo, Laura empezó a notar que el resentimiento estaba afectando profundamente su bienestar emocional. Con frecuencia se sentía ansiosa, triste y retraída. La ira la consumía, y cada vez que pensaba en María, sentía un nudo en el estómago, lo que a su vez había comenzado a afectar su desempeño laboral.

Con el tiempo, Laura empezó a reflexionar sobre las consecuencias que el resentimiento tenía en su vida. Se dio cuenta de que, al no perdonar a María, estaba permitiendo que la traición destruyera su paz interior y su felicidad, y desaprovechaba su energía. Fue entonces cuando decidió emprender el camino del perdón. Perdonar a María no fue un proceso fácil para Laura. Requirió tiempo, autorreflexión y compasión hacia sí misma. Al final, Laura comprendió que el perdón no se trataba de justificar lo que hizo María, sino de una liberación emocional para ella misma. Decidió soltar el peso del resentimiento y liberarse de la carga emocional que llevaba.

Laura experimentó cambios significativos en su vida. Cuando perdonó a María, pudo dejar de revivir constantemente el dolor de la traición; su ansiedad disminuyó, y empezó a sentirse más ligera y en paz consigo misma. Aprendió a establecer límites saludables en sus relaciones y a rodearse de personas que la apoyaban de forma verdadera. Además, el perdón le permitió seguir adelante y enfocarse en sus metas y sueños. Laura encontró una nueva confianza en sí misma y pudo forjar nuevas amistades genuinamente positivas y enriquecedoras. Al redirigir la energía que desperdiciaba en el resentimiento, mejoró la calidad de su desempeño y, con el tiempo, dejó que su trabajo hablara por sí mismo con un volumen mucho mayor que el de los rumores que María había comenzado, lo que, de la mano con sus relaciones positivas, le abrió nuevas oportunidades.

En conclusión, el perdón fue un paso crucial para el bienestar emocional de Laura. Al liberarse del resentimiento y perdonar a María, pudo encontrar paz interior, sanar heridas emocionales y avanzar hacia una vida más plena y significativa. El perdón le permitió liberar su energía emocional para enfocarse en su propio crecimiento y felicidad.

¿Cómo se ha manifestado el resentimiento en tu propio contexto? ¿Alguna vez has tomado **decisiones empresariales** basado en el RESENTIMIENTO hacia algún COMPETIDOR de tu área de negocios?

En este punto te invito a pensar en ello para evaluar qué herramientas del perdón son necesarias para el éxito que te propones.

CONCLUSIONES PARA SER UN GANADOR QUE SABE Y PUEDE PERDONAR

1. **El resentimiento es un obstáculo para el crecimiento personal y empresarial.** Si no te liberas del resentimiento y la culpa, corres el riesgo de quedarte atrapado en un ciclo negativo que afecta tu capacidad para tomar decisiones y avanzar en la vida y los negocios.

2. **El perdón es una habilidad valiosa para el éxito empresarial.** Cuando aprendes a perdonarte a ti mismo y a los demás, liberas tu energía y tu mente para concentrarte en tus objetivos y proyectos empresariales. Además, el perdón puede ayudar a fomentar relaciones más saludables y efectivas dentro de un equipo de trabajo.

3. **Perdonar requiere práctica y paciencia.** No se alcanza el perdón de la noche a la mañana, es un proceso que requiere tiempo y esfuerzo. Es importante que estés dispuesto a trabajar en ti mismo y en tus relaciones para desarrollar tu capacidad de perdonar. A veces, esto puede requerir la ayuda de un terapeuta o un *coach* empresarial.

EJERCICIOS PRÁCTICOS PARA SER UN GANADOR QUE SABE PERDONAR

BÁSICO: ponte en el lugar de los otros

Identifica una situación reciente en la que hayas sentido resentimiento hacia alguien. Haz una lista de las emociones que te provoca ese recuerdo y trata de poner en perspectiva lo sucedido desde los zapatos de la otra persona. Intenta entender las motivaciones y circunstancias que puedan haber influido en su conducta. Esto puede ayudarte a cultivar la empatía y el perdón.

INTERMEDIO:
reencuéntrate con el pasado para sanar en el presente

Elige a alguien con quien hayas tenido una discusión o conflicto en el pasado y acércate a él o ella para tener una conversación honesta. Comparte tus sentimientos y presta atención a sus perspectivas. Traten de llegar a un entendimiento mutuo y trabajar juntos para encontrar una solución. Aprender a escuchar y trabajar en equipo puede combatir el resentimiento y ayudar a construir relaciones más saludables.

AVANZADO:
medita para alcanzar el perdón

Dedica unos minutos cada día para sentarte en silencio y meditar sobre el perdón. Visualiza a las personas que te han hecho daño y trata de liberar cualquier resentimiento o enojo que puedas sentir hacia ellas. Hacerlo puede ayudarte a eliminar las emociones negativas y cultivar una mente más positiva y resiliente.

Ejercicio

Escribe en la línea los nombres de las personas a quienes debes perdonar de inmediato por tu propio bien para así retomar el paso hacia tus metas:

1. _____

2. _____

3. _____

Recuerda que el perdón no es un acto de bondad con la otra persona, lo es contigo mismo.

PRINCIPIO VEINTIUNO

Provocando la posibilidad

La transformación a través de la posibilidad

Pesimismo vs. posibilidad

En la vida y en los negocios atravesarás obstáculos y desafíos que pueden hacerte sentir pesimista, desanimado y sin esperanza. A menudo, nos enfocamos en aquello que no podemos hacer o que nos falta, lo que puede llevar a la parálisis y la desesperanza. Sin embargo, también hay posibilidades, oportunidades y soluciones que te permiten superar obstáculos y lograr el éxito empresarial que buscas. Cuando adoptamos una mentalidad de posibilidad, comenzamos a ver oportunidades y soluciones en lugar de problemas y obstáculos, y aprendemos a enfocarnos en lo que podemos hacer, en lugar de lo que no podemos para así cultivar una visión más positiva y motivadora.

En este capítulo, exploraremos la importancia de la mentalidad de posibilidad y cómo puede ayudarte a superar el pesimismo y a alcanzar tus metas empresariales.

DESARROLLO DEL PRINCIPIO

La mentalidad de posibilidad se trata de creer que no hay imposibles. Esta creencia no busca negar la realidad o ignorar los desafíos que se enfrentan, sino enfocarse en las oportunidades y soluciones en lugar de en los obstáculos. Al adoptarla, puedes buscar formas de superar los desafíos, en lugar de paralizarte ante ellos.

Por otro lado, la mentalidad de pesimismo se centra en las limitaciones, los obstáculos y los problemas. Las personas pesimistas tienden a ver el mundo a través de una lente negativa y se enfocan en lo que no pueden hacer y en lo que está fuera de su control. Esto las lleva a la inactividad, la desesperanza y la falta de motivación para alcanzar las metas empresariales.

Entonces, ¿cómo puedes cultivar una mentalidad de posibilidad para superar el pesimismo? Cambia la forma en que hablas contigo mismo. En lugar de decir «No puedo hacer esto» o «Esto es imposible», cuestiónate: «¿Cómo puedo hacer esto?» o «¿Cuál es la solución a este problema?». Este cambio de pensamiento te permitirá superar las dificultades al concentrarte en formas de alcanzar tus metas más que en los obstáculos que hay de por medio.

El BlackLion se enfoca en el éxito de la cacería, no en el riesgo de que su presa escape.

Toma como ejemplo la historia de Marvel. Durante los años noventa, las acciones de esta empresa comenzaron a devaluarse y pusieron a la compañía en una situación crítica cercana a la bancarrota. Sin embargo, el enfoque optimista le permitió ver más allá del panorama negativo y esa fue la clave de su éxito. Marvel vio en la crisis una oportunidad de diversificar su mercado: pasó de centrar gran parte de sus estrategias de venta en los cómics a fundar una franquicia cinematográfica propia que no solo le ayudó a superar sus dificultades económicas, sino que, hasta la fecha, ha producido enormes ganancias.

Pero este principio no se limita a los superhéroes. Puedes alcanzar una mentalidad de posibilidad a través de pequeños pasos; por ejemplo, si quieres ampliar tu negocio, pero no cuentas con un gran capital, en lugar de centrarte en la falta de recursos, disfruta las posibilidades creativas que se presentan cuando es necesario optimizar recursos. También puedes rodearte de una tribu positiva y motivadora que te ayude a mantener el optimismo. Estas personas pueden ofrecerte perspectivas diversas sobre cómo salir adelante, nuevas ideas y apoyo emocional cuando enfrentas conflictos.

Adoptar una **mentalidad** de posibilidad puede **ayudarte** a superar el pesimismo y a alcanzar tus **METAS EMPRESARIALES.**

Recuerda ser un agente de cambio que inspire a sus colaboradores a pensar de forma positiva, pues esto les permitirá aportar ideas orientadas en la resiliencia. Existen varias competencias necesarias para ser un verdadero provocador de posibilidades ya que de carecer de ellas, solo serás un soñador. Para ser un provocador de posibilidades es necesario contar con ciertos recursos como autoestima, seguridad personal, experiencia amplia, el respaldo de un equipo humano y por supuesto, ego positivo, el cual te dirá con sigilo «tú eres el mejor, tú puedes, ¡tú te lo mereces!».

Beneficios de creer que todo es posible

Fomenta la perseverancia. Cuando una persona cree que todo es posible, es más probable que persista en la búsqueda de sus metas y sueños, incluso cuando se enfrenta a obstáculos y desafíos. Esta mentalidad positiva impulsa la determinación y el esfuerzo continuo.

Estimula la creatividad. Creer en la posibilidad de lo desconocido y lo inexplorado inspira la creatividad y la búsqueda de nuevas soluciones. Las personas que creen que todo es posible están más dispuestas a pensar fuera de lo común y a considerar enfoques innovadores.

Promueve una actitud positiva. Creer que todo es posible se relaciona con una mentalidad optimista y positiva. Esto puede reducir el estrés y la ansiedad, ya que la persona se enfoca en posibilidades y oportunidades en lugar de en limitaciones.

Incrementa la motivación. La creencia en la posibilidad de éxito puede aumentar la motivación y la confianza en uno mismo. Las personas que tienen esta mentalidad tienden a enfrentar los desafíos con entusiasmo y convicción.

Abre puertas a nuevas experiencias. Quienes creen que todo es posible están más abiertos a probar cosas nuevas y aventurarse fuera de su zona de confort. Esto puede llevar a experiencias enriquecedoras y oportunidades de crecimiento personal.

Fomenta la resiliencia. Cuando se cree que todo es posible, las personas pueden adaptarse con mayor facilidad a los cambios y superar las adversidades. Tener una mentalidad de posibilidad y adaptabilidad fortalece la resiliencia emocional.

Empodera el pensamiento positivo. La creencia en la posibilidad puede generar pensamientos positivos y eliminar las limitaciones autoimpuestas. Esto puede llevar a una mayor autoconfianza y autoestima.

Sin embargo, es importante mantener un equilibrio en esta creencia. Si bien es beneficioso tener una mentalidad de posibilidad, también es esencial reconocer las realidades y los límites razonables. Creer que todo es posible no significa ignorar la realidad o evitar la planificación y preparación adecuadas. Un enfoque realista y positivo proporciona un equilibrio saludable para alcanzar objetivos y aspiraciones.

CONCLUSIONES PARA SER UN GANADOR QUE PROVOCA UN SIN FIN DE POSIBILIDADES

1. **El pesimismo puede ser el mayor obstáculo para el éxito empresarial.** Aunque estés atravesando una situación difícil, evita enfocarte solo en los problemas, pues con ello pierdes de vista las alternativas de solución. Adopta una mentalidad de posibilidad para enfrentar los pensamientos negativos y enfócate en tus recursos, no en tus carencias.

2. **La mentalidad de posibilidad es fundamental para ser creativo e innovador.** Cuando te enfocas en tus destrezas, comienzas a buscar soluciones frescas para resolver los desafíos empresariales. Esto puede llevar a la innovación y la creación de nuevas oportunidades de negocio.

3. **La mentalidad de posibilidad te ayuda a mantener la motivación y el enfoque a largo plazo.** Cuando te enfrentas a los desafíos del día a día es fácil perder la perspectiva de las metas que piensas más lejanas. Al adoptar este tipo de mentalidad, mantienes una visión positiva y motivadora que te ayuda a seguir avanzando hacia tus proyectos a futuro.

Adoptar una mentalidad de posibilidad es fundamental para el éxito de tus negocios y para convertirte en un ganador. Enfócate en las oportunidades y soluciones en lugar de en los obstáculos y limitaciones, y supera el pesimismo para lograr tus propósitos empresariales. La idea de posibilidad es importante para nuestra vida y nuestra convivencia con otras personas. La tecnología y las innovaciones han creado un mundo conectado y emocionante. Sin embargo, también existen grandes desafíos en la lucha por alcanzar la igualdad y la justicia. Al reconocer y aprovechar todas las posibilidades que se nos presentan, podemos superar nuestros miedos y limitaciones y crear un mundo mejor y más justo para todos.

EJERCICIOS PRÁCTICOS
PARA ABRIR LAS POSIBILIDADES

BÁSICO:
buscando salidas

Identifica un desafío empresarial al que te enfrentas actualmente y anota todos los obstáculos y limitaciones que se presentan cuando intentas enfrentarlo. A continuación, escribe al menos una solución o enfoque creativo para cada dificultad que hayas identificado.

INTERMEDIO:
desafiando tus creencias

Haz una lista de las creencias negativas que tienes sobre tus capacidades empresariales. Después, desafía estas creencias con ejemplos concretos de situaciones en las que has demostrado ser capaz en tu negocio. Por ejemplo, si crees que no eres lo bastante bueno en las ventas, recuerda momentos en los que has cerrado un trato exitoso y cómo lo hiciste.

AVANZADO:
redes de apoyo como posibilidad

Crea una red de apoyo compuesta por personas que tengan una mentalidad de posibilidad y que puedan ofrecerte perspectivas y soluciones creativas cuando enfrentes desafíos. Esta red puede incluir mentores, colegas, amigos y expertos en tu área de negocio. Asegúrate de que las personas que formen parte de esta tribu compartan tus valores y objetivos empresariales y te apoyen en tu camino hacia el éxito.

Ejercicio

Es momento de que creas que todo es posible y superes tus límites. Realiza los siguientes ejercicios.

Escribe tres situaciones en las que te has sentido incapaz de hacer algo, ya sea en el ámbito personal o empresarial.

1. _____

2. _____

3. _____

Ahora escribe para cada situación cómo superaste los obstáculos y rompiste las barreras que te impedían conseguirlo.

1. _____

2. _____

3. _____

Escribe tres frases que puedas repetirte para salir de tu zona de confort y adoptar una mentalidad de posibilidad.

1. _____

2. _____

3. _____

Oler el problema para solucionarlo

Quien sea bueno para detectar posibles problemas podrá encontrar la solución
Complicar vs. solucionar

A lo largo de los años he descubierto que en un mundo tan cambiante, competitivo y con gran dificultad para lograr éxito, la habilidad para detectar problemas es una gran virtud empresarial e incluso puede ser útil para encontrar soluciones dentro del ámbito familiar. Por lo regular, la gente no tiene la capacidad para intuir a tiempo un problema, lo que más adelante dificulta la búsqueda de una solución. Es por esto que en este capítulo te quiero enseñar a detectar a tiempo problemas en los negocios, una competencia y habilidad valiosa que puede marcar la diferencia entre el éxito y el fracaso.

DESARROLLO DEL PRNCIPIO

Los leones, como animales salvajes, no tienen la capacidad de detectar problemas de la misma manera que lo hacen los seres humanos. Su comportamiento está impulsado por instintos y necesidades básicas de supervivencia, como la búsqueda de alimento, la protección del territorio y la reproducción. Cuando los leones enfrentan desafíos en su entorno, por lo general reaccionan de acuerdo con sus instintos naturales. Por ejemplo, si detectan una presa potencial, intentarán cazarla en grupo con estrategias de caza características de su especie. Si otro grupo de leones invade su territorio, lo defienden de manera agresiva para proteger sus recursos y asegurar su supervivencia.

Aunque los leones no tienen una noción consciente de los problemas en el sentido humano, su comportamiento y adaptabilidad al entorno les permiten enfrentar diferentes situaciones y obstáculos que puedan surgir en su vida salvaje. Su capacidad de caza en grupo, comunicación y organización social son algunas de las características que les permiten superar los desafíos que encuentran en su hábitat natural.

El BlackLion es **capaz** de olfatear las **amenazas** a su territorio antes de que **ataquen**.

Para ser efectivo al llevar a cabo la detección de problemas, debes desarrollar o poseer ciertas virtudes, competencias y habilidades.

Virtudes

- **Curiosidad.** Una persona curiosa busca entender cómo funcionan las cosas y qué podría afectar de forma negativa el desempeño de un negocio antes de que tal situación se presente.

- **Paciencia.** La detección de problemas puede requerir tiempo y análisis minucioso, por lo que la paciencia es esencial para llegar a la raíz del problema.

- **Integridad.** Es importante ser honesto y ético en el proceso de detección de problemas y en la comunicación de los hallazgos.

Competencias

- **Pensamiento analítico.** La capacidad de analizar datos, tendencias y resultados para identificar patrones y anomalías es crucial para la detección de problemas.

- **Pensamiento sistémico.** Es necesario comprender cómo se interconectan y afectan entre sí las diferentes partes del negocio para detectar problemas que puedan surgir de estas relaciones.

- **Comunicación efectiva.** Ser capaz de expresar con claridad las observaciones y hallazgos a otros miembros del equipo o a la dirección.

- **Resolución de problemas.** De nada sirve reconocer un problema si no se es capaz de solucionarlo una vez que se ha identificado. Abordar de manera efectiva los desafíos y encontrar soluciones prácticas y factibles es fundamental para evitar complicaciones originadas por un problema.

Habilidades

- **Análisis de datos.** Saber cómo recopilar, organizar y analizar datos relevantes para identificar posibles problemas y oportunidades de mejora.

- **Escucha activa.** Ser capaz de escuchar atentamente a los miembros del equipo, clientes y otras partes interesadas para entender sus preocupaciones y perspectivas.

- **Observación.** Desarrollar la habilidad de observar los procesos y operaciones del negocio para identificar posibles problemas o ineficiencias.

- **Investigación.** Ser capaz de realizar investigaciones para obtener información adicional y contextos que ayuden a entender mejor los problemas identificados.

- **Flexibilidad.** Adaptarse a diferentes escenarios para encontrar la mejor manera de abordar cada problema.

- **Conocimiento del negocio.** Tener un buen entendimiento del negocio y su industria para detectar problemas específicos que puedan surgir en ese contexto.

En general, la combinación de virtudes, competencias y habilidades es necesaria para ser efectivo en la detección de problemas. La práctica y el desarrollo constante de estas cualidades te permitirán ser un recurso valioso para mejorar y optimizar el funcionamiento de la empresa. Para crear una excelente solución después de detectar un problema en un negocio, es fundamental contar con ciertas competencias y habilidades específicas. Estas incluyen principalmente:

- **Creatividad.** La destreza para pensar de manera innovadora y fuera de lo común para encontrar soluciones únicas y efectivas a un problema.

- **Pensamiento estratégico.** La capacidad de planificar y desarrollar un enfoque estratégico para abordar el problema de manera integral y a largo plazo.

- **Toma de decisiones.** La habilidad de evaluar opciones y tomar decisiones acertadas para resolver el problema.

- **Resolución de problemas.** La capacidad de aplicar enfoques estructurados y metodologías para resolver problemas de manera sistemática y efectiva.

- **Comunicación efectiva.** La sensibilidad para comunicar la solución propuesta de manera clara y persuasiva a los miembros del equipo, líderes y otras partes interesadas.

- **Pensamiento crítico.** La habilidad de evaluar las consecuencias y ramificaciones de la solución propuesta, así como identificar posibles obstáculos o riesgos.

- **Habilidades de liderazgo.** La capacidad para guiar y motivar a los miembros del equipo hacia los objetivos establecidos para implementar una solución.

- **Gestión del tiempo.** La habilidad para establecer plazos realistas y administrar con eficiencia el tiempo para implementar la solución de manera oportuna.

- **Colaboración.** La capacidad de trabajar con otros miembros del equipo, expertos o partes interesadas para aprovechar diferentes perspectivas y conocimientos para mejorar la solución.

- **Flexibilidad.** La disposición de mantenerse abierto a adaptar la solución a medida que surjan nuevos desafíos o información adicional.

- **Conocimiento técnico.** El dominio de conocimientos técnicos o especializados (dependiendo del tipo de problema y la industria) para diseñar soluciones efectivas.

- **Persistencia.** La habilidad de enfrentar obstáculos y desafíos con determinación y seguir buscando soluciones hasta encontrar la más adecuada.

La combinación de estas competencias y habilidades te permitirá crear soluciones efectivas, realistas y prácticas.

Para ilustrar el principio «Oler el problema para solucionarlo», te ofrezco tres ejemplos de líderes que se beneficiaron de llevarlo a cabo. Estos ejemplos demuestran cómo los líderes efectivos pueden detectar problemas a tiempo, asumir la responsabilidad y tomar acciones decisivas para implementar soluciones efectivas, lo que les permite beneficiarse de la resolución exitosa de los desafíos.

Steve Jobs en Apple Inc.

En la década de 1990, Apple Inc. enfrentaba serias dificultades financieras y la gama que ofertaba se había vuelto demasiado diversa. Cuando Steve Jobs regresó a la compañía en 1997, identificó que la fragmentación de productos era uno de los problemas principales y tomó la decisión audaz de simplificar la línea de Apple y concentrarse en unos pocos productos clave. Rediseñó y relanzó la línea de computadoras Mac y se enfocó en el desarrollo del iPod, un reproductor de música revolucionario. Esta estrategia de centrarse en productos esenciales revitalizó a Apple y allanó el camino para el éxito futuro con el lanzamiento del iPhone, iPad y otros dispositivos icónicos.

Mary Barra en General Motors (GM)

Mary Barra se convirtió en CEO de General Motors en 2014 en un momento crucial para la compañía. GM enfrentaba un problema grave relacionado con defectos en el sistema de ignición de varios modelos de automóviles que tuvieron como consecuencia una serie de accidentes e incluso muertes. Barra tomó la decisión de abordar el problema de frente y asumir la responsabilidad de los errores pasados. Se disculpó públicamente y lanzó una serie de investigaciones internas para identificar la causa del problema. GM retiró millones de vehículos defectuosos del mercado y realizó cambios significativos en su cultura organizacional y procesos de toma de decisiones para garantizar la seguridad de sus productos. Esta respuesta rápida y transparente de Barra ayudó a GM a reconstruir su reputación y restablecer la confianza de los clientes.

Elon Musk en SpaceX

En septiembre de 2016, un cohete Falcon 9 de SpaceX explotó en la plataforma de lanzamiento durante una prueba. En lugar de ocultar el incidente o minimizar el problema, Elon Musk, CEO de SpaceX, actuó con transparencia. Identificó con rapidez la causa del fallo y explicó de manera pública los detalles del problema y las medidas correctivas que se tomarían. Musk y su equipo trabajaron arduamente para resolver las fallas técnicas y mejorar la seguridad de los lanzamientos futuros. Esta actitud de afrontar el problema y aprender de los errores ayudó a SpaceX a recuperarse con rapidez y reforzar su posición como líder en la industria aeroespacial.

CONCLUSIONES PARA SER UN GANADOR QUE PREVÉ Y SOLUCIONA

1. **Sé observador.** Pon atención a la línea de funcionamiento del negocio y ve más allá: observa los pasos y procesos que pueden mejorar o donde se puede presentar un problema.

2. **Adelántate a la solución y rastrea el origen.** Cuando identifiques un posible problema venidero, rastrea la causa. De nada sirve solucionar un problema si no se atiende la raíz que lo origina.

3. **Soluciona y da seguimiento.** Recuerda que además de solucionar la causa del problema debes asegurarte de que no volverá a presentarse. Da seguimiento a la solución que se implementó y busca opciones para otros posibles problemas, es decir, retoma el paso 1 y continúa.

EJERCICIOS PRÁCTICOS PARA SER UN LÍDER EN LA RESOLUCIÓN DE PROBLEMAS

A continuación te presento un par de ejercicios prácticos que tienen por objetivo mejorar tus habilidades para la detección de problemas y la velocidad con que puedes solucionarlos.

Ejercicio de observación y análisis

Objetivo: Practicar la observación detallada y el análisis de situaciones para detectar posibles problemas o áreas de mejora.

Instrucciones:

1. Elige una situación o entorno en el que puedas observar el funcionamiento de un proceso, un equipo de trabajo o cualquier actividad relacionada con un negocio, puede ser en tu propio trabajo, en un comercio cercano o incluso en un espacio público.

2. Durante al menos 30 minutos, observa lo que sucede en ese entorno. Presta atención a los detalles, la interacción entre las personas, los procedimientos, la comunicación, el flujo de trabajo, etc.

3. Lleva una libreta o utiliza tu teléfono para tomar notas de lo que observes. Registra cualquier aspecto que consideres relevante o que llame tu atención.

4. Una vez que hayas completado la observación, revisa tus notas y analiza la información que recopilaste. Busca patrones, incoherencias, posibles ineficiencias o problemas que puedas identificar.

5. Formúlate preguntas críticas sobre lo que observaste. Por ejemplo: ¿Por qué se lleva a cabo un proceso de esa manera en particular? ¿Existen cuellos de botella en el flujo de trabajo? ¿La comunicación entre los miembros del equipo es efectiva?

6. Intenta identificar posibles causas de los problemas que hayas detectado. ¿Qué factores podrían estar involucrados en esas situaciones?

7. Si es posible, comparte tus observaciones para crear análisis conjuntos con tus colegas o personas cercanas al entorno que estas estudiando. Discute tu investigación y busca retroalimentación.

8. Repite este ejercicio en diferentes situaciones y entornos para mejorar tus habilidades de detección de problemas en distintos contextos.

Recuerda que la práctica constante es clave para mejorar tus habilidades. Cuanto más observes y analices situaciones, más aguda será tu capacidad para detectar problemas y encontrar soluciones efectivas con rapidez.

Ejercicio de resolución de problemas

Objetivo: Mejorar tus habilidades de resolución de problemas y practicar el proceso de encontrar soluciones efectivas.

Instrucciones:

1. Identifica un problema específico que quieras resolver. Puede ser algo relacionado con tu trabajo, tus estudios o cualquier otra situación que enfrentes en tu vida diaria.

2. Define de forma clara el problema. Descríbelo con detalle, incluyendo todos los aspectos que consideres relevantes.

3. Analiza las causas raíz. Intenta identificar las posibles razones por las cuales se ha presentado este problema. Pregunta «¿Por qué?» varias veces para profundizar en las causas.

4. Genera opciones de solución. Piensa en diferentes enfoques para abordar el problema. No te limites a una sola idea y sé creativo en tus propuestas.

5. Evalúa las opciones. Analiza cada solución propuesta y considera su viabilidad, costo, efectividad y consecuencias potenciales.

6. Selecciona la mejor opción. Con base en en tu análisis, elige la solución que consideres más adecuada para resolver el problema.

7. Diseña un plan de acción. Detalla los pasos necesarios para implementar la solución seleccionada. Define al responsable de cada tarea y establece un cronograma.

8. Implementa la solución. Lleva a cabo el plan de acción que diseñaste y sigue los pasos de manera precisa.

9. Evalúa los resultados. Después de implementar la solución, evalúa los resultados y pregúntate: ¿El problema ha sido resuelto de manera efectiva? ¿Existen aspectos que se pueden mejorar?

10. Aprende de la experiencia. Reflexiona sobre el proceso de resolución de problemas y toma nota de las lecciones aprendidas. Identifica qué funcionó y qué se puede mejorar para situaciones similares futuras.

11. Repite el ejercicio con diferentes problemas. Practica este proceso de resolución de problemas con distintas situaciones para fortalecer tus habilidades en esta área.

Recuerda que la resolución de problemas es una habilidad que mejora con la práctica. Cuanto más ejercites este proceso, más confianza ganarás en tu capacidad para enfrentar y resolver desafíos de manera efectiva.

Ejercicio

Veamos si ya eres un experto en detectar problemas de manera oportuna y soucionarlos. Identifica el problema en cada situación y escribe una propuesta de solución para cada una.

1. Las ventas de una compañía refresquera han disminuido gradualmente desde que dejó de anunciar sus productos en la televisión.

   Problema: _____

   Solución: _____

2. La reputación de una empresa de servicio de taxis se ha visto afectada por el incremento de malas reseñas en las experiencias de usuario.

   Problema: _____

   Solución: _____

3. Una plataforma de ventas al por mayor enfrenta el riesgo de perder a sus clientes frente a una plataforma similar.

   Problema: _____

   Solución: _____

PRINCIPIO VEINTITRÉS

Cuida tu valiosa maquinaria

Valorar y respetar tu cuerpo te abrirá a posibilidades más duraderas

Desgastar vs. cuidar

El cuerpo es la herramienta más valiosa que posees para alcanzar tus objetivos y lograr el éxito en cualquier ámbito de la vida. A menudo, con el afán de alcanzar tus metas, puedes descuidar tu salud y bienestar físico, sin embargo, para ser un verdadero ganador, debes prestar atención a tu cuerpo y cuidar de él como lo harías con una máquina que necesitas mantener en óptimas condiciones para obtener el máximo rendimiento.

El **respeto al cuerpo** es un principio fundamental para lograr una vida exitosa y plena. Cuidar nuestra salud es esencial para mantener un equilibrio entre el trabajo y la vida personal, aumentar nuestra autoestima y confianza en nosotros mismos y mejorar nuestro rendimiento cognitivo. Con prácticas y hábitos saludables podemos cuidarnos y lograr una vida exitosa y sostenible.

Los leones, como otros animales salvajes, tienen una serie de comportamientos instintivos que contribuyen a su salud y bienestar. Aunque no «cuidan» su cuerpo de la misma manera que lo hacemos los seres humanos, su naturaleza y comportamiento están adaptados para mantenerse en buena condición en su entorno natural.

Los leones son depredadores y cazadores, lo que significa que pasan gran parte de su tiempo buscando y persiguiendo presas para alimentarse. Esta actividad física regular les ayuda a mantenerse en forma y a satisfacer sus necesidades nutricionales. Además, suelen descansar durante el día y ser más activos durante las horas crepusculares y nocturnas. Esta rutina les permite evitar el calor intenso del día y ahorrar energía para la caza.

Desarrollo del principio

El cuerpo humano ha sido una parte fundamental en el mundo del trabajo y los negocios desde tiempos inmemoriales. Desde la época de los cazadores y recolectores, ha sido útil en tareas físicas y para obtener alimentos y recursos. Con el tiempo, la tecnología y la evolución de la sociedad han hecho que muchas de estas tareas sean reemplazadas por máquinas.

Sin embargo, el cuerpo sigue siendo importante para desempeñar el trabajo y llevar a cabo los negocios. En muchas profesiones, el cuerpo todavía es la herramienta principal, como en la construcción, el deporte, la danza, entre otras. En el ámbito de las empresas juega un papel importante en la comunicación y el liderazgo, ya que los gestos, la postura y el tono de voz pueden afectar la manera en que los demás perciben y responden a un mensaje.

El cuidado del cuerpo es esencial para mantener un alto nivel de energía y enfoque en el trabajo. Los emprendedores y líderes empresariales, en particular, deben cuidar su cuerpo para mantener su rendimiento cognitivo y prevenir problemas de salud a largo plazo. Por eso, este capítulo pretende que reconozcas que el principio del respeto al cuerpo es una necesidad para lograr una vida exitosa y plena.

Como **cazador nato**, el **BlackLion** mantiene en **perfecto estado** la mejor **arma** de la que dispone: **su cuerpo.**

Los líderes empresariales y emprendedores tienen una gran cantidad de responsabilidades y presiones que pueden afectar su salud y bienestar físico y mental. Además, el éxito en los negocios depende en gran medida de la capacidad para mantener un alto nivel de energía y enfoque a lo largo del tiempo. Por lo tanto, es importante adoptar prácticas y hábitos saludables para cuidar la salud.

Practicar ejercicio con regularidad. El ejercicio no solo mejora la salud física, también reduce el estrés y mejora el estado de ánimo. Los emprendedores pueden considerar incorporar un régimen de ejercicios en su agenda semanal para mantenerse en forma y mejorar su rendimiento mental. Cabe mencionar que ejercitarse ayuda a reducir los niveles de cortisol, la llamada «hormona del estrés», lo cual permite sobrellevar de mejor manera las exigencias de un cargo de alta responsabilidad.

Nutrición adecuada. Una buena nutrición es esencial para mantener la energía y la concentración a lo largo del día. Es recomendable que los emprendedores consideren una dieta equilibrada que incluya alimentos ricos en proteínas y fibra, así como evitar alimentos procesados y azúcares refinadas. Según información de Harvard Health Publishing, el consumo de vegetales verdes, como kale, espinaca y brócoli, provee nutrientes esenciales para el cerebro, como vitamina K y betacaroteno, que ayudan a reducir el deterioro cognitivo. Esto puede impactar de forma positiva en el rendimiento mental de los líderes de negocios a largo plazo.

Sueño reparador. El sueño es esencial para la salud física y mental. Los emprendedores deben establecer una rutina de sueño regular para obtener el descanso suficiente para mantener su energía y enfoque. Además, dormir de forma adecuada ayuda a prevenir riesgos cardiacos, lo que es de particular importancia, pues de acuerdo a un estudio publicado en la *International Journal of Cardiology Hypertension*, las personas que poseen sus propios negocios y quienes trabajan de forma independiente corren un mayor riesgo de enfermedades coronarias.

Gestión del estrés. El estrés es una realidad inevitable para los emprendedores, pero es importante que aprendan a manejarlo de manera efectiva. Las prácticas de gestión del estrés, como la meditación o la terapia, pueden ayudar a los emprendedores a reducir el estrés y mejorar su bienestar mental. Por ejemplo, Ana Botín, presidenta del banco Santander, suele levantarse a las 7 de la mañana, hacer ejercicio y subir las escaleras como parte de su rutina diaria.

Además de estas prácticas, es importante que los emprendedores tomen medidas para cuidar su cuerpo en su entorno de trabajo. Algunas de estas medidas incluyen:

- **Tomar descansos regulares.** Hacer pausas activas durante la jornada laboral ayuda a reducir el estrés y mejorar el enfoque y la productividad.

- **Mantener una postura adecuada.** Conseguir mobiliario ergonómico y mantener una buena postura previene dolores de espalda y cuello que podrían afectar el rendimiento a largo plazo.

- **Descansar lo suficiente tras una enfermedad o lesión.** Si bien los emprendedores a menudo se sienten presionados para seguir trabajando, es importante que tomen el tiempo necesario para recuperarse de enfermedades y lesiones para prevenir problemas de salud a largo plazo.

«Un cuerpo sano es un invitado que ama la morada en la que se encuentra».

Francis Bacon

Las anteriores pueden parecer fórmulas mil veces repetidas en consultorios, charlas con familiares y cientos de libros y conferencias. Sin embargo, más que un lugar común, son la piedra angular de este principio. Sin un reconocimiento de los cuidados que debemos tener con nosotros mismos nos faltará perspectiva para el bienestar de nuestros emprendimientos.

CONCLUSIONES PARA SER UN GANADOR QUE CUIDA DE SU CUERPO

1. **El cuidado del cuerpo es esencial para lograr el éxito sostenible.** El cuerpo es tu herramienta de traba-

jo más importante. Mantenerlo en buenas condiciones es vital para lograr un equilibrio adecuado entre el trabajo y la vida personal, mejorar tu autoestima y confianza en ti mismo, además de aumentar tu rendimiento cognitivo.

2. **Adoptar prácticas y hábitos saludables es fundamental para cuidar tu cuerpo.** Las prácticas incluyen el ejercicio regular, una nutrición adecuada, el sueño reparador y la gestión del estrés.

3. **Los hábitos saludables también son importantes en el entorno laboral.** Las medidas para cuidar tu cuerpo en tu entorno de trabajo son las pausas activas, una postura adecuada y tomar el tiempo suficiente para la recuperación de enfermedades y lesiones.

4. **El cuidado del cuerpo también es importante para la comunicación y el liderazgo en los negocios.** Los gestos, la postura y el tono de voz pueden afectar la manera en que los demás nos perciben y responden a nosotros. Por lo tanto, cuidar nuestro cuerpo también es importante para nuestra presencia y liderazgo en el entorno empresarial.

EJERCICIOS PRÁCTICOS
PARA CUIDAR EL CUERPO

BÁSICO:
establecer una rutina
de sueño regular

Muchos emprendedores y líderes empresariales tienen horarios de trabajo irregulares y no toman el tiempo suficiente para descansar de manera adecuada. Para comenzar a cuidar el cuerpo, se puede comenzar por establecer una rutina de sueño regular.

Esto implica dormir y despertar a la misma hora todos los días, incluso los fines de semana. Esta práctica ayudará a mejorar la calidad del sueño y, por lo tanto, a mantener la energía y el enfoque durante el día.

INTERMEDIO:
iniciar una práctica regular de meditación o yoga

La meditación y el yoga son prácticas que han demostrado ser efectivas para reducir el estrés y mejorar el bienestar mental y físico. Un ejercicio práctico intermedio podría ser comenzar una práctica regular de meditación o yoga. Esto implica encontrar un momento y lugar adecuados para realizar estas prácticas, lo cual podría requerir salir de la zona de confort para encontrarlos.

AVANZADO:
completar un desafío físico importante

Para los que buscan un desafío más avanzado, un ejercicio práctico podría ser completar un desafío físico importante, como una carrera de larga distancia, un triatlón o una escalada. Este desafío requerirá una gran preparación física y mental, pero puede ser una oportunidad para salir de la zona de confort y experimentar el logro de una meta significativa en el cuidado del cuerpo. Sin embargo, es importante tener en cuenta que estos desafíos deben abordarse con precaución y con la orientación adecuada de profesionales de la salud y entrenadores.

Ejercicio

Ahora definirás un plan para cuidar y mejorar tu cuerpo. Escribe tus respuestas sobre las líneas.

1. Identifica y escribe los malos hábitos que sigues tanto en tu vida personal como en la laboral que desees cambiar para cuidar tu cuerpo.

   a) _____

   b) _____

   c) _____

   d) _____

   e) _____

2. Escribe tres hábitos que debes adoptar en tu vida personal para mantener en forma tu cuerpo.

   a) _____

   b) _____

   c) _____

3. Ahora escribe tres hábitos que debes adoptar en tu vida laboral para cuidar tu cuerpo y mejorar tu salud.

   a) _____

   b) _____

   c) _____

Respetar el tiempo

Cuida los minutos que las horas se cuidan solas: valorar el tiempo es valorar tu vida y tus espacios privados y familiares

Desgastar vs. aprovechar

¿Alguna vez te has sentido abrumado por la cantidad de tareas que tienes que hacer en un día? ¿Te has encontrado trabajando largas horas y aun así sientes que no has logrado lo suficiente? Si te has sentido así, no estás solo. En un mundo cada vez más frenético, saturado, lleno de distracciones superfluas y conexiones las 24 horas del día, es fácil perderse en el trabajo y el estrés. Sin embargo, el tiempo es uno de nuestros recursos más valiosos, o mejor dicho el bien más preciado, y aprender a utilizarlo de manera efectiva puede marcar la diferencia entre una vida de estrés y frustración y una exitosa y plena.

Pensemos en el tiempo como una noción que se ha ido transformando a lo largo de los siglos de acuerdo con diferentes culturas y sociedades. Desde la antigüedad, ha sido percibido de diferentes maneras y medido a través de métodos como la observación de los ciclos naturales o con relojes mecánicos y digitales. En cada época y cultura, el tiempo ha tenido un significado diferente y se ha visto influido por factores como la religión, la economía y la tecnología.

Pensar en el tiempo cómo una noción cambiante nos permite reconocer que la forma de organizar nuestro día también ha cambiado a lo largo de la historia. En el mundo actual, nos enfrentamos a un ritmo acelerado de vida y a una constante demanda de productividad y eficiencia. Es fácil caer en la trampa de tratar de hacer demasiado en poco tiempo, sin tomar en cuenta las necesidades reales de nuestro cuerpo y mente.

El león distingue entre el **tiempo de cacería** y el **tiempo de descanso** para optimizar su **energía**.

Al comprender la historia del tiempo y su evolución, podemos adaptarnos mejor a los ritmos del mundo actual y reconocer las demandas externas que son de verdad importantes para nosotros. Podemos aprender a identificar y priorizar nuestras propias necesidades y objetivos, y a gestionar nuestro tiempo de manera efectiva para lograrlos. Esto significa no solo trabajar más duro, sino también más inteligente, siendo conscientes de cómo organizamos diferentes actividades en nuestro día.

DESARROLLO DEL PRINCIPIO

La gestión efectiva del tiempo es clave para lograr una vida exitosa y plena. Hay varias estrategias y herramientas que puedes implementar para ello. Por un lado, la planificación diaria es una buena forma de organizarte que implica dedicar unos minutos al principio de cada día para definir tus tareas y establecer un horario para completarlas. Además, te ayuda a mantener el enfoque en tus objetivos y a evitar la procrastinación. Por otra parte, la gestión del tiempo a largo plazo también es importante e involucra establecer metas lejanas y fijar una fecha límite para lograrlas.

Puede ser útil dividir tus objetivos en corto, mediano y largo plazo, y dedicar un momento cada día para trabajar en ellos. La gestión del tiempo a largo plazo te ayuda a mantener el enfoque en tus objetivos primordiales y a tomar decisiones estratégicas sobre el uso de tu tiempo. La priorización también es útil, por lo que debes aprender a identificar las tareas más urgentes y colocarlas por encima de otras menos importantes. Esto significa aprender a decir «no» a las distracciones y evitar la multitarea.

La priorización te ayuda a
maximizar tu productividad.

Los robatiempos

Los «robatiempos» son actividades o situaciones que consumen nuestro tiempo de manera improductiva o innecesaria, impidiéndonos utilizarlo efectivamente en actividades importantes. Estos son algunos de los robatiempos más destacados en la época actual:

Streaming de contenido y plataformas de entretenimiento. Las plataformas de _streaming_ de música, series y películas, como Netflix, YouTube y Spotify resultan muy atractivas, por ello consumen gran parte de nuestro tiempo libre si no se utilizan con moderación.

Correo electrónico y mensajería instantánea. Revisar el correo electrónico o responder mensajes de forma constante puede ser una fuente significativa de pérdida de tiempo si no se gestiona de manera adecuada. Las interrupciones frecuentes dificultan la concentración en tareas importantes.

Multitarea excesiva. Intentar realizar múltiples tareas al mismo tiempo puede disminuir nuestra eficiencia y, como resultado, consumen más tiempo que si nos enfocáramos en una tarea a la vez. La multitarea excesiva puede generar estrés y una sensación de estar siempre ocupado sin lograr avances significativos.

Procrastinación y falta de planificación. La falta de una planificación adecuada o la tendencia a procrastinar puede llevar a posponer tareas importantes, lo que resulta en una pérdida de tiempo y estrés de última hora.

Redes sociales y dispositivos móviles. Pasar demasiado tiempo en redes sociales como Facebook, Instagram y Twitter o estar conectado de manera constante a dispositivos móviles puede ser un gran robatiempo. Las notificaciones y el desplazamiento sin fin en las redes sociales nos distrae con facilidad y reduce nuestra productividad.

Es importante reconocer estos robatiempos y encontrar formas de reducir su impacto en nuestras vidas. Establecer límites en el uso de redes sociales y dispositivos móviles, planificar y priorizar tareas, además de fomentar una mayor concentración y enfoque en nuestras actividades diarias ayuda a aprovechar mejor el tiempo y a ser más productivos.

Las redes sociales
son el peor enemigo
de la gestión del tiempo.

Si bien las redes sociales pueden ser una herramienta útil para mantenerse conectado con amigos, familiares, colegas y clientes, también pueden ser una fuente de distracción y una pérdida de tiempo si se usan de manera excesiva o sin propósito. Algunas formas en las que las redes sociales pueden afectar la gestión del tiempo son las siguientes:

Distracción constante. Las notificaciones y el contenido en las redes sociales pueden distraer con facilidad a las personas de sus tareas, interrumpiendo su flujo de trabajo y reduciendo su productividad.

Tiempo improductivo. El tiempo dedicado a desplazarse sin rumbo en las redes sociales puede llevar a una pérdida de tiempo significativa, que podría haberse utilizado de manera más productiva en actividades comerciales, personales o de desarrollo profesional.

Adicción y multitarea. La adicción a las redes sociales puede llevar a la multitarea, lo que reduce la concentración y la eficiencia en las tareas importantes.

Comparación social. Las redes sociales suelen fomentar la comparación con otros, lo que puede afectar la autoestima y distraer a las personas de sus propias metas y objetivos.

Sin embargo, es importante destacar que las redes sociales en sí mismas no son el enemigo. Son herramientas poderosas que pueden ser positivas y productivas si se utilizan de manera consciente y equilibrada. Para evitar que afecten tu gestión del tiempo, puedes seguir estas estrategias:

- Establece **límites de tiempo** para el uso de las redes sociales.

- **Desactiva las notificaciones** para evitar interrupciones constantes.

- **Programa momentos** específicos del día para revisar y responder a las redes sociales.

- Utiliza **aplicaciones de bloqueo** o temporizadores para limitar el tiempo dedicado a las redes sociales.

- **Sé selectivo** con las plataformas y contenido que sigues para evitar la sobrecarga de información.

- **Mantén el enfoque** en tus objetivos y prioridades para evitar compararte con otros en las redes sociales.

Al adoptar un enfoque consciente y equilibrado, puedes utilizar las redes sociales de manera más efectiva y minimizar su impacto negativo en la gestión del tiempo. Se ha podido demostrar que los habitantes de los países que más tiempo le dedican a las redes sociales son los más improductivos y muchas veces también son los que menos dinero ganan.

Utiliza la tecnología en favor de tu tiempo

La tecnología puede ser una herramienta valiosa para gestionar tu tiempo. Hay muchas aplicaciones disponibles que te ayudarán a aumentar tu productividad, como calendarios, gestores de tareas y agendas. Es importante no depender de la tecnología y asegurarse de encontrar un equilibrio entre el uso de herramientas digitales y de métodos más tradicionales, pero el uso adecuado de las herramientas digitales es siempre recomendable para reducir el desperdicio de tiempo y ser más eficiente en tus quehaceres empresariales, lo que a su vez liberará tiempo para disfrutar en actividades no relacionadas al trabajo. Algunas de estas tecnologías incluyen las siguientes:

Gestión de tareas y acceso a información. Aplicaciones de gestión de tareas como Trello, Asana, Todoist, Microsoft To Do, entre otras, te permiten organizar y hacer seguimiento de tus tareas y proyectos, lo que te ayuda a priorizar y mantener el enfoque.

Colaboración grupal a distancia. Plataformas de comunicación como Slack, Microsoft Teams o Google Workspace (antes conocida como G Suite) facilitan la comunicación y colaboración en equipo para evitar correos electrónicos innecesarios y permitirte compartir información de manera más rápida.

Registro de notas, almacenamiento y catalogación de archivos. Aplicaciones de productividad personal como Evernote, Notion o OneNote te permiten tomar notas, hacer listas, almacenar documentos y mantener tu información organizada en un solo lugar.

Automatización y flujo de promociones. Herramientas de automatización de marketing como Mailchimp, HubSpot o ActiveCampaign te permiten automatizar tareas de marketing, como el envío de correos electrónicos, seguimiento de clientes potenciales y análisis de datos.

Agendas y seguimiento de metas. Aplicaciones de programación y calendario como Google Calendar, Microsoft Outlook o Calendly te ayudan a programar y organizar reuniones y eventos para evitar conflictos de horarios y el entorpecimiento de labores.

RADIOGRAFÍA DE LOS USUARIOS

Fuente: IAB / NetQuest / Cintel / Mintic

Usuarios del social media en la región

Género

53%	47%
Hombres	Mujeres

Edad

29%	24%	21%	15%	11%
15-24	25-34	35-44	45-54	55+

Porcentaje de alcance en sitios de redes sociales por país

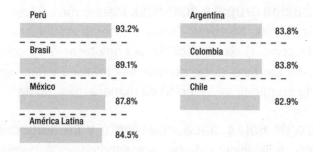

Perú	93.2%	Argentina	83.8%
Brasil	89.1%	Colombia	83.8%
México	87.8%	Chile	82.9%
América Latina	84.5%		

Las mayorías multiplataforma toman el control
(% de acceso a contenido social en más de un dispositivo en un mes)

40% México

Colombia 27%

Brasil 37%

Chile 35%

51% Argentina

En promedio, un colombiano dedica
6.7 horas al mes a navegar en redes sociales

Equipos electrónicos a los que tiene acceso el hogar

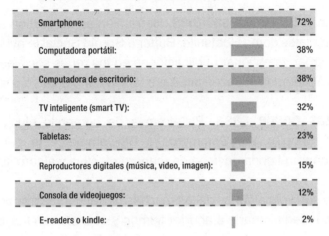

Smartphone:	72%
Computadora portátil:	38%
Computadora de escritorio:	38%
TV inteligente (smart TV):	32%
Tabletas:	23%
Reproductores digitales (música, video, imagen):	15%
Consola de videojuegos:	12%
E-readers o kindle:	2%

Las actividades más frecuentes de los smartphones

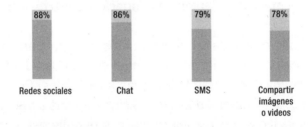

Redes sociales	Chat	SMS	Compartir imágenes o videos
88%	86%	79%	78%

Manejo de finanzas. Software de contabilidad y facturación como QuickBooks, FreshBooks o Xero te ayudan a llevar un registro de tus finanzas y generar facturas de manera eficiente.

Comunicación a distancia. Plataformas de videoconferencia como Zoom, Microsoft Teams, Google Meet o Skype te permiten realizar reuniones virtuales con clientes, colaboradores o socios de negocios, lo que ahorra tiempo y costos de viaje.

Almacenamiento de documentos. Soluciones de almacenamiento en nube como Google Drive, Dropbox o OneDrive te permiten acceder y compartir archivos desde cualquier lugar y dispositivo, facilitando el trabajo en equipo y la colaboración.

Gestión de redes sociales. Herramientas de gestión de redes sociales como Hootsuite, Buffer o Sprout Social te ayudan a programar y gestionar publicaciones en tus redes sociales para ahorrar tiempo sin sacrificar la presencia constante en línea.

Ventas desde casa. Plataformas de comercio electrónico como Shopify, WooCommerce o BigCommerce te permiten gestionar tu tienda en línea de manera efectiva y automatizada.

Estas son solo algunas de las muchas herramientas disponibles que pueden ayudarte a ahorrar tiempo y avanzar con mayor eficiencia en tus quehaceres empresariales. Es importante evaluar tus necesidades y probar diferentes herramientas para encontrar las que mejor se adapten a tu negocio y estilo de trabajo.

La capacidad de mantener el enfoque es esencial para la gestión del tiempo. Esto significa aprender a evitar las distracciones y concentrarse en las tareas más importantes. Puede ser útil establecer un horario dedicado exclusivamente a trabajar en tareas específicas y evitar interrupciones durante ese periodo. También puede ayudar aprender a manejar el tiempo de inactividad, como el tiempo de espera en una fila o un viaje, para hacer tareas importantes, descansar o recargar energías según lo necesites.

Por último, la gestión del tiempo también implica encontrar un equilibrio entre el trabajo y la vida personal. Es importante realizar actividades fuera del trabajo con familia y amigos, además de practicar ejercicio y disfrutar pasatiempos. El balance entre el trabajo y la vida personal te ayuda a prevenir el agotamiento y a mantener un enfoque saludable y equilibrado en la vida.

«El **tiempo** es un recurso no renovable, úsalo con **sabiduría**».

Harvey Mackay

CONCLUSIONES PARA SER UN GANADOR QUE SABE GESTIONAR EL TIEMPO

1. La administración efectiva del tiempo es fundamental para alcanzar el éxito en los negocios y en la vida en general. A través de la implementación de estrategias de planificación diaria, gestión a largo plazo, priorización y tecnología, se puede lograr una mayor productividad y un mejor control sobre la cantidad de tiempo disponible.

2. La administración del tiempo no se trata solo de trabajar más duro, sino de hacerlo de manera más inteligente y encontrar un equilibrio adecuado entre el trabajo y la vida personal. El tiempo es un recurso valioso y limitado, y encontrar el equilibrio correcto entre las demandas externas y las necesidades personales es esencial para lograr el éxito en los negocios y en la vida.

EJERCICIOS PRÁCTICOS PARA LA GESTIÓN DEL TIEMPO

BÁSICO:
haz una lista de tareas diarias y establece prioridades

Al comienzo de cada día, dedica unos minutos para hacer una lista de todas las tareas que debes realizar. Luego, establece prioridades para cada tarea en función de su importancia y urgencia. Al hacerlo, te aseguras de que las actividades más importantes se completen primero, y esto te ayudará a maximizar tu productividad a lo largo del día.

INTERMEDIO:
crea un plan de acción para alcanzar un objetivo a largo plazo

Identifica un objetivo a largo plazo que deseas lograr, como establecer un negocio o aprender una nueva habilidad. Luego, divide ese objetivo en tareas más pequeñas y establece un plan de acción para lograr cada una de ellas. Fija plazos realistas para cada tarea y revísalos con regularidad para asegurarte de que avanzas por el camino correcto.

AVANZADO:
practica la técnica de «bloques de tiempo»

Esta técnica implica dividir tu día en bloques de tiempo dedicados a tareas específicas. Por ejemplo, puedes invertir una hora a responder correos electrónicos, seguida de otra hora dirigida a trabajar en un proyecto determinado, y así sucesivamente. Al trabajar en bloques, evitas la multitarea y realizas actividades durante periodos delimitados solo para ellas. Esto requiere práctica y adaptación, pero es muy efectivo para aumentar la productividad.

Ejercicio

¿Te sientes preparado para comenzar a gestionar mejor tu tiempo? Realiza este ejercicio y escribe tus respuestas en las líneas.

Piensa en las actividades regulares de un día de trabajo y anótalas en orden de importancia, de la más urgente a la menos urgente.

1. _____

2. _____

3. _____

4. _____

5. _____

6. _____

7. _____

8. _____

9. _____

10. _____

Ahora piensa en las actividades que realizas diariamente, incluyendo el trabajo, la vida familiar, el ejercicio, el tiempo libre, etc., y responde.

a) ¿Qué área de tu vida consume la mayor parte de tu tiempo?
_____

b) ¿Estás priorizando las actividades verdaderamente importantes? _____

c) ¿Qué puedes hacer para equilibrar el tiempo que dedicas a cada área de tu vida? _____

_____

_____

PRINCIPIO VEINTICINCO

Crear hábitos poderosos

Quien tiene objetivos claros tiene clara la eficiencia de un buen hábito

Rutina negativa vs. hábitos eficaces

Hoy en día, el mundo se encuentra inmerso en una complejidad comercial sin precedentes. Los avances tecnológicos, la globalización y la interconexión han dado lugar a un entorno empresarial dinámico con altos niveles de competitividad. Las empresas se enfrentan a desafíos constantes, desde cambios en las preferencias del consumidor hasta regulaciones gubernamentales en constante evolución.

La era digital ha transformado la forma en que las empresas operan y se relacionan con sus clientes. Internet y las redes sociales han revolucionado el marketing y la publicidad, permitiendo llegar a audiencias globales en cuestión de segundos. Además, la inteligencia artificial y el análisis de datos han abierto nuevas oportunidades para la toma de decisiones informadas y la personalización de productos y servicios.

La globalización ha llevado a un aumento significativo en el comercio internacional, lo que significa que las empresas deben enfrentarse a competidores de todo el mundo. Esto ha requerido una adaptación rápida y una mayor flexibilidad para sobrevivir y prosperar en mercados cada vez más diversos y cambiantes.

Al mismo tiempo, las empresas también enfrentan desafíos relacionados con la sostenibilidad y la responsabilidad social. Los consumidores están cada vez más preocupados por el impacto ambiental y social de las empresas, lo que exige que las organizaciones adopten prácticas más éticas y sostenibles.

En pocas palabras, la complejidad comercial actual exige que los ejecutivos encargados de manejar empresas sean ágiles, innovadores y estén dispuestos a adaptarse de manera constante a las demandas del mercado que tanto cambia. Quienes sean capaces de aprovechar las oportunidades emergentes, mantener una mentalidad abierta hacia el cambio y un enfoque en el cliente serán quienes prosperen en este entorno competitivo y complejo.

DESARROLLO DEL PRINCIPIO

Los leones son animales que exhiben hábitos naturales que les permiten sobrevivir y prosperar en su entorno. Algunos de estos hábitos pueden considerarse buenos y eficientes desde una perspectiva de supervivencia en su ecosistema, ya que les proporcionan ventajas para cazar, mantenerse en grupos sociales fuertes y proteger a su manada. Estos son algunos hábitos eficientes de los leones:

- **Caza en manada.** Los leones son animales sociales que cazan en grupo, lo que les permite trabajar de manera coordinada para obtener alimentos y cazar presas más grandes.

- **Descanso estratégico.** Los leones pasan gran parte del día descansando y ahorrando energía para cazar durante las horas más frescas, como al amanecer y al atardecer.

- **Comunicación vocal.** Los leones utilizan rugidos y otros sonidos para comunicarse entre sí y mantener la cohesión de su manada.

- **Cuidado de las crías.** Las leonas tienen un papel fundamental en la crianza, lo que contribuye al éxito y supervivencia de la manada.

Es importante destacar que los hábitos de los animales están arraigados a sus instintos y adaptaciones al medioambiente en el que viven. Los leones han desarrollado hábitos que les permiten ser depredadores altamente eficientes en su entorno natural, y estos comportamientos son esenciales para la supervivencia y perpetuación de la especie.

Los hábitos son patrones de comportamiento que se forman a través de la repetición de acciones en nuestra vida diaria. Existen hábitos buenos, que nos benefician y contribuyen a nuestro bienestar físico y emocional, y hábitos malos, que nos perjudican o nos alejan de nuestros objetivos. La clave para distinguir entre un hábito bueno y uno malo radica en la manera en que influye en nuestra vida. Un hábito positivo promueve nuestra salud, nos ayuda a alcanzar metas y mejora nuestra calidad de vida. Por otro lado, un hábito negativo es aquel que nos perjudica, nos genera estrés o nos aleja de nuestros objetivos.

«Dime qué **hábitos** buenos y malos tienes y te diré **quién** eres».

Jürgen Klarić

Entre los hábitos positivos más importantes para ser una mejor persona y mantener la salud se encuentran:

- Meditar o practicar *mindfulness* para reducir el estrés y mejorar el enfoque mental.

- Hacer ejercicio de forma regular para mejorar la salud física y mental, y liberar endorfinas que generan bienestar.

- Cultivar relaciones sociales significativas que promuevan una mayor satisfacción emocional y un sentido de pertenencia.

- Establecer una rutina de sueño adecuada para mejorar la concentración, la memoria y la función cognitiva.

- Practicar la gratitud para generar felicidad y aprecio por lo que se tiene.

Para empleados, ejecutivos y empresarios de esta época, los siguientes hábitos son fundamentales para el éxito:

- Establecer metas claras y realistas para mantener el enfoque y la dirección en su trabajo.

- Promover la mejora continua y la actualización constante para mantenerse competitivos y al día con las últimas tendencias.

- Fomentar la colaboración y comunicación efectiva con colegas y miembros del equipo.

- Planificar y organizar tareas para aumentar la productividad y eficiencia.

- Tomar decisiones basadas en datos y análisis para una gestión empresarial más informada.

Desde una perspectiva neurocientífica, los hábitos se forman en el cerebro a través de la repetición. Cuando realizamos una acción, se activan conexiones neuronales específicas que forman un circuito neuronal asociado a esa conducta. La repetición fortalece estas conexiones, haciendo que el hábito se vuelva más automático y menos consciente.

Los hábitos positivos liberan neurotransmisores que generan sensaciones de recompensa y placer, como la dopamina. Esta sensación positiva refuerza la conducta y motiva a repetirla. Con el tiempo, estos circuitos neuronales se fortalecen, haciendo que el hábito sea más arraigado y menos sujeto a cambios. Cuando se adoptan hábitos positivos, el cerebro se beneficia al liberar neurotransmisores que generan bienestar y satisfacción. Además, el cerebro libera menos cortisol, la hormona del estrés, lo que disminuye los niveles de ansiedad y mejora el estado de ánimo.

Al igual que
el león,

el BlackLion
mantiene **hábitos**
con los que
traza el rumbo
al éxito.

En conclusión, cultivar hábitos positivos y saludables es esencial para mejorar nuestra vida personal y profesional. Al comprender cómo funcionan los hábitos en el cerebro, podemos utilizar este conocimiento para adoptar comportamientos que nos beneficien y nos impulsen hacia el éxito y el bienestar. Los hábitos buenos son fundamentales para alcanzar nuestras metas y vivir una vida plena y satisfactoria.

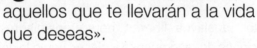

«Tus hábitos determinarán tu futuro.

Elige con sabiduría

aquellos que te llevarán a la vida
que deseas».

Steve Maraboli

Hábitos positivos más difíciles de adoptar

La adopción de hábitos positivos es fundamental para mejorar la calidad de vida y el bienestar general. Sin embargo, algunos resultan más difíciles de adoptar que otros. Los hábitos positivos son más desafiantes desde dos perspectivas complementarias: la cultural, que influye en nuestras creencias y valores; y la biológica del cerebro, que rige nuestras respuestas y comportamientos.

Perspectiva cultural

- **Alimentación saludable.** La cultura moderna promueve la disponibilidad y el consumo de alimentos poco saludables, ricos en grasas y azúcares, lo que dificulta la adopción de una dieta más equilibrada.

- **Ejercicio regular.** La cultura sedentaria y la falta de tiempo pueden desalentar la incorporación de una rutina de ejercicio diario.

- **Uso de tecnología.** La adicción a dispositivos electrónicos puede interferir con hábitos saludables, como la desconexión para un descanso adecuado.

Perspectiva biológica del cerebro

- **Resistencia al cambio.** El cerebro tiende a favorecer hábitos establecidos y se resiste a cambios que requieren esfuerzo adicional.

- **Sistema de recompensa.** El cerebro busca recompensas inmediatas, y los hábitos saludables a menudo ofrecen beneficios a largo plazo, lo dificulta su adopción.

- **Sesgo hacia lo fácil.** El cerebro prefiere opciones más fáciles y menos costosas en términos de energía, lo que puede influir en la elección de hábitos más sedentarios.

La adopción de hábitos positivos resulta ser un desafío tanto desde una perspectiva cultural como biológica. La resistencia al cambio y la búsqueda de recompensas inmediatas pueden dificultar la adopción de hábitos saludables, como una alimentación equilibrada y el ejercicio regular. Sin embargo, al comprender las influencias culturales y las respuestas biológicas del cerebro, es posible tomar medidas para derribar estas barreras y lograr una vida más saludable y equilibrada.

Cada individuo es único y superar la resistencia a la adopción de hábitos positivos puede requerir tiempo, paciencia y apoyo. La educación y la conciencia sobre la importancia de los hábitos saludables son herramientas poderosas para fomentar un cambio positivo en nuestras vidas.

CONCLUSIONES PARA CREAR HÁBITOS PODEROSOS

Existen hábitos que nos benefician y mejoran nuestro bienestar físico y emocional, pero también están los que nos alejan cada vez más de los objetivos. Es importante discernir entre ambos tipos de hábitos, ya que de eso depende que alcancemos el éxito y la felicidad.

1. **Recuerda que los hábitos se forman a partir de la repetición.** Cuando repites una acción, se activan conexiones neuronales que forman un circuito. Fortalece este circuito con las repeticiones.

2. **Adopta hábitos saludables.** Algunos de los mejores hábitos que puedes adoptar son tener una alimentación saludable, hacer ejercicio y moderar el uso de la tecnología. No olvides trabajar en tu resistencia al cambio y en las trampas que pone el cerebro para disuadirte de seguir el camino correcto.

EJERCICIO PRÁCTICO PARA IMPLEMENTAR HÁBITOS POSITIVOS EN TU VIDA DIARIA

Este ejercicio te ayudará a descubrir los hábitos positivos que hacen falta en tu vida.

Paso 1. Reflexión
Tómate un momento para reflexionar sobre tu vida diaria y tus metas. Hazte preguntas como: ¿Qué áreas de mi vida me gustaría mejorar? ¿Qué metas quiero alcanzar? ¿Qué hábitos actuales me están impidiendo progresar?

Paso 2. Identificación
Haz una lista de los hábitos positivos que podrían ayudarte a mejorar esas áreas de tu vida o alcanzar tus metas. Por ejemplo,

ejercitarte de manera regular, llevar un diario de gratitud, leer libros de desarrollo personal, meditar, etc.

Paso 3. Experimentación

Selecciona uno de los hábitos de tu lista y comienza a practicarlo por al menos tres meses. Durante este tiempo, mantén un registro diario de cómo te sientes al practicar el hábito y cómo está afectando tu vida. Observa si te sientes más motivado, con mayor energía o si hay algún progreso en las áreas que deseas mejorar.

Paso 4. Autoevaluación

Al finalizar los tres meses, evalúa cómo te ha ido con el hábito. Pregúntate si te resultó fácil o difícil incorporarlo a tu rutina diaria. Considera si el hábito está teniendo un impacto positivo en tu vida y si te sientes más cerca de alcanzar tus metas.

Paso 5. Ajustes y perseverancia

Si el hábito que seleccionaste ha tenido un impacto positivo, continúa practicándolo y conviértelo en parte de tu rutina diaria. Si sientes que necesitas probar otro hábito, elige uno nuevo de tu lista y repite el proceso.

Recuerda que la clave para establecer un hábito positivo es la perseverancia y la consistencia. Dedicar tiempo y esfuerzo a la práctica diaria te ayudará a incorporar este hábito en tu vida de manera efectiva y duradera.

«Somos lo que hacemos repetidamente.
La excelencia, entonces,
no es un acto, sino un hábito».

Aristóteles

Ejercicio

¿Listo para salir de la rutina y comenzar a implementar hábitos eficaces? Escribe en los espacios en blanco.

Piensa en objetivos que tengas a corto o largo plazo y anótalos. Enseguida escribe qué hábitos necesitarías adoptar o cambiar para cumplirlos.

1. Objetivo:
   _____

   Hábito por cambiar o adoptar:
   _____

2. Objetivo:
   _____

   Hábito por cambiar o adoptar:
   _____

3. Objetivo:
   _____

   Hábito por cambiar o adoptar:
   _____

4. Objetivo:
   _____

   Hábito por cambiar o adoptar:
   _____

5. Objetivo:
   _____

   Hábito por cambiar o adoptar:
   _____

Convierte tu EGO
en algo positivo

El ego no siempre es malo, si lo sabes domar, será tu fuego para crecer y ser respetado

Ego negativo vs. ego positivo

A menudo el ego es visto como algo negativo, una característica de personas arrogantes y desinteresadas por los demás. Sin embargo, existe otra perspectiva sobre el ego que puede ser muy útil para el éxito personal y profesional. La finalidad de este capítulo es descubrir el «ego positivo» o «ego saludable». El ego es una parte de la personalidad que está relacionada con la autoimagen, el sentido de identidad y la autoestima, es una parte natural del ser humano y es necesario para funcionar en la sociedad y en nuestras relaciones con los demás.

Empecemos con la parte negativa y dura del ego, es decir, el ser ególatra. Esta es una persona que tiene una admiración excesiva y desmedida por sí misma, y por ello se considera superior y más importante que los demás. El ególatra tiende a centrarse solo en sus propios intereses y necesidades, sin mostrar empatía hacia los demás ni preocuparse por sus sentimientos o perspectivas.

«El EGO negativo

es como un velo que oculta la luz del alma».

Ramana Maharshi

Algunas características comunes de un ególatra incluyen:

- **Narcisismo.** El ególatra tiene un alto grado de narcisismo, por lo que muestra obsesión por sí mismo y una necesidad constante de admiración y reconocimiento.

- **Superioridad.** Suele creer que es superior a los demás en todos los aspectos, ya sea en inteligencia, apariencia, talento u otras cualidades.

- **Falta de empatía.** Le resulta difícil ponerse en el lugar de los demás y entender sus sentimientos o puntos de vista.

- **Manipulación.** El ególatra puede manipular a los demás para satisfacer sus propios intereses y conseguir lo que quiere.

- **Competitividad extrema.** Tiende a competir de manera constante con los demás y no soporta ser superado o ignorado.

- **Desprecio hacia los demás.** Puede menospreciar o infravalorar a las personas que no cumplen con sus expectativas o no le proporcionan beneficios.

- **Dificultad para aceptar críticas.** Suele ser muy sensible a las críticas y puede reaccionar de forma agresiva o defensiva ante ellas.

Debemos tener en cuenta que el egocentrismo y el egoísmo son rasgos humanos naturales hasta cierto punto, pero en el caso de un ególatra, estos rasgos son en extremo pronunciados y pueden afectar negativamente sus relaciones y su bienestar emocional. La búsqueda excesiva de atención y validación puede llevar a una vida vacía y superficial, y la falta de conexión genuina con los demás puede generar aislamiento y soledad. Por otro lado, un «ego negativo» o «ego inflado» se refiere a actitudes egocéntricas, arrogantes o narcisistas, donde la persona tiende a sobrevalorarse y menospreciar a los demás para sentirse superior.

Es importante destacar que todos tenemos un ego, y esto en sí mismo no es necesariamente negativo. Un EGO equilibrado y saludable es indispensable para mantener una identidad y la sensación de autovaloración. Sin embargo, cuando el ego se vuelve excesivo y negativo, puede limitar nuestro bienestar emocional y nuestras relaciones con los demás. La conciencia de nuestros patrones de pensamiento y comportamiento es clave para cultivar un ego más positivo y saludable.

EGO positivo

Aunque poco se habla al respecto, el ego positivo se refiere a una autoestima equilibrada, una sana confianza en uno mismo y una actitud de valía personal. Una persona con un ego positivo tiene una imagen saludable de sí misma y puede reconocer sus habilidades, logros y capacidades sin sentirse superior o inferior a los demás.

Tener un ego positivo implica tener una percepción realista de uno mismo, reconocer tanto nuestras fortalezas como nuestras debilidades y aceptarlas sin sentirnos amenazados o inseguros. Una persona con un ego positivo puede sentirse segura y capaz de enfrentar desafíos, asumir responsabilidades y aprender de sus errores sin que su autoestima se vea afectada de manera negativa.

Es importante destacar que un ego positivo no implica ser arrogante, egoísta o menospreciar a los demás. En cambio, se trata de tener una actitud saludable hacia uno mismo y hacia los demás, manteniendo un equilibrio entre la autovaloración y la empatía.

«La verdadera grandeza es cuando **el EGO negativo** se rinde ante el amor».

Rumi

El ego puede tener diferentes manifestaciones, tanto positivas como negativas, y es importante desarrollar una autoestima saludable y una actitud equilibrada hacia uno mismo y hacia los demás. El ego positivo se refiere a la autoconfianza y a la capacidad de creer en nuestras propias habilidades y talentos. Es la voz interior que nos dice que lograremos grandes cosas y que no debemos subestimarnos. Cuando se maneja de manera adecuada, el ego positivo puede ser una herramienta poderosa para el éxito.

A diferencia del ego negativo, que se enfoca en la superioridad y en la comparación con los otros, el ego positivo se centra en el crecimiento y la mejora personal. Como lo señala Ryan Holiday en su libro *El ego es el enemigo* (Paidós Empresa, 2023), el ego positivo se basa en la idea de que nunca somos lo bastante buenos y siempre tenemos oportunidad de crecer. Esta perspectiva nos ayuda a mantener una actitud de aprendizaje constante y a estar abiertos a nuevas oportunidades.

Sin embargo, es necesario tener en cuenta que el ego positivo debe ser manejado con cuidado. Si se descontrola, corre el riesgo de convertirse en arrogancia y excesiva confianza, lo que puede ser perjudicial para nuestras relaciones interpersonales y nuestro éxito. En este capítulo, exploraremos cómo podemos desarrollar un ego positivo sano y equilibrado, y cómo aprovecharlo para lograr el éxito personal y profesional.

Si aprendemos a manejar de manera adecuada nuestro ego, lograremos una mayor confianza y autoestima, lo que puede tener un impacto significativo en nuestra capacidad para alcanzar nuestros propósitos.

 «El ego positivo
es como un faro que ilumina
**el camino hacia la confianza
y la autoestima».**

Kelly Rudolph

DESARROLLO DEL PRINCIPIO

El EGO de los leones, al igual que con otros animales, es una representación simbólica creada por los humanos para transmitir ciertos conceptos o atributos asociados a ellos. Esta representación simbólica puede variar dependiendo del contexto cultural y las creencias de cada sociedad.

En algunas culturas y mitologías, el león se asocia con características como la valentía, el liderazgo, la fuerza y la majestuosidad. Estos atributos pueden interpretarse de forma simbólica como un modo de representar ciertos aspectos del ego humano.

Por ejemplo, la imagen del león como el «rey de la selva» ha sido utilizada como símbolo de liderazgo y poder. El león también se ha representado como un animal orgulloso y dominante, lo que podría relacionarse con ciertos aspectos del ego humano que pueden manifestarse como un sentido de superioridad o confianza en uno mismo.

Es importante destacar que estas representaciones simbólicas son metáforas y no deben interpretarse de forma literal. Los animales no tienen un ego en el sentido psicológico que los humanos experimentamos. Las representaciones simbólicas son formas de expresión cultural y artística que nos permiten reflexionar sobre ciertos aspectos de la naturaleza humana a través de la observación y la relación con el mundo natural.

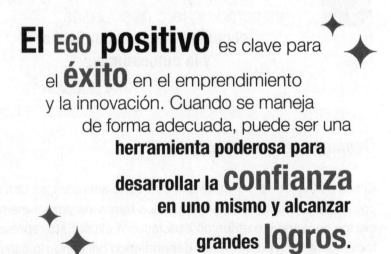

El EGO positivo es clave para el éxito en el emprendimiento y la innovación. Cuando se maneja de forma adecuada, puede ser una herramienta poderosa para desarrollar la confianza en uno mismo y alcanzar grandes logros.

Algunos de los emprendedores más exitosos han utilizado el ego positivo como una herramienta para la motivación. Por ejemplo, Steve Jobs, fundador de Apple, era conocido por su confianza en sí mismo y en la capacidad de su empresa para innovar y liderar en el mercado tecnológico. En su autobiografía, explica que su ego positivo era una herramienta esencial para defender su visión, aunque también reconoce que su ego descontrolado a veces lo llevó a cometer errores.

Otro ejemplo es Elon Musk, fundador de Tesla y SpaceX, quien es conocido por su confianza para liderar proyectos ambiciosos y transformar industrias enteras. A pesar de los muchos obstáculos que ha enfrentado en su carrera empresarial, Musk ha mantenido una actitud de perseverancia que lo ha llevado al éxito.

«Nunca he conocido un gran **empresario** o gran **vendedor** sin **ego**».

Jürgen Klarić

Para desarrollar un ego positivo, sano y equilibrado, es importante tener una actitud de aprendizaje constante y estar abiertos a nuevas oportunidades y posibilidades. Como lo señala Angela Duckworth en su libro *Grit: The Power of Passion and Perseverance*, para tener éxito en el emprendimiento es importante combinar habilidades y mostrar determinación. En este sentido, el ego positivo puede ser una herramienta para fomentar ambas acciones.

Si se maneja de manera adecuada, el ego positivo puede ayudarnos a desarrollar la confianza y perseverancia necesarias para alcanzar nuestras metas. Algunos de los emprendedores más exitosos han utilizado el ego positivo como una herramienta para lograr grandes cosas, pero también han reconocido los riesgos de un ego descontrolado. Si cultivamos un ego positivo equilibrado, podemos aprovecharlo para lograr el éxito personal y profesional.

El BlackLion

domina su EGO
y lidera su
manada con
sabiduría.

CONCLUSIONES PARA SER UN GANADOR CON EGO POSITIVO

1. El EGO es una herramienta para desarrollar la confianza y lograr grandes éxitos, como hacen los emprendedores más exitosos. Sin embargo, también se debe manejar con cuidado para evitar caer en la arrogancia y la excesiva confianza.

2. Para cultivar un EGO positivo equilibrado y de forma noble, es necesario tener una actitud de aprendizaje constante y estar abiertos a nuevas oportunidades y posibilidades.

3. Para ser un ganador en el emprendimiento y la innovación, es importante desarrollar un ego positivo sano y equilibrado que nos permita creer en nuestras habilidades y talentos, mientras mantenemos una actitud de humildad y aprendizaje constante.

Es importante notar que todos tenemos un ego y que este puede variar en diferentes momentos y situaciones. La clave está en encontrar un equilibrio saludable entre la confianza en uno mismo y la humildad, evitando caer en la arrogancia o la negatividad extrema. Cultivar un ego positivo implica ser consciente de nuestras fortalezas y debilidades, aceptar nuestros errores con compasión y mantener una actitud abierta y constructiva hacia nosotros mismos y los demás.

IDEAS PRÁCTICAS PARA ATRAER LA ABUNDANCIA

BÁSICO:
haz una lista de tus logros y éxitos pasados

Incluye tanto los grandes como los pequeños y celébralos todos. Luego, reflexiona sobre las habilidades y talentos que te permitieron lograrlos y utiliza esta información para fortalecer tu confianza en ti mismo.

INTERMEDIO:
desarrolla una rutina diaria de afirmaciones positivas

Dedica unos minutos cada mañana para decir en voz alta afirmaciones que te recuerden tus fortalezas y habilidades; por ejemplo: «Soy capaz de lograr grandes cosas» o «Confío en mis habilidades y talentos». Esta práctica puede ayudarte a fortalecer tu confianza en ti mismo a lo largo del día.

AVANZADO:
escoge y enfrenta un miedo o desafío que frene tu avance

Identifica una situación en tu carrera empresarial que te cause miedo o inseguridad, y establece un plan de acción para enfrentarla. Luego, toma medidas para superar este obstáculo y lograr tu objetivo. Este ejercicio puede ser difícil, pero tendrá un impacto significativo en la confianza en ti mismo y tu capacidad para alcanzar metas y objetivos, de esta forma tu ego se volverá sólido y fuerte, pero no permitas que cruce la línea hacia la egolatría.

Ejercicio

¿Sabes exactamente si tu ego es negativo o positivo? Contesta las siguientes preguntas para descubrirlo.

1. ¿Cuáles son mis fortalezas?

   _____

2. ¿Cuáles son mis debilidades?

   _____

3. ¿Cuáles son mis miedos?

   _____

4. Convierte tres de tus pensamientos negativos en respuestas racionales:

   a) Pensamiento negativo: _____

   Respuesta racional: _____

   b) Pensamiento negativo: _____

   Respuesta racional: _____

   c) Pensamiento negativo: _____

   Respuesta racional: _____

PRINCIPIO VEINTISIETE

Para ser fuerte, solo debes levantarte

Naces frágil, pero de ti depende ser fuerte
Fragilidad vs. resiliencia

La adaptación agresiva es un concepto utilizado en psicología y en teorías organizacionales para describir el comportamiento adaptativo que un individuo o grupo adopta para enfrentar una situación estresante o desafiante. Es un enfoque empresarial en el que se utilizan tácticas directas y, a veces, violentas para enfrentar una situación. Hay una manera más sencilla de explicar cómo se aplica este principio a otros ámbitos.

Imagina que eres como un árbol fuerte que puede soportar fuertes vientos y tormentas sin romperse. Cuando te enfrentas a un problema o un desafío, puedes sentirte triste o asustado, pero luego encuentras formas de superarlo y aprendes de la experiencia. Puedes visualizarlo como ser un superhéroe emocional. Es la capacidad tanto de niños como de adultos para enfrentar situaciones difíciles, como problemas o cambios, y recuperarse después de pasar por momentos complicados. A esto se le llama resiliencia.

Ser resiliente significa ser como un resorte que puede doblarse cuando algo difícil sucede y luego volver a su forma original. La resiliencia no significa que nunca te debas sentir triste o enojado, sino que encuentres la fuerza dentro de ti para seguir adelante y buscar soluciones. Es como tener una mochila mágica llena de herramientas que te ayudan a enfrentar cualquier problema que encuentres en el camino.

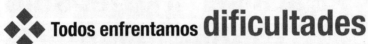 **Todos enfrentamos dificultades** en la vida, pero lo importante es cómo respondemos a ellas. La **resiliencia** te hace valiente y fuerte,

 **¡COMO UN VERDADERO SUPERHÉROE EMOCIONAL!**

Lo contrario a la resiliencia es la fragilidad o la falta de capacidad para enfrentar y superar situaciones difíciles. Una persona frágil puede ser más propensa a derrumbarse o desmoronarse ante los desafíos y adversidades en lugar de adaptarse y recuperarse de ellos. La falta de resiliencia puede llevar a una persona a experimentar altos niveles de estrés, ansiedad y desesperanza frente a las dificultades de la vida, sin poder encontrar una forma constructiva de afrontar los problemas.

En el contexto empresarial, la adaptación agresiva es sinónimo de resiliencia y podría manifestarse en tácticas contundentes para competir con otras empresas del mercado, como una política de precios muy bajos, publicidad negativa o incluso acciones legales contra la competencia.

DESARROLLO DEL PRINCIPIO

Los leones son un excelente ejemplo de resiliencia en el reino animal, pues a pesar de ser considerados «reyes de la selva», enfrentan una serie de desafíos y adversidades en su hábitat natural. Por ejemplo, en la caza pueden enfrentar fracasos repetidos antes de lograr capturar una presa, sin embargo, no se rinden y persisten en su búsqueda hasta que finalmente tienen éxito.

Además, viven en manadas sociales y deben enfrentar conflictos internos y luchas por el liderazgo. Cuando un nuevo macho toma el control, puede haber tensiones y desafíos para mantener su posición. Pese a ello, los leones son capaces de adaptarse a estas situaciones y mantener la cohesión y estabilidad.

Incluso en situaciones de escasez de alimentos o sequías, se enfrentan a la falta de recursos para sobrevivir, pero su naturaleza resiliente les permite resistir estos periodos difíciles y buscar nuevas oportunidades de caza y supervivencia.

Las personas resilientes comparten varias características que les permiten enfrentar y superar situaciones difíciles. Algunas de estas características son:

- **Flexibilidad.** Las personas resilientes son flexibles y capaces de adaptarse a situaciones cambiantes. Están dispuestas a ajustar sus planes y enfoques cuando sea necesario.

- **Optimismo.** Tienen una actitud positiva y optimista, incluso en medio de la adversidad. Ven los desafíos como oportunidades para crecer y aprender.

- **Autoconfianza.** Tienen confianza en sus habilidades y en su capacidad para enfrentar las dificultades. Se sienten seguros de que pueden encontrar soluciones y superar obstáculos.

- **Red de apoyo.** Buscan y mantienen relaciones de apoyo con familiares, amigos o profesionales. Tener una red de apoyo sólida les brinda consuelo y fortaleza en momentos difíciles.

- **Resolución de problemas.** Son hábiles para identificar problemas y buscar soluciones. En lugar de quedarse atascados en los problemas, buscan activamente formas de resolverlos.

- **Aceptación del cambio.** Aceptan que el cambio es una parte natural de la vida y se adaptan a nuevas circunstancias con apertura y calma.

- **Capacidad de aprendizaje.** Aprenden de sus experiencias, incluso de las difíciles. Utilizan las lecciones aprendidas para crecer y mejorar.

- **Autocontrol emocional.** Pueden manejar sus emociones de manera constructiva y no se dejan abrumar por ellas en momentos de tensión.

- **Enfoque en el presente.** Se centran en el presente y en lo que pueden controlar en lugar de preocuparse en exceso por el pasado o el futuro.

- **Autonomía.** Tienen un sentido de autonomía y capacidad para tomar decisiones que les permiten tomar el control de su vida.

Estas características no son innatas, sino que se pueden desarrollar y fortalecer a lo largo del tiempo mediante la práctica y la experiencia. La resiliencia es una habilidad que se puede cultivar y que tiene el potencial de beneficiarnos en todas las áreas de nuestra vida.

Uno de los casos más fascinantes de resiliencia en los últimos cien años es el de Nelson Mandela, quien fue un líder sudafricano y activista contra el apartheid, un sistema de segregación racial que existió en Sudáfrica durante décadas. En 1964, fue sentenciado a cadena perpetua y encarcelado durante 27 años por su lucha contra el apartheid. Durante su tiempo en prisión, enfrentó condiciones en extremo difíciles y fue sometido a trabajos forzados y aislamiento.

A pesar de la brutalidad y la injusticia que enfrentó, Mandela nunca renunció a sus ideales de igualdad y justicia. Mantuvo una actitud positiva y resistente durante su encarcelamiento y se convirtió en un símbolo de la resistencia pacífica contra el apartheid. Finalmente, en 1990, fue liberado de prisión y lideró negociaciones para poner fin al apartheid. Su liderazgo y capacidad para perdonar a sus opresores fueron fundamentales para la transición pacífica hacia un gobierno democrático en Sudáfrica.

Después de su liberación, Mandela se convirtió en el primer presidente negro de Sudáfrica y trabajó de manera incansable para promover la reconciliación y la unidad en un país dividido por décadas de segregación racial.

Un verdadero
BlackLion
no se rinde ante las adversidades, recurre a su **fortaleza** y **resiliencia** para superarlas.

El caso de Nelson Mandela es un ejemplo inspirador de resiliencia, perseverancia y capacidad de sobreponerse a la adversidad más extrema. Su dedicación a la justicia y su habilidad para mantener la esperanza y el coraje durante sus años de encarcelamiento lo convierten en un ícono de la fuerza humana y el poder de la resiliencia.

«La **resiliencia**
es como un músculo,
se fortalece con el uso».
Peter Segal

El principio de la resiliencia para un emprendedor y empresario implica la capacidad de enfrentar los desafíos y obstáculos que surgen en el camino del negocio y recuperarse de los fracasos o adversidades. La resiliencia es esencial para sobrevivir y prosperar en el mundo empresarial, donde la incertidumbre, la competencia y los cambios son constantes.

Algunos aspectos clave del principio de la resiliencia para un emprendedor y empresario son:

- **Adaptabilidad.** Un emprendedor resiliente debe ser capaz de adaptarse con rapidez a las condiciones cambiantes del mercado, las demandas de los clientes y las nuevas tendencias. Estar dispuesto a ajustar la estrategia y el enfoque del negocio es esencial para mantenerse relevante y competitivo.

- **Tolerancia al riesgo.** Los emprendedores exitosos saben que el riesgo es una parte inevitable de los negocios. La resiliencia implica tener la valentía para asumir riesgos calculados y aprender de los fracasos sin desanimarse.

- **Persistencia.** Enfrentar desafíos y fracasos es común en el mundo empresarial, pero la resiliencia implica perseverar y continuar trabajando hacia los objetivos a pesar de las dificultades. La persistencia es clave para superar obstáculos y alcanzar el éxito a largo plazo.

- **Aprendizaje y mejora continua.** Un emprendedor resiliente ve los fracasos como oportunidades de aprendizaje y mejora. Está dispuesto a analizar y aprender de los errores para tomar decisiones más informadas y evitar repetirlos en el futuro.

- **Gestión del estrés.** El entorno empresarial puede ser estresante y demandante. Un empresario resiliente debe ser capaz de manejar el estrés de manera efectiva y mantener la calma en situaciones desafiantes.

- **Visión a largo plazo.** La resiliencia implica tener una visión a largo plazo y mantenerse enfocado en los objetivos a pesar de las dificultades temporales. Saber que los resultados pueden llevar tiempo y esfuerzo es esencial para mantenerse motivado y persistente.

- **Red de apoyo.** Contar con una red de apoyo de mentores, colegas o amigos emprendedores para recibir consejos, retroalimentación y apoyo emocional durante momentos difíciles puede ser invaluable.

La resiliencia es una habilidad fundamental para un emprendedor y empresario exitoso ya que les permite enfrentar los desafíos con determinación, aprender de las experiencias y seguir adelante con una actitud positiva y constructiva. Al desarrollar la resiliencia, los emprendedores pueden convertir los obstáculos en oportunidades y alcanzar el éxito en su negocio a pesar de los desafíos que encuentren en el camino.

«La **resiliencia**
no se trata de evitar caer,
sino de aprender a levantarse
cada vez con más fuerza
y determinación».

Confucio

Ejercicios prácticos para trabajar en tu resiliencia

BÁSICO:
dimensiona y fortalece tu confianza

Reflexiona sobre las distintas situaciones que ves a diario en tu empresa. Pon atención en cómo tus colegas se enfrentan a la adversidad e identifica qué elementos de resiliencia ves en ellos y cuáles no pudieron aplicar eficientemente.

INTERMEDIO:
reflexiona sobre tu resiliencia

Analiza cuáles son tus puntos fuertes e identifica cómo has sobrellevado las situaciones difíciles a las que te has enfrentado.

AVANZADO:
vuélvete un superhéroe emocional

Es importante que hayas identificado cómo reaccionan otras personas ante las dificultades y que conozcas bien cuáles son tus puntos fuertes y débiles. Esto te permitirá tomar conciencia de lo que te rodea, sentirás poco a poco que tienes el control de ti mismo y podrás actuar y reaccionar con la cabeza fría, libre de ansiedad.

Ejercicio

Reconoce tus fortalezas para ser un BlackLion. Realiza el ejercicio y anota tus respuestas en los espacios en blanco.

Enlista las características que te hacen una persona resiliente.

1. _____

2. _____

3. _____

4. _____

5. _____

Ahora escribe cinco características que debes desarrollar para ser un superhéroe emocional.

1. _____

2. _____

3. _____

4. _____

5. _____

Actitud de ganador

No importa cuán inteligente seas mientras tu actitud sea ganadora

Mala vibra vs. gran actitud

Imagina que la vida es como un viaje en globo aerostático. A medida que enfrentas desafíos y obstáculos, la actitud positiva actúa como el aire caliente que llena el globo y te permite elevarte por encima de las dificultades, y una vez en las alturas, actúa como el viento suave que lo impulsa en la dirección deseada.

Así como el viento y el calor trabajan juntos para mantener el globo en movimiento y ascenso, una actitud positiva te ayuda a mantenerte optimista incluso cuando enfrentas vientos en contra y nubes oscuras. Al igual que el globo puede cambiar su rumbo ajustando su altura, tú puedes adaptarte y superar las situaciones negativas con una actitud que te impulse hacia adelante.

La **actitud positiva** impulsa el globo aerostático de tu vida hacia alturas más brillantes y emocionantes, permitiéndote **elevarte por encima de las ADVERSIDADES y DISFRUTAR de un panorama hermoso.**

Ahora, imagina que la vida es un jardín lleno de flores y plantas hermosas. Una actitud negativa es como una plaga silenciosa que se infiltra en el suelo y comienza a esparcirse. A medida que la plaga crece, las flores comienzan a marchitarse, las hojas se vuelven amarillas y el jardín pierde su brillo y vitalidad.

Cada vez que permites que pensamientos negativos se arraiguen en tu mente, es como si la plaga lanzara sus raíces a mayor profundidad en el suelo del jardín. Con el tiempo, estas raíces tóxicas comienzan a afectar la salud de todas las plantas y flores cercanas. La belleza que una vez existía en el jardín se desvanece de forma gradual a medida que la plaga se extiende.

Así como la plaga afecta la salud de cada elemento del jardín, una actitud negativa puede corroer tu bienestar emocional, tus relaciones y tu capacidad para disfrutar de la vida. Puede hacer que te enfoques en lo negativo y que dejes de ver las oportunidades y las cosas hermosas que te rodean.

A medida que la plaga de la negatividad se expande, el jardín se convierte en un lugar desolado y triste, donde las flores ya no pueden crecer y prosperar. De manera similar, una actitud negativa puede convertir tu vida en un espacio oscuro y limitante, donde las posibilidades se desvanecen y la felicidad se vuelve esquiva. Por lo tanto, es esencial cuidar y proteger tu jardín interior alimentando una actitud positiva que permita que las flores de la esperanza, la alegría y el crecimiento sigan floreciendo en tu vida.

DESARROLLO DEL PRINCIPIO

En términos de su comportamiento natural, existen ciertos aspectos en los leones que podríamos interpretar como «positivos» en el contexto de su supervivencia y rol en el ecosistema:

- **Cuidado de la manada.** Los leones, en especial las hembras, muestran un comportamiento de cuidado y protección hacia las crías de la manada. Esto podría interpretarse como una forma de cooperación y responsabilidad social.

- **Unión y cohesión.** Los leones viven en manadas sociales y tienen una estructura jerárquica. La unidad en la manada, la cooperación en la caza y la protección del territorio pueden verse como aspectos «positivos» en términos de su supervivencia como especie.

- **Respeto por el equilibrio ecológico.** Como depredadores tope, los leones desempeñan un papel esencial en el ecosistema al controlar las poblaciones de herbívoros y contribuir al equilibrio de la cadena alimentaria. Desde una perspectiva ecológica, esto puede considerarse «positivo».

Es importante recordar que estas interpretaciones están relacionadas con la función biológica y ecológica de los leones en su hábitat natural. No deben atribuirse directamente a conceptos humanos como la actitud positiva, ya que los leones no tienen la capacidad de experimentar emociones y actitudes en el sentido humano.

La percepción de que los leones tienen una cierta «actitud positiva» o presencia imponente se debe a una combinación de factores biológicos y comportamentales que son característicos de esta especie:

- **Apariencia física.** Los leones machos tienen melenas gruesas y llamativas que les dan una apariencia majestuosa y distintiva. Esta característica física puede contribuir a la percepción de una «actitud» imponente.

- **Dominancia en la jerarquía social.** Los leones viven en manadas jerárquicas en las que los machos dominantes tienen un papel de liderazgo. Su posición en la cima de la jerarquía social puede llevar a comportamientos y actitudes que reflejen esta posición dominante.

- **Comportamiento protector.** Los leones machos a menudo protegen y defienden a su manada de amenazas externas, como otros depredadores. Esta actitud de protección y liderazgo puede influir en la percepción de una «actitud» segura y decidida.

- **Rol de cazadores.** Los leones son depredadores sociales que trabajan juntos en la caza. Su habilidad para cazar y compartir la presa con su manada puede asociarse con una actitud cooperativa y de trabajo en equipo.

- **Vocalización y comunicación.** Los potentes rugidos de los leones son una forma de comunicación que se puede interpretar como una demostración de su presencia y estatus. Estos rugidos también pueden contribuir a su imagen imponente.

Un ejemplo destacado en el ámbito humano sobre cómo la actitud positiva de una persona influye en un cambio significativo en el mundo es el liderazgo de Mahatma Gandhi durante la lucha por la independencia de India ante el dominio británico.

Gandhi, un líder pacifista y defensor de la resistencia no violenta, usó su actitud positiva y su enfoque en la justicia y la igualdad para inspirar a millones de indios a unirse en la lucha por la independencia. A pesar de enfrentar la opresión británica y dificultades extremas, Gandhi mantuvo una actitud de no violencia, resistencia pasiva y unidad entre las personas.

Su enfoque en la *satyagraha* (la resistencia a través de la verdad) y la *ahimsa* (la no violencia) no solo inspiró a los indios a luchar por sus derechos, sino que también llamó la atención internacional y generó simpatía en todo el mundo. A través de huelgas, marchas y otras formas de protesta no violenta, Gandhi y sus seguidores demostraron que incluso frente a la adversidad y la represión, una actitud positiva y una resistencia pacífica podían lograr cambios sustanciales.

Finalmente, la perseverancia y la actitud positiva de Gandhi contribuyeron a la independencia de la India en 1947. Su enfoque en la no violencia como un medio para el cambio político y social no solo transformó a la sociedad india, sino que también inspiró movimientos de derechos civiles y luchas por la justicia en todo el mundo. Su legado perdura como un ejemplo de cómo una actitud positiva y una determinación pacífica pueden cambiar el curso de la historia.

El BlackLion
no recurre
a la agresión,
su confiada
presencia impone
respeto.

Aquí tienes cinco consejos para cultivar una actitud positiva en ti mismo:

1. **Practica la gratitud.** Dedica tiempo cada día para reflexionar sobre las cosas por las que estás agradecido.

Reconocer y apreciar las bendiciones en tu vida puede cambiar tu enfoque hacia lo positivo.

2. **Rodéate de personas positivas.** Las personas que te rodean pueden influir en tu mentalidad. Busca la compañía de personas optimistas que te inspiren a ver lo mejor en las situaciones.

3. **Enfócate en soluciones.** Ante los desafíos, en lugar de centrarte en los problemas, concéntrate en buscar soluciones. Abordar los problemas con una mente abierta y proactiva te ayudará a mantener una actitud positiva.

4. **Practica la autorreflexión.** Toma tiempo para evaluar tus pensamientos y emociones. Reconoce los patrones negativos y trabaja en cambiarlos. La autorreflexión te permitirá ser consciente de tus reacciones y te brindará la oportunidad de ajustar tu actitud.

5. **Cuida tu bienestar.** Una mente y un cuerpo saludables están interconectados. Mantén un estilo de vida equilibrado que incluya ejercicio regular, una dieta nutritiva y suficiente descanso. Estos aspectos contribuyen a tu bienestar general y pueden influir en tu actitud positiva.

Recuerda que cultivar una actitud positiva es un proceso continuo y lleva tiempo. No te desanimes si encuentras obstáculos en el camino. Con paciencia y esfuerzo, puedes transformar tu perspectiva y construir una actitud más positiva hacia la vida.

◆ «Tu **actitud**, no tu aptitud, determinará tu altitud».

Zig Ziglar

La actitud puede desarrollarse como un rasgo nacional y hay países que a menudo son percibidos como poseedores de una cultura por lo general positiva pese a circunstancias negativas, como un pésimo clima. Países como Dinamarca, Finlandia y Noruega ocupan año tras año los primeros lugares en estudios sobre la felicidad y el bienestar. Estos países suelen tener altos estándares de vida, sistemas de bienestar social sólidos y una mentalidad de comunidad y apoyo mutuo. No obstante, es importante recordar que la percepción de «actitud positiva» puede variar dependiendo de la perspectiva cultural y las circunstancias individuales.

«La **actitud** es una pequeña cosa que marca una gran diferencia».

Winston Churchill

Aquí tienes algunas ideas para desarrollar una actitud ganadora:

- **Afirma tu confianza.** Dedica tiempo cada día a repetir afirmaciones positivas sobre ti mismo. Estas afirmaciones pueden ayudarte a fortalecer tu autoconfianza y creer en tus capacidades.

- **Visualiza.** Imagina tu éxito en situaciones específicas. Cierra los ojos y visualiza cómo te enfrentas a desafíos y triunfas. Esta práctica puede ayudarte a construir una mentalidad ganadora y reducir el miedo al fracaso.

- **Establece metas claras.** Define metas realistas y alcanzables. Tener objetivos claros te proporcionará un sentido de dirección y logro, lo que puede impulsar tu actitud positiva.

343

- **Practica la gratitud diaria.** Mantén un diario de gratitud en el que escribas tres cosas por las que estás agradecido cada día. Esta práctica puede ayudarte a enfocarte en lo positivo y cultivar una perspectiva optimista.

- **Aprende de los fracasos.** En lugar de ver los fracasos como obstáculos, concíbelos como oportunidades de aprendizaje. Analiza lo que salió mal y cómo puedes mejorar en el futuro. Esta mentalidad de crecimiento te acercará a tus metas.

- **Rodéate de inspiración.** Lee libros, escucha pódcasts y sigue a personas exitosas que te inspiren. Estar expuesto a historias de triunfo y superación puede nutrir tu actitud positiva.

- **Practica la autodisciplina.** Establece rutinas y hábitos que te ayuden a mantenerte enfocado en tus objetivos. La autodisciplina te dará la sensación de logro y te permitirá superar obstáculos.

- **Mantén una actitud abierta.** Acepta el cambio y las oportunidades. Una actitud ganadora está dispuesta a adaptarse y tomar riesgos.

- **Cuida de tu bienestar.** Mantén una buena salud física y mental a través del ejercicio, la meditación y el autocuidado. Una mente y cuerpo saludables son fundamentales para mantener una actitud positiva.

- **Celebra los logros pequeños.** Reconoce y celebra tus victorias, por pequeñas que sean. Esto te motivará y te recordará que estás avanzando hacia tus objetivos.

Recuerda que desarrollar una actitud ganadora lleva tiempo y práctica constante. No te desanimes si enfrentas desafíos en el camino. Con perseverancia y enfoque, puedes crear una mentalidad que te impulse hacia el éxito.

Los grandes líderes empresariales y billonarios del momento a menudo comparten algunas características y actitudes que han contribuido a su éxito. Aunque cada líder es único y sus enfoques varían, aquí hay algunas similitudes entre ellos:

- **Visión y determinación.** Los líderes exitosos suelen tener una visión clara de sus objetivos y están decididos a lograrlos. Tienen una actitud firme y enfocada en superar obstáculos para alcanzar sus metas.

- **Pasión por la innovación.** A muchos líderes billonarios los impulsa una pasión por la innovación y el cambio. Tienen una actitud de curiosidad y búsqueda constante de nuevas soluciones y oportunidades.

- **Toma de riesgos calculados.** Los líderes exitosos a menudo adoptan una actitud valiente hacia la toma de riesgos. Están dispuestos a asumir desafíos y a salir de su zona de confort para lograr un mayor crecimiento y éxito.

- **Resiliencia y perseverancia.** Enfrentar fracasos y desafíos es una parte inevitable del camino hacia el éxito. Los líderes billonarios mantienen una actitud de resiliencia y perseverancia, por lo que aprenden de los fracasos y se adaptan a las circunstancias cambiantes.

- **Enfoque en el aprendizaje.** Los líderes exitosos tienen una actitud de aprendizaje continuo. Están dispuestos a escuchar a los demás, a adquirir nuevos conocimientos y a mejorar de forma constante sus habilidades.

- **Empatía y conexión interpersonal.** Muchos líderes comprenden la importancia de las relaciones humanas y la empatía. Tienen la actitud de escuchar y comprender las necesidades y deseos de los demás, lo que les permite construir equipos sólidos y relaciones duraderas.

- **Responsabilidad social y filantropía.** Varios líderes billonarios han demostrado una actitud de responsabilidad social y contribución a causas benéficas. Están comprometidos con el bienestar de la sociedad y utilizan su influencia y recursos para generar un impacto positivo.

- **Mentalidad de crecimiento.** Los líderes exitosos suelen tener una actitud que complementa la mentalidad de crecimiento. Ven los desafíos como oportunidades para crecer y mejorar, no como obstáculos insuperables.

- **Persistencia y búsqueda de excelencia.** Los líderes billonarios tienden a poseer una actitud de búsqueda constante de la excelencia. No se contentan con el *statu quo* y siempre están buscando formas de mejorar y superar las expectativas.

Cabe señalar que estas similitudes son observaciones generales y que cada líder tiene su propia personalidad y enfoque único. La actitud de los líderes exitosos es una combinación de características personales, valores y experiencias individuales.

Ejercicio

Autoevaluación de actitud:
«Mi actitud en perspectiva»

Te regalo este ejercicio que te ayudará a identificar las áreas en las que puedes trabajar para mejorar tu actitud y desarrollar una mentalidad más positiva. Recuerda que cambiar patrones de pensamiento lleva tiempo y esfuerzo, pero la autoconciencia es el primer paso crucial hacia una actitud más constructiva y ganadora.

- **Preparación:** Encuentra un lugar tranquilo donde puedas reflexionar sin distracciones. Toma una libreta y un bolígrafo para anotar tus pensamientos.

- **Define tu enfoque:** Escribe en la parte superior de una página: «Mi actitud actual». Luego, enumera tres áreas importantes en tu vida, como trabajo, relaciones personales, salud, etc.

- **Autoevaluación:** Para cada área que has enumerado, realiza los siguientes pasos:

  a) Escribe una breve descripción de cómo te sientes en relación a esa área de tu vida. ¿Te sientes positivo, negativo o neutral?

  b) Anota ejemplos recientes de situaciones en esa área que demuestren tu actitud. ¿Cómo reaccionaste ante esos eventos?

- **Análisis de patrones:** Luego de revisar tus respuestas, trata de identificar patrones. ¿Notas que tu actitud tiende a ser más positiva o negativa en ciertas áreas? ¿Hay factores específicos que influyen en tu actitud, como el entorno, las personas o las circunstancias?

- **Reflexión profunda:** A medida que analizas tus respuestas, hazte preguntas reflexivas:

    a) ¿Mi actitud actual me ayuda a alcanzar mis metas y a ser feliz?

    b) ¿Qué patrones negativos debo trabajar para cambiar?

    c) ¿Cómo puedo cambiar mi perspectiva en áreas donde mi actitud es menos positiva?

- **Definición de acción:** Con base en tus reflexiones, establece acciones específicas que puedes emprender para mejorar tu actitud en las áreas que consideras necesarias. Pueden ser cambios en tu enfoque mental, prácticas de gratitud o incluso ayuda externa, si es necesario.

PRINCIPIO VEINTINUEVE

Suavizar tu mundo material con espiritualidad

Adhiere espiritualidad a tu vida: el mundo moderno nos obliga a ingresar a los cuartos maravillosos de la espiritualidad

Materialismo vs. espiritualidad

En el mundo del emprendimiento y los negocios, a menudo se enfatizan aspectos como la estrategia, la innovación, la gestión y el crecimiento financiero. Sin embargo, existe un principio subyacente que ha ganado cada vez más reconocimiento en los últimos años: la espiritualidad como un factor clave para el éxito.

La espiritualidad en el emprendimiento se refiere a la conexión con un propósito más elevado, con valores trascendentales y una conciencia más profunda. Va más allá de las dimensiones puramente materiales y busca un enfoque holístico que integre el bienestar personal, la ética empresarial y la contribución positiva a la sociedad.

En este capítulo, exploraremos cómo la espiritualidad puede tener un impacto positivo en tu vida y tu empresa. Espero proporcionarte una perspectiva enriquecedora y práctica para trascender los límites convencionales y descubrir nuevas dimensiones de realización y prosperidad en tu camino.

DESARROLLO DEL PRINCIPIO

La conexión con lo espiritual puede ofrecer a los emprendedores una brújula interna, un sentido de guía y propósito que trasciende las metas y logros materiales. Al sintonizarse con sus valores más profundos y su propósito de vida, los líderes de negocios pueden tomar decisiones más alineadas con sus principios y objetivos a largo plazo. Esto les permite mantener la coherencia y la integridad en sus acciones, lo que a su vez genera confianza y credibilidad tanto dentro como fuera de la empresa.

Además, la conexión con la espiritualidad puede ser una fuente de motivación y resiliencia en momentos de desafío y adversidad, ya que proporciona un anclaje interno, una fuerza interior que nos impulsa a superar obstáculos y a mantener firmeza en el camino empresarial. La espiritualidad también puede ayudar a cultivar una mentalidad de crecimiento y aprendizaje, permitiendo a los emprendedores adaptarse a los cambios y aprender de las experiencias tanto positivas como negativas.

Otro aspecto importante es que la espiritualidad puede desencadenar la creatividad y la innovación en el ámbito empresarial. Al abrirnos a una conciencia más amplia y a nuevas perspectivas, podemos descubrir ideas frescas, soluciones innovadoras y enfoques únicos para resolver problemas. La conexión con lo espiritual nos permite pensar de manera no convencional, explorar nuevas posibilidades y romper con las limitaciones impuestas por la mentalidad tradicional.

El BlackLion busca la **paz** en sí mismo y entra en contacto con su **espíritu** para gobernar con **serenidad**.

La espiritualidad también puede contribuir a un mayor sentido de propósito y satisfacción personal para los emprendedores. Al alinear su trabajo con sus valores y creencias, experimentan una mayor sensación de significado en lo que hacen. Esto no solo les brinda una mayor motivación y entusiasmo, sino que también contribuye a su bienestar general y equilibrio entre el logro de resultados y el cuidado de su bienestar integral.

Es importante entender que el mundo ha cambiado de forma radical a nivel espiritual en los últimos veinte años, e ir a una iglesia o templo en el sentido tradicional ya no es la única opción de espiritualidad. En esta vida moderna, se han popularizado y adoptado varias prácticas y herramientas espirituales que buscan promover el bienestar emocional, la conexión interna y la calma mental. Algunas de estas herramientas incluyen:

- **Meditación.** La meditación ha ganado una amplia aceptación en la vida moderna como una práctica para reducir el estrés, aumentar la concentración y mejorar el bienestar emocional. Existen diversas técnicas de meditación, como la meditación *mindfulness*, la meditación guiada y la meditación trascendental.

- **Mindfulness.** La atención plena o *mindfulness* implica prestar atención consciente al presente, sin juicio. Esta práctica se ha convertido en una herramienta valiosa para reducir la ansiedad, mejorar la concentración y promover el enfoque en el momento presente.

- **Yoga.** El yoga es una disciplina física, mental y espiritual originaria de la India. Se ha vuelto muy popular en la vida moderna debido a sus beneficios para la flexibilidad, el equilibrio, la relajación y la conexión mente-cuerpo.

- **Terapia holística.** Cada vez más personas buscan terapias holísticas que aborden tanto el aspecto físico como el emocional y espiritual. Ejemplos incluyen la terapia de arte, la terapia musical, la terapia con cristales y la aromaterapia.

- **Conexión con la naturaleza.** A medida que la vida moderna se ha vuelto más tecnológica y ajetreada, las personas buscan reconectar con la naturaleza para encontrar tranquilidad y equilibrio. Senderismo, jardinería y actividades al aire libre son ejemplos de cómo las personas buscan esta conexión.

- **Terapias energéticas.** Algunas personas buscan terapias energéticas como el Reiki o la acupuntura para equilibrar las energías del cuerpo y promover la sanación.

- **Autoexploración.** La búsqueda de la espiritualidad también ha llevado a un mayor enfoque en la autoexploración y el crecimiento personal a través de la lectura de libros de desarrollo personal, la asistencia a talleres y retiros, y la participación en grupos de apoyo.

El dinero en sí mismo no es una entidad espiritual, pero la relación que las personas tienen con él y cómo lo utilizan puede tener un componente espiritual. La espiritualidad se refiere a la búsqueda de un significado más profundo y un propósito en la vida, y cómo vivimos en armonía con nosotros mismos, con los demás y con el mundo que nos rodea.

El mismo dinero, que es tan polémico y ha sido satanizado con regularidad, puede ser espiritual cuando se utiliza de manera consciente y ética, alineado con los valores y principios de una persona. Aquí hay algunas formas en las que el dinero puede adquirir un aspecto espiritual:

- **El dinero es generosidad y altruismo.** Usar el dinero para ayudar a otros y contribuir al bienestar de la comunidad puede ser una expresión de generosidad y amor hacia los demás. Muchas tradiciones espirituales enfatizan la importancia de dar y ayudar a los necesitados.

- **Integridad y ética.** Mantener una relación sana con el dinero implica actuar de manera ética y honesta en todas las transacciones financieras. La integridad en las finanzas puede ser vista como una práctica espiritual.

- **Desapego.** Practicar el desapego del dinero y no dejar que el afán de riqueza gobierne nuestra vida puede ser una forma de cultivar una actitud espiritual más equilibrada.

- **Uso consciente.** Ser consciente de cómo utilizamos nuestro dinero y asegurarnos de que nuestras elecciones financieras estén alineadas con nuestros valores puede ser una práctica espiritual que refleja una vida más significativa.

- **Responsabilidad financiera.** Manejar nuestras finanzas de manera responsable y planificar nuestro futuro económico puede ser una práctica espiritual que busca la estabilidad y la paz mental.

En resumen, el dinero en sí mismo no es espiritual, pero la forma en que lo manejamos y utilizamos en nuestra vida diaria puede reflejar nuestros valores espirituales y nuestra relación con el mundo. Al adoptar una actitud consciente, ética y responsable hacia el dinero, podemos integrar aspectos espirituales en nuestra vida financiera.

CONCLUSIONES PARA SER UN GANADOR INTEGRAL CON ESPIRITUALIDAD

1. Integrar la espiritualidad como parte fundamental de tu enfoque empresarial abre nuevas dimensiones de éxito y bienestar. Al conectar con un propósito más elevado, cultivar valores trascendentales y adoptar prácticas espirituales, es posible que experimentes un mayor sentido de bienestar en tu trabajo, lo que a su vez puede contribuir a un mayor éxito de tu negocio.

2. La espiritualidad puede proporcionar una base sólida para la toma de decisiones conscientes. Al sintonizarte con tus valores más profundos y tu intuición, tomas decisiones más alineadas con tu meta y objetivos a largo plazo. Esto te ayuda a mantener la coherencia y la integridad en tus acciones, generando confianza y credibilidad en tu empresa y en tus relaciones comerciales.

3. La conexión con lo espiritual puede fomentar la motivación, la resiliencia y la creatividad en tu trayectoria. Al cultivar una mentalidad de crecimiento y aprender a encontrar inspiración y fuerza en tu conexión espiritual, es más fácil superar los desafíos y mantener una actitud positiva y proactiva frente a los obstáculos.

4. La espiritualidad estimula tu creatividad, lo que te permite encontrar soluciones únicas. Además, te ayuda a nutrir relaciones saludables y a construir una empresa basada en principios éticos y valores compartidos. Al ser consciente de la interconexión y la interdependencia de todas las partes involucradas, puedes fomentar un entorno colaborativo y una cultura empresarial agradable. Esto es útil para generar lealtad y compromiso por parte de tus

empleados, clientes y socios comerciales, y así fortalecer tu empresa a largo plazo.

Integrar la espiritualidad en tu enfoque empresarial no solo puede contribuir a tu éxito personal y profesional, sino también al bienestar de la sociedad y del mundo en general. Al enfocarte en la responsabilidad social, la sostenibilidad y la creación de un impacto positivo, puedes ser un agente de cambio y dejar un legado significativo a través de tu empresa.

EJERCICIOS PRÁCTICOS PARA ENCONTRARTE CON LA ESPIRITUALIDAD

BÁSICO:
reflexiona sobre valores fundamentales

- Tómate un tiempo para reflexionar sobre tus valores fundamentales y cómo se alinean con tu empresa. Considera cuáles son los principios y valores más importantes y cómo se reflejan en tus decisiones y acciones empresariales.

- Considera que, a medida que creces y evolucionas como emprendedor, tus valores pueden cambiar y es importante mantener la coherencia entre tus valores personales y los que deseas que guíen tu empresa.

INTERMEDIO:
practica *mindfulness* en la toma de decisiones

- Antes de tomar una decisión importante, tómate unos minutos para practicar la atención plena (*mindfulness*). Siéntate en un lugar tranquilo, enfoca tu atención en tu respiración y permite que tu mente se calme. Mientras estás en este estado, visualiza las diferentes opciones que tienes frente a ti y sintoniza con tus sensaciones internas. Presta atención a cualquier intuición o sentido de dirección que surja.

- Después de esta práctica, analiza las opciones desde un lugar de mayor claridad y conexión con tu intuición. Considera cómo cada opción se alinea con tus valores y con el propósito más elevado de tu empresa. Toma tu decisión desde un lugar de mayor conciencia y confianza en tu guía interna.

AVANZADO:
practica el servicio
y la generosidad

- Busca oportunidades en las que puedas ofrecer generosidad y servicio desinteresado en el contexto de tu empresa. Puede ser a través de donaciones a organizaciones benéficas, colaboraciones con emprendedores sociales o la creación de programas de responsabilidad social empresarial.

- Reflexiona sobre cómo tu negocio puede funcionar como vehículo para impactar positivamente en la sociedad. Considera cómo tus productos o servicios pueden contribuir al bienestar de los demás y cómo puedes enfocar tu empresa para servir a un propósito más elevado.

- Establece metas y planes de acción para implementar prácticas de servicio y generosidad en tu empresa de manera sostenible. Realiza un seguimiento regular de tus estrategias para evaluar el impacto y ajustar tus acciones según sea necesario.

Ejercicio

Comienza a integrar la espiritualidad en tu quehacer empresarial. Escribe en los espacios correspondientes.

Haz una lista de tus cinco valores principales y cómo los estás integrando en tu empresa.

1. _____

2. _____

3. _____

4. _____

5. _____

¿Cómo te guían estos valores en la toma de decisiones y en la forma como te relacionas con los demás?

_____

_____

_____

Querer al dinero

Aprende a amar al dinero desde una perspectiva libre y honesta: sin prejuicios y con equilibrio

Rico tiste vs. rico y millonario en todo

El éxito en el emprendimiento y la innovación no solo depende de una idea brillante o de la pasión por un proyecto. También es importante desarrollar una mentalidad de abundancia y una disciplina financiera que te permitan alcanzar los objetivos deseados. En este capítulo, exploraremos el principio del amor al dinero y cómo la disciplina en este aspecto puede conducirte al triunfo. Para ello, es necesario que desarrolles una mentalidad enfocada a atender las oportunidades más que las limitaciones. Como lo señala Carol Dweck en su obra *Mindset: The New Psychology of Success*, el aprendizaje y el crecimiento continuo son claves para alcanzar una mentalidad de abundancia.

La disciplina financiera es la capacidad de manejar adecuadamente los recursos económicos y tomar decisiones en torno a ellos de manera responsable y estratégica. Implica establecer metas financieras a largo plazo, elaborar un presupuesto y un plan de ahorro, evitar deudas innecesarias, invertir con sabiduría y estar preparado para enfrentar posibles imprevistos.

La disciplina financiera te permite llevar un control efectivo sobre tus ingresos y gastos, maximizando la eficiencia en el manejo del dinero. Además, es fundamental para el éxito en el emprendimiento y la innovación, ya que permite tener una estabilidad económica a largo plazo, lo que es fundamental para el crecimiento y sostenibilidad de los proyectos.

DESARROLLO DEL PRINCIPIO

Amar el dinero no significa ser egoísta ni frívolo. Se trata de reconocer que es una herramienta útil para lograr tus objetivos y mejorar tanto tu vida como la de los demás. Si tienes una mentalidad de abundancia y aprendes a administrar el dinero de manera responsable y estratégica, puedes maximizar su valor y aprovecharlo por completo en tu camino hacia el éxito. El amor involucra una exigencia constante, ya que al amar debes buscar equilibrio, por ello siempre digo: ama el dinero del mismo modo en que amas tu cuerpo, a tu familia, a Dios, tu tiempo, tus amigos y a tu prójimo.

Si este concepto de amar el dinero te molesta y genera un sentimiento de repudio, aunque sea al nivel más mínimo, es la mejor prueba de que te has formado una idea negativa sobre el dinero y tienes la falsa creencia de que amar el dinero es de enfermos, locos, desquiciados o materialistas; no es el caso. Profundicemos entonces en este concepto.

El amor al dinero debe ser algo **positivo**.
Si amas **solo** el dinero y nada más, encontrarás soledad, desequilibrio y **malestar**.

El amor al dinero debe ser una motivación que te impulse a trabajar duro, lograr metas financieras y buscar seguridad económica, y la mejor forma de amar el dinero es descubrir que no es para comprar Ferraris o relojes de lujo que no sirven para mucho, sino para comprar felicidad, ayudando a quien no lo tiene, o para comprar seguridad para ti y tu familia.

Se ha podido demostrar que la mejor forma para solucionar los problemas cotidianos de la vida es con dinero. Cuando uno entiende este concepto, se acaban las peleas por dinero, los gastos por daños o pérdidas materiales dejan de causar conflictos, y dejar un trabajo que ya no te hace feliz ni te genera un verdadero interés no es un problema.

Sin embargo, cuando el amor al dinero se vuelve excesivo o desequilibrado, es decir, cuando amas más al dinero que a tu propio cuerpo o que a tus hermanos, se vuelve un problema y esto puede llevarte a comportamientos dañinos y a una obsesión por acumular riqueza sin considerar otras áreas importantes de la vida y, por consecuencia, atropellar a cientos de personas en el camino.

El equilibrio es clave en todas las facetas de la vida, incluido el manejo del dinero. Es importante que las personas amen y valoren no solo el dinero, sino también otras dimensiones esenciales de su vida, como a Dios, el universo, su bienestar físico, su bienestar espiritual y sus relaciones con la familia y la comunidad. Cuando existe un equilibrio entre todas estas áreas, es más probable que se experimente una sensación de prosperidad y riqueza genuina y es allí donde puedes gritar al mundo sin problema: «Soy millonario en todo».

Imagina una persona que tiene una exitosa carrera en los negocios y ha acumulado una gran cantidad de riqueza material. Si su amor por el dinero se vuelve desequilibrado y comienza a descuidar su salud, su tiempo con su familia y su vida espiritual, podría encontrar que, a pesar de su éxito financiero, se siente vacío y poco realizado. En cambio, si encuentra un equilibrio entre sus responsabilidades financieras y otras dimensiones de su vida, puede experimentar una verdadera sensación de bienestar y prosperidad.

En resumen, el amor al dinero puede ser beneficioso siempre y cuando se mantenga en equilibrio con otras áreas importantes de la vida. La verdadera prosperidad y riqueza provienen del equilibrio y la armonía entre el éxito financiero, el bienestar personal, las relaciones y la conexión espiritual.

El BlackLion
no busca presas para sí mismo, el **éxito de la caza** debe **beneficiar** a toda la manada.

Aquí tienes un ejemplo de cómo el dinero puede ser importante para brindar soluciones o ayudar a las personas: piensa en una comunidad que enfrenta una crisis humanitaria, como un desastre natural o una emergencia de salud pública. En esta situación, las personas pueden estar desplazadas de sus hogares, sin acceso a alimentos, agua potable o refugio adecuado. La falta de recursos puede llevar a una grave escasez de suministros básicos y dificultades para brindar asistencia médica.

En este escenario, el dinero puede desempeñar un papel crucial para ayudar a la comunidad afectada. Con fondos disponibles, las organizaciones humanitarias y gubernamentales pueden adquirir y distribuir con rapidez suministros de emergencia, como alimentos, agua, medicamentos y refugio. El dinero permite financiar operaciones de rescate y transporte para llegar a las áreas afectadas y brindar ayuda a quienes más lo necesitan. Además, el dinero puede ser utilizado para coordinar esfuerzos de reconstrucción y rehabilitación después del desastre, ayudando a la comunidad a recuperarse y reconstruir sus vidas.

En este ejemplo, el dinero se convierte en una herramienta poderosa para movilizar recursos y brindar ayuda efectiva en momentos de crisis. Puede marcar la diferencia entre la supervivencia y la desesperación, y puede proporcionar la asistencia necesaria para reconstruir comunidades y mejorar la calidad de vida de las personas afectadas.

Es importante reconocer que, bien utilizado, el dinero puede tener un **impacto significativo** en la resolución de problemas y en ayudar a las personas a superar dificultades.

Para que el amor al dinero nazca de forma genuina en tu corazón a la par del amor desinteresado por los demás, te invito a que realices el siguiente ejercicio que yo llevé a cabo, el cual cambió no solo mi percepción del dinero, sino mi conexión con él.

Visita un hospital en una zona pobre de tu ciudad e investiga cuántos niños padecen cáncer. Busca a aquellos cuya condición esté en rápido deterioro debido a la falta de recursos económicos y tengan mayor riesgo de fallecer. Luego, elige a tres de ellos y patrocina sus tratamientos; hazlo solo por salvar sus jóvenes vidas, ni siquiera esperes a recibir gratitud, solo hazlo por hacer algo benéfico con tu dinero. Toma cierta distancia de ese dolor de inmediato y monitorea los avances de la situación.

Lo recomendable es ver a los pacientes y sus familias solo una vez: el día que los conozcas a ellos y su historia clínica para escoger el caso. En lo personal, fue impactante y doloroso conocer la dura realidad del cáncer en niños; la falta de recursos, la desesperanza y las condiciones precarias en que viven sus familiares me tocaron profundamente el corazón y afectaron mi ánimo. Sabía que de involucrarme más de cerca día a día, iba a sacrificar una cantidad de energía importante en situaciones en las que yo no era necesario ni indispensable, en vez de usar esa energía en producir dinero para poder pagar el tratamiento de otros niños. Si además de hacer este ejercicio de dinero, tienes la fortaleza emocional, las capacidades, la disposición o el conocimiento para ayudar a estas familias de otras maneras, te invito a hacerlo.

Luego de un año, pueden ocurrir varios escenarios, ya sea que los tres niños tengan un tratamiento exitoso y sobrevivan, que alguno de ellos no tenga éxito o que solo uno sobreviva. Yo descubrí que, estadísticamente, de cada tres casos, el dinero puede salvar al menos a uno. Pero sin importar el resultado, es invariable que al descubrir que el dinero salva vidas, comienzas a amarlo.

La gente en el mundo muere por hambre, problemas de salud, falta de medicinas, suicidios, asaltos... y todo esto es por falta de dinero. Por esta razón es necesario dejar de repetir que el dinero es malo, puede ser felicidad siempre y cuando sepas cómo utilizarlo. Es clave que entiendas que en sí mismo el dinero solo tiene el efecto de potenciar quién eres: si eres bueno, te hará un ser maravilloso; si eres malo, te hará una persona horrible. El dinero es un potenciador, por eso siempre recomiendo:

«Antes de **tener**, primero debes **ser**».

En el mundo del emprendimiento y la innovación, el amor al dinero puede ser un factor clave para el triunfo. Como señala T. Harv Eker en su libro *Secrets of the Millionaire Mind*, los emprendedores exitosos suelen tener una actitud positiva hacia el dinero y se enfocan en buscar oportunidades para generar más ingresos. Si aprendes a amar el dinero y apreciarlo por lo que te permite hacer, puedes alimentar una motivación constante de buscar nuevas formas de generar riqueza y prosperidad en tu vida y en tu empresa.

Amar el dinero no es sinónimo de materialismo ni superficialidad. Al contrario, puede ser una fuerza poderosa para atraer abundancia.

Conclusiones para ser un ganador conectado con el dinero

En este capítulo hemos cuestionado la idea de que el dinero nos convertirá en seres materialistas y superficiales; además, hemos señalado que amar el dinero puede ser una fuerza poderosa para atraer más abundancia y prosperidad a nuestra vida y nuestra empresa. Considera las siguientes conclusiones para tener una mejor relación con el dinero:

1. La conexión con el dinero es esencial para garantizar el éxito a largo plazo.

2. La mentalidad de la abundancia, centrada en el aprendizaje y el crecimiento continuo, puede ayudarte a desarrollar una actitud positiva hacia el dinero y a enfocarte en buscar oportunidades para generar más ingresos.

3. El amor al dinero y la disciplina financiera son claves para el éxito en el emprendimiento y la innovación.

4. Si aprendes a amar el dinero y apreciarlo no por lo que compra, sino por lo que logra y cómo beneficia a otros, puedes mantener una motivación constante para buscar nuevas formas de generar riqueza y prosperidad en tu vida y tu empresa.

5. Acepta de forma amplia que el dinero compra felicidad y que tú estás dispuesto a empezar a comprarla de diferentes formas, incluyendo en el dar sin pedir nada a cambio.

EJERCICIOS PRÁCTICOS PARA ATRAER LA ABUNDANCIA Y CONECTARTE CON EL DINERO

El mejor ejercicio práctico que te puedo dar es hacerte consciente de que el dinero sí compra felicidad; cuando lo descubras, cambiará tu relación con él.

Vende algo material superfluo como un reloj, joyería, un carro de lujo, una moto deportiva, etc. Después usa ese dinero para iniciar un plan de dar sin pedir nada cambio, por ejemplo:

• Paga la hipoteca completa, o al menos un par de mensualidades, de la casa de tu mamá u otro familiar cercano.

- Beca a alguien que no sea de tu familia nuclear en un curso que le servirá para toda la vida y para generar dinero.

- Invita a toda tu familia cercana a una actividad recreativa, como un crucero o una estancia en otro país al menos por una semana, que tú pagaras al 100%, incluyendo gastos, regalos y otros detalles.

- Regala una cantidad grande de dinero a una persona en situación de calle.

- Compra toda la canasta de productos a una vendedora ambulante y luego devuélvelos para que pueda ganar más dinero con ellos.

Estos ejercicios prácticos te ayudarán a descubrir que el dinero no es algo negativo y sí compra felicidad, y así trabajarás con más energía y ganas de tenerlo.

Conclusión

Ser un BlackLion es ser grande, pero la grandeza tiene muchas expresiones, como vivir una vida donde el equilibrio, la abundancia, la autenticidad y la prosperidad lo son todo. Cuando hayas logrado esto no solo descubrirás que la vida es bella, también recibirás la admiración y el respeto de quienes te rodean y, lo más importante, ¡reconocerán que te has ganado el derecho a ser el rey de la manada!

Hoy tienes la oportunidad de ser abundante, bueno, noble y muy auténtico. ¡Un BlackLion rico en todo!

Fuentes

Abu Ruman, Ahmad y Mohammed Al-Kasasbeh, «The Impact of Success Factors of Business Intelligence on Organizational Innovation at Insurance Companies in Jordan», *Journal of Management Information & Decision Sciences, 26,* 2023, pp. 1-14.

Acton, Thomas, «Theorising mobility: Migration, nomadism, and the social reconstruction of ethnicity», *Proceedings of International Conference Romani Mobilities in Europe: Multidisciplinary Perspectives,* Oxford: Refugees Studies Centre, University of Oxford, 2010, pp. 5-10.

Adams, Scott, *How to Fail at Almost Everything and Still Win Big: Kind of the Story of My Life*, Nueva York, Portfolio/Penguin, 2013.

Allen, David, *Getting Things Done: The Art of Stress-Free Productivity,* Penguin Books, 2015.

Anderson, Michael y Murphy, Timothy J., *Soul-Centered Leadership: An Uncommon Journey of Self-Discovery*, 2017.

Apple, *Supplier Responsibility,* apple.com/supplier-responsibility/, 2021.

Arloski, Michael, Wellness Coaching for Lasting Lifestyle Change, Whole Person Associates, 2009.

Botsman, Rachel y Roo Rogers, *What's Mine Is Yours: The Rise of Collaborative Consumption*, Nueva York, HarperBusiness, 2010.

Brown, Brené, *Daring Greatly: How the Courage to Be Vulnerable Transforms the Way We Live, Love, Parent, and Lead,* Nueva York, Gotham Books, 2012.

Brown, Brené, *Los dones de la imperfección: libérate de quien crees que deberías ser y abraza a quien realmente eres,* Urano, 2012.

Brown, Michael, Linda Treviño y David Harrison, «Ethical leadership: A social learning perspective for construct development and testing», *Organizational Behavior and Human Decision Processes, 97*(2), pp. 117-134, 2005.

Brown, Tim, «Design Thinking», *Harvard Business Review, 86*(6), 2008, pp. 84-92.

Bryant, Adam, «Pow! The Punches That Left Marvel Reeling», *The New York Times*, 1998.

Business Insider, «Esto es lo que hacen Tim Cook, Jeff Bezos, Bill Gates, Ana Botín y otros millonarios a primera hora cada mañana», businessinsider.es/hacen-millonarios-primera-hora-dia-cook-gates-botin-368869, 2019.

Byrne, Rhonda, *El Secreto*, Oregon, Atria Books, 2006.

Canfield, Jack y Janet Switzer, *The Success Principles: How to Get from Where You Are to Where You Want to Be*, Nueva York, HarperCollins, 2005.

Carnegie, Dale, *Cómo ganar amigos e influir sobre las personas,* Sudamericana, 1936.

Chopra, Deepak, *The Seven Spiritual Laws of Success: A Practical Guide to the Fulfillment of Your Dreams*, California, Amber-Allen Publishing, 2010.

Christakis, Nicholas y James Fowler, *Conectados: El sorprendente poder de las redes sociales y cómo nos afectan,* Editorial Taurus, 2009.

Chui, Michael *et al.*, *The social economy: Unlocking value and productivity through social technologies*, mckinsey.com/industries/technology-media-and-telecommunications/our-insights/the-social-economy, McKinsey Global Institute, 2012.

Collins, Jim, *Good to great: Why Some Companies Make the Leap and Others Don't,* Nueva York, HarperBusiness, 2001.

Collis, David y Michael Rukstad, «Rejuvenating the mature business», *Harvard Business Review, 86(*12), 2008, pp. 106-114.

Collis, David y Montgomery, Cynthia A., *Corporate Strategy: Resources and the Scope of the Firm*, Blackwell Publishing, 2008.

Coté, Sarah, «Physical activity and psychological well-being: A critical review», *Sport and Exercise Psychology Review, 13*(2), 2017, pp. 58-68.

Covey, Stephen, *Los 7 hábitos de la gente altamente efectiva,* Paidós, 1989.

Covey, Stephen, *Los 7 hábitos de la gente altamente efectiva*, Paidós, 2013.

Covey, Stephen, *The 7 Habits of Highly Effective People: Powerful Lessons in Personal Change,* Nueva York, Simon & Schuster, 2013.

Csikszentmihalyi, Mihaly, *Beyond Boredom and Anxiety,* San Francisco, Jossey-Bass, 2004.

Druskat, Vanessa Urch, Sala, Fabio y Gerald Mount (eds.), *Linking Emotional Intelligence and Performance at Work: Current Research Evidence with Individuals and Groups,* Nueva York, Psychology Press, 2005.

Duckworth, Angela, *Grit: The Power of Passion and Perseverance,* Nueva York, Scribner, 2016.

Duckworth, Angela *et al.*, «Grit: Perseverance and Passion for Long-term Goals», *Journal of Personality and Social Psychology, 92*(6), 2007, pp. 1087-1101.

Dweck, Carol, *Mindset: The New Psychology of Success*, Nueva York, Random House, 2006.

Dwyer, Robert, Paul Schurr y Sejo Oh, «Developing buyer-seller relationships», *Journal of marketing, 51*(2), 1987, pp. 11-27.

Eker, Harv, *Secrets of the Millionaire Mind: Mastering the Inner Game of Wealth*, Nueva York, HarperCollins, 2005.

Ferrazzi, Keith y Raz Tahl, *Nunca comas solo: Networking para optimizar tus relaciones personales y profesionales*, Empresa Activa, 2005.

Finegan, Joan, «The impact of person and organizational values on organizational commitment», *Journal of Occupational and Organizational Psychology, 73*(2), 2000, pp. 149-169.

Forbes México, *Neuromarketing: la forma de vender a través de las emociones*, forbes.com.mx/neuromarketing-la-forma-vender-traves-las-emociones/, 2016.

Frese, Michael y Michael Gielnik, The psychology of entrepreneurship, *Annual Review of Organizational Psychology and Organizational Behavior, 1*(1), 2014, pp. 413-438.

Gallo, Carmine, «Apple's secret employee training manual reinvents customer service in seven ways», Forbes, forbes.com/sites/carmi negallo/2012/08/30/apples-secret-employee-training-manualreinvents-customer-service-in-seven-ways/?sh=2165b96264fd, 2012.

Girard, René, *I See Satan Fall Like Lightning*, Orbis Books, 2015.

Gladwell, Malcolm, *El punto clave: Cómo los pequeños cambios pueden provocar grandes efectos,* Taurus, 2000.

Goleman, Daniel, *Inteligencia emocional,* Kairós, 1995.

Gompers, Paul, Yuhai Xuan y Vladimir Mukharlyamov, «The cost of friendship», *Journal of Financial Economics, 119*(3), 2016, pp. 626-644.

Grant, Adam, *Dar y recibir: un enfoque revolucionario sobre el éxito,* Gestión 2000, 2013.

Grant, Adam y James Berry, «The necessity of others is the mother of invention: Intrinsic and prosocial motivations, perspective taking, and creativity», *Academy of Management Journal, 54(*1), 2011, pp. 73.

Hart, W., *The art of living: Vipassana meditation*, Harper Collins, 1991.

Harvard Health Publishing, *Exercising to relax*, health.harvard.edu/staying-healthy/exercising-to-relax, 2020.

Harvard Health Publishing, *Foods linked to better brainpower*, health.harvard.edu/healthbeat/foods-linked-to-better-brainpower, 2021.

Hill, Napoleon, *Think and Grow Rich*, Connecticut, Vermilion, 1937.

Holiday, Ryan, *Ego Is the Enemy,* Nueva York, Penguin, 2016.

Hooli, Lauri, «From Warrior to Beach-Boy: the Resilience of the Maasai in Zanzibar Tourism business», *Tourism, Resilience and Sustainability*, Routledge, 2017, pp. 103-115.

Hubspot, *Our culture code,* Hubspot, hubspot.com/jobs/culture, (s. f.).

Hyrsky, Kimmo, «Entrepreneurial Metaphors and Concepts: An Exploratory Study», *International Small Business Journal, 18*(1), Londres, SAGE Publications, 1999, pp. 13-34.

Jobs, Steve y William Simon, *El camino de Steve Jobs*, Nueva York, Simon & Schuster, 2011.

Kelley, Tom y David Kelley, *Creative Confidence: Unleashing the Creative Potential Within Us All,* Nueva York, Crown Business, 2013.

Kessler, Ronald *et al.*, «Lifetime prevalence and age-of-onset distributions of DSM-IV disorders in the National Comorbidity Survey Replication», *Archives of General Psychiatry, 62*(6), 2005, pp. 593-602.

KPMG International Limited, *The customer journey: A powerful tool for improving customer experience,* KPMG, 2018.

Klarić, Jürgen, *Conectaté con el dinero,* Editorial Planeta, 2018.

Klarić, Jürgen, *Jürgen Klarić: Emprendimiento y marketing,* jurgenklaric.com/, (s.f.).

Klarić, Jürgen, *Neuro Oratoria: cómo programar el cerebro para hablar en público,* jurgenklaric.com/neuro-oratoria-como-programar-el-cerebro-para-hablar-en-publico/, 2018.

Klarić, Jürgen, *Véndele a la mente, no a la gente. Neuroventas: una ciencia nueva y revolucionaria para aumentar las ventas,* Planeta, 2019.

Koestenbaum, Peter, *Leadership: The Inner Side of Greatness,* California, John Wiley & Sons, 2002.

Komisar, Randy, *El monje y el acertijo: lecciones para un empresario en la era del comercio electrónico,* Prentice Hall, 2001.

Kotler, Philip y Gary Armstrong, *Principles of Marketing,* Pearson, 2019.

Krittanawong, Chayakrit, «Self-employment and cardiovascular risk in the US general population», *International Journal of Cardiology Hypertension, 6,* 2020.

Kuratko, Donald F., *Entrepreneurship: Theory, Process, and Practice,* Cengage Learning, 2013.

Lakein, Alan, *How to Get Control of Your Time and Your Life,* Penguin Books, 2003.

Liao, Hui, Dong Liu y Raymond Loi, «Looking at both sides of the social exchange coin: A social cognitive perspective on the joint effects of relationship quality and differentiation on creativity», *Academy of Management Journal, 53*(5), 2010, pp. 1090-1109.

Liedtka, Jeanne, *Design Thinking for the Greater Good: Innovation in the Social Sector,* Nueva York, Columbia University Press, 2017.

Liedtka, Jeanne, «Perspective: Linking design thinking with innovation outcomes through cognitive bias reduction», *Journal of Product Innovation Management, 32*(6), 2015, pp. 925-938.

Mackey, John y Sisodia, Raj, *Capitalismo consciente. Libera el espíritu heroico de los negocios*, Empresa Activa, 2019.

March, James, «Exploration and exploitation in organizational learning», *Organization Science, 2(*1), 1991, pp. 71-87.

Mayer, Roger *et al.*, «An Integrative Model of Organizational trust», *Academy of Management Review, 20*(3), 1995, pp. 709-734.

Meerwarth, Tracy, «Disentangling patterns of a nomadic life», *Napa Bulletin, 30*(1), 2008, pp. 102-117.

Meyer, Chris y Andre Schwager, «Understanding customer experience», *Harvard Business Review, 85*(2), 2007, pp. 116-126.

Mishra, Aneil, «Organizational Responses to Crisis: The Centrality of Trust», *Trust in Organizations: Frontiers of Theory and Research*, Londres, SAGE Publications, 1996, pp. 261-287.

Morgenstern, Julie, *Time Management from the Inside Out: The Foolproof System for Taking Control of Your Schedule —And Your Life,* Holt Paperbacks, 2004.

Newport, Cal, *Deep work: Rules for focused success in a distracted world*, Hachette UK, 2016.

Nussbaum, Martha, *Anger and Forgiveness: Resentment, Generosity, Justice,* Oxford University Press, 2016.

Palmer, Amanda, *The Art of Asking: How I Learned to Stop Worrying and Let People Help,* Nueva York, Grand Central Publishing, 2018.

Peale, Norman Vincent, *The power of positive thinking in business: 10 traits for maximum results*, AMACOM, 2010.

Pierce, Gregory, *Spirituality at Work: 10 Ways to Balance Your Life on the Job,* Loyola Press, 2005.

Pink, Daniel, *Drive: The Surprising Truth About What Motivates Us,* Nueva York, Riverhead Books, 2009.

Plattner, Hasso *et al.* (eds.), *Design thinking: Understand – Improve – Apply,* California, Springer, 2011.

Ratey, John, *Spark: The Revolutionary New Science of Exercise and the Brain*, Nueva York, Little, Brown, 2008.

Ries, Eric, *The Lean Startup: How Today's Entrepreneurs Use Continuous Innovation to Create Radically Successful Businesses,* Nueva York, Crown Business, 2011.

Ries, Eric, *The Startup Way: How Modern Companies Use Entrepreneurial Management to Transform Culture and Drive Long-Term Growth,* Nueva York, Currency, 2017.

Rousseau, Denise *et al.,* «Not So Different After All: A Cross-Discipline View of Trust», *Academy of Management Review, 23*(3), 1998, pp. 393-404.

Ryan, R. M., & Deci, E. L., «Intrinsic and extrinsic motivations: Classic definitions and new directions», *Contemporary educational psychology, 25*(1), 2000, pp. 54-67.

Sako, Mari, *Prices, Quality, and Trust: Inter-firm Relations in Britain and Japan,* Cambridge University Press, 1992.

Scherer, Andreas y Guido Palazzo, «The new political role of business in a globalized world: A review of a new perspective on CSR and its implications for the firm, governance, and democracy», *Journal of Management Studies, 48*(4), 2011, pp. 899-931.

Schwartz, M., *The Possibility Principle: How Quantum Physics can Improve the Way you Think, Live, and Love,* Sounds True, 2017.

Schwartz, Tony, *The Way we're Working isn't Working: The Four Forgotten Needs that Energize Great Performance,* Nueva York, Simon and Schuster, 2015.

Sierra, A., «Éxito se acerca a los jóvenes con un nuevo concepto de tienda», El Tiempo, eltiempo.com/archivo/documento/CMS-14025991, 2014.

Sincero, Jen, *You Are a Badass at Making Money: Master the Mindset of Wealth,* Nueva York, Penguin, 2015.

Sincero, Jen, *You Are a Badass: How to Stop Doubting Your Greatness and Start Living an Awesome Life,* Nueva York, Running Press, 2013.

Sinek, Simon, *Start with Why: How Great Leaders Inspire Everyone to Take Action,* Nueva York, Penguin, 2011.

Sloterdijk, Peter, *You Must Change Your Life,* Polity Press, 2013.

Taylor, Charles, *A Secular Age,* Harvard University Press, 2007.

Teece, David, «Business Models, Business Strategy and Innovation», *Long Range Planning, 43,* 2010, pp. 172-194.

Teece, David *et al.,* «Dynamic Capabilities and Strategic Management», *Strategic Management Journal, 18*(7), 1997, pp. 509-533.

The New York Times, *Jack Ma:* «You should learn from your competitor, but never copy», nytimes.com/2007/01/05/business/worldbusiness/05iht-wbspot06.4109874.html, 2007.

Thompson, Beverly, «Digital Nomads: Employment in the Online Gig economy», *Glocalism: Journal of Culture, Politics and Innovation, 1,* 2018, pp. 1-26.

Tiedens, Larissa y Alison Fragale, «Power Moves: Complementarity in Dominant and Submissive Nonverbal Behavior», *Journal of Personality and Social Psychology, 84*(3), 2003, pp. 558–568.

Tolle, Eckhart, *The power of now: A guide to spiritual enlightenment,* Vancouver, New World Library, 2004.

Vance, Ashlee, *Elon Musk: Tesla, SpaceX, and the Quest for a Fantastic Future,* Nueva York, Ecco, 2015.

Vanderkam, Laura, *Off the Clock: Feel Less Busy While Getting More Done*, Portfolio, 2016.

Vargo, Stephen y Robert Lusch, «Institutions and axioms: an extension and update of service-dominant logic», *Journal of the Academy of Marketing Science, 44*(1), 2016, pp. 5-23.

Von Zumbusch, Jennifer y Lalicic Lidija, «The role of co-living spaces in digital nomads' well-being», *Information Technology & Tourism, 22*(3), 2020, pp. 439-453.

Wasserman, Barry, Patrick Sullivan y Gregory Palermo, *Ethics and the Practice of Architecture,* Nueva York, John Wiley & Sons, 2016.

Watkins, Michael, *The First 90 Days: Proven Strategies for Getting Up to Speed Faster and Smarter,* Harvard Business Press, 2013.

Wieviorka, Annette, *The Era of the Witness: Global Human Rights and the Challenge of Social Change,* Cornell University Press, 2019.

Zaccaro, Stephen, «Trait-based Perspectives of Leadership», *American Psychologist, 62*(1), 2007, pp. 6-16.

Zander, Rosamund y Benjamin Zander, *The Art of Possibility: Transforming professional and personal life*, Penguin Books, 2002.